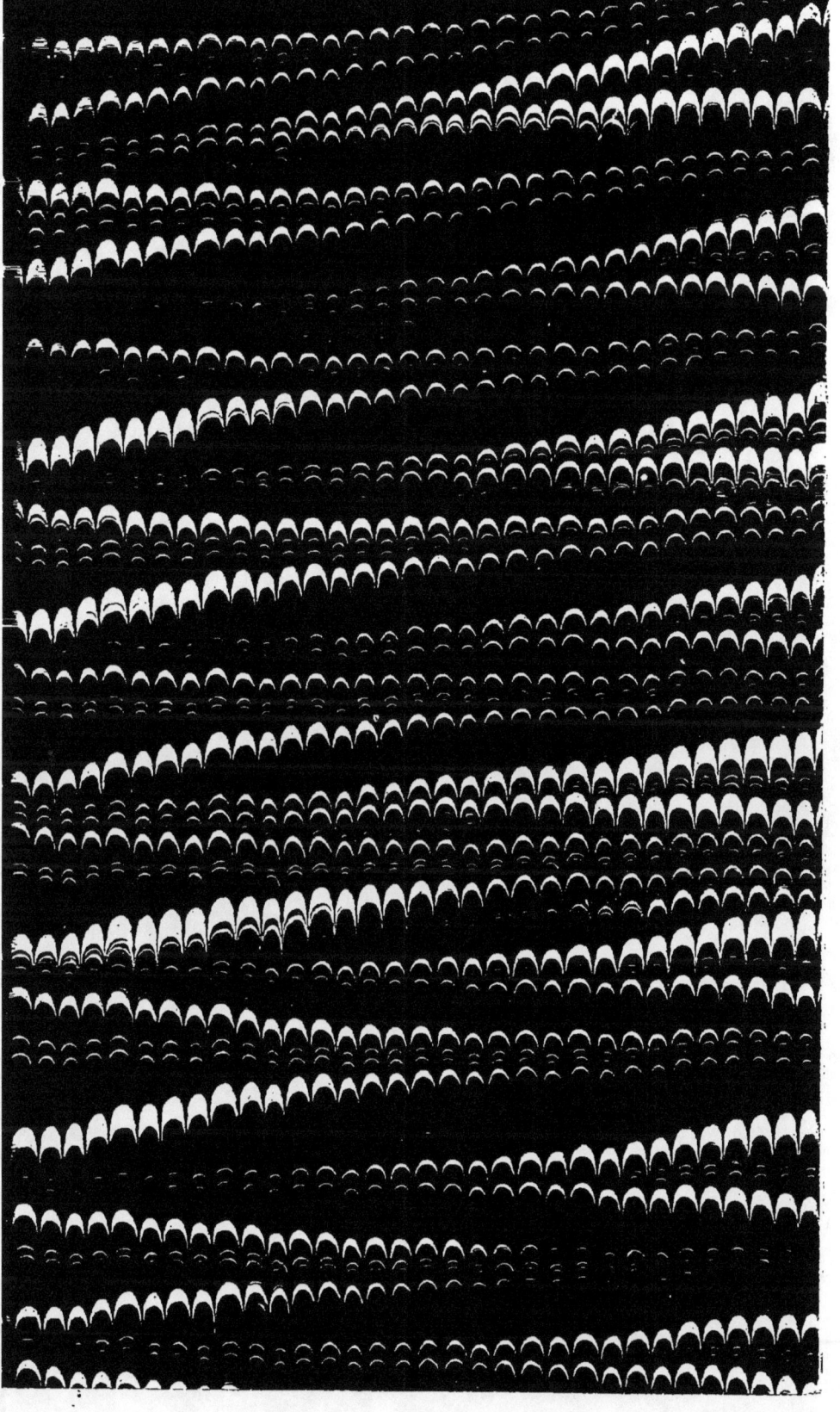

LETTRES
D'UN PASSANT

PARIS, IMPRIMERIE JOUAUST,
RUE SAINT-HONORÉ, 338.

LETTRES
D'UN PASSANT

PAR

ARTHUR DE BOISSIEU

2ᵉ ÉDITION

PARIS
LIBRAIRIE FRANÇAISE
E. MAILLET, LIBRAIRE-ÉDITEUR
RUE TRONCHET, 15 (PRÈS LA MADELEINE)

1868

LETTRES D'UN PASSANT

LETTRE A S. EXC. M. DURUY
MINISTRE DE L'INSTRUCTION PUBLIQUE

I

Monsieur le ministre,

Nous nous sommes connus autrefois. Jadis vous étiez le professeur, moi l'élève. La distance qui nous séparait s'est encore accrue avec le temps. Aujourd'hui vous êtes mon ministre, moi votre administré.

Depuis l'époque où je m'asseyais, en face de vous, sur les bancs du collége de Saint-Louis, il s'est passé plusieurs olympiades, pour compter comme les Grecs, ou plusieurs lustres, pour parler comme les Romains, dont vous avez écrit l'histoire. Maintenant, je suis homme dans la plénitude des forces de la vie et dans la maturité des ans. J'aime, à mes heures de solitude et d'ennui, à remonter le fleuve des jours écoulés et à revivre, en songe, ce vieux passé qui nous console du présent morose. C'est en nous souvenant que nous rajeunissons.

Il me semble, monsieur le ministre, que vous devez être de ceux sur qui les années glissent et n'appuient pas. Vous n'avez rien perdu à vieillir, et si je résiste au plaisir de vous peindre tel que vous êtes demeuré dans ma mémoire, qui commet peu d'oublis, c'est que j'aurais peur que la simple vérité ne vous parût un trop gros éloge et la ressemblance du portrait une flatterie du peintre.

L'âge travaille lentement à notre ruine, quand il y travaille seul; les bons traitements entretiennent la santé : c'est ce que disent tous les médecins, c'est ce que pensent tous les fonctionnaires.

Je vous dois, monsieur le ministre, une bonne partie du peu que je sais. S'il vous souvient de moi, ce que je n'ose espérer, j'avais quelques bonnes dispositions gâtées par une facilité trop grande. On n'est pas parfait, et un élève n'a jamais pu contenter deux personnes à la fois, lui-même et son professeur. Quoi qu'il en soit, j'ai appris l'histoire à votre école, et j'ai même écrit, sur ce César qui n'aimait pas les gens maigres des Commentaires que j'ai la fatuité de croire assez intéressants. J'aurais été digne peut-être d'apporter ma pierre au monument élevé à la gloire du Romain qui vainquit nos pères, et d'être un des ouvriers employés à la construction de l'édifice dont une main illustre vient de poser le couronnement si longtemps attendu.

Quand vous nous enseigniez l'histoire de France en rhétorique, c'était sous cette bonne république de 48, à laquelle je sais bien bon gré de tout le mal qu'elle ne nous a pas fait. Vous aviez laissé, de vous à nous, s'établir un aimable courant d'égalité. Nous discutions en classe sur les événements d'autrefois, et même un peu sur ceux du jour. Je me rappelle vous avoir entendu émettre, sur la vieille monarchie française, si riche de gloire et si féconde en bienfaits, des idées que je trouvais tout bas bien plus irrévérencieuses que je n'osais vous le dire tout haut. Nous étions vous et moi d'une coloration bien différente : l'un pareil à la neige des Alpes, et celui-ci l'écolier ; l'autre semblable aux tissus de Sidon, et celui-là le maître.

Mais les couleurs passent au soleil, et vous avez approché de près l'astre souverain, — de si près que vous avez fini par devenir un de ses rayons. — Et je n'ai rien à répondre.

D'ailleurs, je ne suis pas bien sûr moi-même de ne pas avoir commencé un léger mouvement de rotation. Vous me confondiez jadis par l'audace de vos doctrines ; je vais vous surprendre peut-être par la liberté des miennes. — Ce qui me retient, c'est que j'ai un peu plus peur de vos pensums aujourd'hui qu'autrefois.

J'ai salué avec joie votre avénement, parce que je savais qu'il y aurait beaucoup du vieil homme dans le nouveau ministre. En effet, votre nomination fit tressaillir de joie la vieille Université ; l'œuvre de votre prédécesseur chancela sur ses bases mal affermies, et dans les régions où vous allez régner circula un flot d'air pur et comme un souffle de liberté.

O toi, le plus cher de nos espoirs et le plus noble de nos amours, trois fois sainte Liberté! Est le bienvenu parmi nous quiconque se présente ayant aux lèvres ton nom sacré; et il semble qu'en songeant toujours à toi, nous attendons avec plus de patience ton retour sans cesse promis et sans cesse différé.

Que ne nous promettait pas un ministre libéral? Peut-être plus qu'il ne pouvait tenir. Mais les bonnes intentions, même paralysées dans leurs effets, sont d'un grand prix à mes yeux, et je sais par expérience que les marchandises livrées sont le plus souvent inférieures aux échantillons offerts.

Ce n'est pas à vous, monsieur le ministre, vous professeur d'histoire et historien de profession, que je pourrais apprendre quelque chose sur les événements de nos dernières années. Vous savez combien nous avons trouvé dur l'airain des tables de la loi nouvelle, combien nous semblèrent sévères les commandements du Seigneur, dont la crainte fait la moitié de la sagesse et la totalité de la prévoyance en ce monde.

C'était chose triste que de vivre perpétuellement sous l'inspection de deux vigilants censeurs, l'un M. le ministre de l'intérieur, l'autre M. le préfet de police.

On nous disait: « Mes enfants, pas de réunions, cela occasionne des troubles; pas d'attroupements, cela fait toujours quelque bruit. Journalistes, mettez de l'eau dans votre encre, et n'oubliez pas qu'un bon averti ne vaut plus que la moitié d'un. »

Pour les écrivains trop hardis, pour les causeurs trop bruyants, il y a des lois toutes neuves et des prisons déjà vieilles.

Bientôt cependant il se fit une notable amélioration. La sténographie progressa à vue d'œil, et la grammaire fut remise en honneur, ce dont l'ombre de Vaugelas s'entretint avec l'ombre de Chapsal. On imprima les harangues des députés sans une faute d'impression, sans une lacune volontaire, et le procès-verbal des chambres devint une vérité. Nos législateurs s'exprimèrent à la première personne; on ne lut plus au *Moniteur* : « Il semble à l'orateur que... » mais ces mots, en gros caractères : « M. Picard, » et ensuite : « Je crois que si la pluie vient du ciel, la boue vient du macadam. » (Longue et bruyante interruption.)

Enfin Malherbe vint, enfin vous fûtes ministre. Quelques esprits ingénieux, mais téméraires, se demandèrent si un ministre de l'instruction publique aussi éclairé que vous l'êtes pouvait donner à cet adjectif *public* un sens moins étendu que celui que l'Académie lui assigne en son laborieux dictionnaire, tome II, page 315, colonne 3. « *Public* veut dire : qui concerne tout « un peuple, qui intéresse tout le monde. » Tel est l'avis formel de ce fameux concile des Quarante, dont les décisions sont obligatoires en matière de langage.

L'instruction publique, étant chose commune et nécessaire à tous, est, par suite, essentiellement libre. Le dictionnaire prouve la première, et la raison la seconde de ces deux affirmations.

Il est de toute évidence qu'un bien à la possession duquel peut et doit aspirer chaque membre de la famille humaine est transmissible à l'infini sans qu'aucune loi fiscale, sans qu'aucun droit de mutation en entrave la répartition ou en diminue la valeur ; l'État n'a donc ni à le céder, ni à l'aliéner, ni à l'amoindrir ; ce n'est ni un monopole qu'il puisse garder, ni un privilége qu'il puisse vendre. La liberté d'enseigner est une conséquence forcée de la nécessité d'apprendre.

Ces idées, monsieur le ministre, parurent un moment les vôtres, et un mot de vous fit sortir de terre plus de bons professeurs qu'un coup de pied du grand Pompée n'en faisait jaillir de mauvais soldats.

Il y a tant de gens qui vivent au beau pays de France sans avoir la plus faible notion de sa géographie, le plus léger soupçon de son histoire ! De tous les pauvres, les plus communs sont les pauvres d'esprit. Que d'électeurs qui ne savent ni lire, ni compter, ni écrire ! J'en sais bon nombre, pour ma part, qui seraient incapables de déchiffrer une seule ligne des beaux livres que vous avez composés, ou de comprendre un seul mot des discours éloquents que vous avez prononcés. Je les plains, monsieur le ministre, moi qui pense que la privation d'un plaisir délicat est un châtiment véritable, et que l'on doit s'affliger de ne se pouvoir réjouir.

L'ignorance disparaîtra, je le crois comme vous, mais quand ? Les laboureurs peuvent savoir leur bonheur, mais ils ne savent pas leurs lettres, et ce n'est pas un bâton de maréchal que je voudrais voir dans la giberne de tout soldat qui s'engage, c'est une grammaire française.

Bon nombre de savants, monsieur le ministre, se sont adressés à vous pour tâcher de faire disparaître cette lèpre de l'esprit, l'ignorance. Ils se proposaient d'ouvrir des cours d'instruction publique où le pauvre pût venir puiser le nécessaire et le riche le superflu. Offrant aux uns l'occasion d'apprendre, aux autres celle de se souvenir, ils prenaient pour devise le vers du poëte :

Indocti discant et ament meminisse periti.

Les conférences, monsieur le ministre, naquirent sous votre patronage. Elles ne furent pas longues à s'acclimater et à réussir. Elles ne purent malheureusement se faire gratuites ; mais le produit de leurs recettes fut appliqué au soulagement des infortunes d'ici-bas, et l'enseignement devint une forme ingénieuse et nouvelle de la charité. Ces cours, hélas! ne peuvent se multiplier, et leur existence, surveillée dans ses progrès et entravée dans sa marche, ne dépend que du plaisir des ministres, lequel est rarement bon.

Je me plains, je l'avoue, de voir au droit commun se substituer un régime de tolérance et des lois arbitraires; mais je suis de ceux qui pensent que vivre misérablement vaut encore mieux que de cesser d'être. Le mieux n'est pas l'ennemi du bien, et prendre tout ce qu'on nous accorde ne saurait nous empêcher de demander tout ce qu'on nous refuse. Tout l'avenir est dans ces quatre mots : savoir espérer, pouvoir attendre.

« Monsieur le ministre, vous dit un savant, je voudrais traiter de la pisciculture. — Traitez, mon ami, je ne m'occupe que de ce qui se passe sur terre, et non de ce qui se fait dans l'eau. Le poisson est un être inoffensif, et quand il se pervertit au point de devenir rouge on l'enferme dans un bocal. » — « Monsieur le ministre, dit un autre, je voudrais m'occuper de la génération spontanée. — Belle question ! occupez-vous-en quand bon vous semblera ; seulement, soyez discret et n'opérez pas en public. »

Quand sur le terrain des discussions veulent descendre les adversaires et les partisans de l'Église, ne semble-t-il pas que les premiers jouissent d'une plus grande latitude et qu'ils puissent s'attaquer à une religion qu'il ne leur sera jamais donné d'ébranler? L'Église de Dieu est la seule puissance connue qui puisse gagner les batailles en se passant de soldats.

Qu'on tente d'escalader le ciel tant qu'on le voudra ; mais comme les palais des grands sont construits d'une pierre qui n'est pas inébranlable, on nous saura bon gré de n'en pas approcher de trop près. Ne touchons ni à la morale, ni à la politique, ni à l'histoire, ni à la reine ; en littérature même, soyons réservés. L'autre jour un comédien retraité, M. Beauvallet, voulait lire en public un drame d'un certain Victor Hugo, – que nous ne connaissons plus. Il lui fut répondu : « Lisez le *Cid* du vieux Corneille, » un Normand qui savait son métier. Un ministre libéral patronne cette œuvre, proscrite jadis par un cardinal intolérant. Qui, après cela, pourrait nier les conquêtes que, depuis Richelieu, la liberté a faites en France?

L'an dernier, on avait ouvert la salle Barthélemy aux amis de la Pologne; ce fut une faute que l'on ne commettrait plus. On y vint trop, on y parla trop, on y applaudit trop. Le bien se fait en silence, et les bonnes œuvres doivent se cacher; d'ailleurs, depuis le P. Lacordaire à Saint-Roch, on se méfie, à juste titre, des sermons de charité.

La salle Barthélemy est maintenant un boulevard, et M. Haussmann a passé par là. Ce serait franchement être bien simple de permettre à des adversaires de s'en aller prêcher en ville, et de prendre avec eux de petites tribunes portatives.

Il est des conférenciers illogiques qui vous reprochent de leur retirer, après réflexion, une autorisation que vous leur aviez accordée sans difficulté. Mais le droit de donner implique celui de refuser, et parce que l'on s'est repenti d'une dangereuse bonté, s'ensuit-il que l'on soit devenu injuste? Il paraît tout simple de dire à MM. de Lavergne, Cochin et de Broglie, qui frappent à la porte du local de la rue Bonaparte :

Montrez-nous patte blanche, ou vous n'entrerez pas.

Après examen, il était trop facile de trouver M. Cochin trop catholique, M. de Broglie trop académicien, M. de Lavergne trop agriculteur, et vous avez jugé à propos de renvoyer le catholique au *Correspondant*, l'académicien à l'Institut et l'agriculteur à ses moutons.

Monsieur le ministre,

Quand les Pharisiens d'autrefois s'approchaient du Christ, dont ils voulaient éteindre la parole, proscrire l'enseignement et tenter la vertu, ils subissaient malgré eux l'ascendant du Dieu fait homme et ne trouvaient pas de plus bel éloge à lui adresser que celui-ci : « Maître, nous savons que tu es vrai, et que la qualité des personnes est indifférente à tes yeux. *Non respicis ad personam hominum.* » C'est cette louange, monsieur le ministre, que je voudrais vous voir mériter. Soyez sûr que certains de vos amis sont plus dangereux que beaucoup de ceux que vous croyez vos ennemis, et j'oserai vous affirmer encore qu'il n'est pas besoin de montrer une pièce de monnaie à MM. de Lavergne, de Broglie et Cochin pour leur apprendre à rendre à César ce qui appartient à César.

Puisque vous êtes puissant, pourquoi faites-vous à certains personnages l'honneur de paraître les craindre? Le propre de la force est la confiance en soi et le dédain de tout ce qui n'est pas elle. Il serait peut-être plus sage d'user d'une rigueur moins grande et de ne pas refuser à un poëte absent, à un prince historien ou à un orateur disponible, le droit d'avoir encore un théâtre, un éditeur, un public.

Ne nous répondez pas : « Nous réservons la liberté pour le jour où nous ne rencontrerons plus de dissidents et où les anciens partis seront devenus de l'histoire ancienne; » ce serait mal juger son temps et mal profiter du passé. Ce qui a renversé les gouvernements précédents, ce ne sont pas leurs ennemis, ce sont leurs fautes. La cause de leur chute n'est pas dans l'abus qui fut fait de leurs bienfaits, elle est dans des résistances maladroites ou dans des concessions tardives. D'ailleurs, il existe un proverbe qui dit que les petits cadeaux entretiennent l'amitié. Comment voulez-vous convertir des gens à qui vous ne donnez rien !

Je vous le dis, monsieur le ministre, avec regret et conviction, il est dur pour ceux qui, comme moi, sont arrivés à l'âge où besoin est de dépenser son activité et d'utiliser ses forces, de rencontrer à chaque pas des barrières infranchissables et de se heurter à un perpétuel *non volumus*. Nous sommes sans arrière-pensée, et nous ne demandons qu'une place à ce soleil qui ne luit pas pour nous.

Si vous m'objectiez qu'il ne dépend pas de votre volonté seule d'abaisser ces barrières et de supprimer ces obstacles, je m'étonnerais, non sans raison. Vous occupez dans l'État une éminente fonction, et au-dessus de vous je ne vois personne, si ce n'est celui que vous avez appelé vous-même l'homme le plus libéral de son empire.

Quand donc ceux qui gouvernent comprendront-ils que ce qui est simple est préférable à ce qui est compliqué, et que les grandes règles qu'il faut confirmer souffrent toujours des exceptions que l'on multiplie ? Or, voici les deux grandes règles : au-dessus de tous la loi ; pour tous la liberté. Tout le reste est peu de chose.

Telles sont nos demandes : laissez-nous les croire

justes; tels sont nos vœux : laissez-nous penser qu'ils se réaliseront.

Veuillez excuser, monsieur le ministre, les deux libertés que j'ai cru devoir prendre : celle d'être importun et celle de longuement écrire ; elles ne me consolent pas des autres.

Je suis, monsieur le ministre, avec le plus profond respect, votre très-ancien élève, votre très-modeste administré et votre très-humble serviteur.

II

Henri IV, au plus fort de sa lutte contre les anciens partis de son temps, disait à Casaubon : « Si vous saviez, monsieur le savant, quel mal je me donne pour que vous ayez le loisir d'étudier un peu ! » Aujourd'hui, es dieux qui nous font des loisirs s'occupent à nous distraire et travaillent pour nous instruire. L'histoire est ouverte, et sur ses vastes domaines on peut largement et impunément récolter. Aucun des chemins qui mènent à Rome d'autrefois ne nous est défendu, et permission nous est acquise de poursuivre à travers les siècles écoulés le fantôme de la liberté, qui hante les ruines des cités et s'asseoit sur les tombeaux des morts.

Eh bien, soit : allons à Rome, où tout le monde va. Je ne prends pas pour guide de mon voyage le beau livre de Baruch, dont, moins heureux que La Fontaine, je n'ai encore lu que la préface; mais j'emporte le volume du professeur Duruy. Les heures s'écoulent et le temps s'efface. Voici, baignée par le Tibre aux eaux jaunes, la ville qui contient le monde : Rome! Voici la porte Esquiline et la porte Triomphale, le Janicule, le Cœlius et l'Aventin, les temples des dieux, les palais des sénateurs, le théâtre de Pompée et la roche immobile de Tarpéïa surmontée du Capitole éternel!

Dans la grande cité tout est joie, fête et bruit. Autour de vingt-deux mille tables à trois lits s'est assis le peuple romain : le chio et le falerne coulent des fontaines publiques, et le plus pauvre se nourrit des murènes pêchées dans les viviers fameux. Gloire à César qui triomphe des Gaules, de l'Égypte, de Pharnace et de Juba! Devant son char marchent les images des rois vaincus, les effigies des villes prises, et la peinture du vaste Océan traversé par les flottes victorieuses. Le soir, le héros parcourt la ville entre quarante éléphants (1) portant sur leurs larges fronts des lustres aux lumineux rameaux. Largesses à la plèbe et aux légions; à chaque citoyen cent deniers, à chaque légionnaire cinq mille deniers, à chaque centurion dix mille. L'or du monde entier ruisselle entre les sept collines. Aujourd'hui c'est la fête des hommes, mais demain sera voué aux dieux, et César en personne fera la dédicace du temple qu'il a élevé à sa mère, à Vénus, volupté de la terre et du ciel.

Gloire à César consul, gloire à César grand pontife!

(1) M. Duruy, *Histoire romaine*, chap. XXVI.

Au théâtre jouent les mimes; au cirque luttent quatre cents lions (1); dans l'amphithéâtre, changé en lac, les galères de Tyr et d'Égypte donnent au peuple assemblé la représentation d'une bataille navale, et pendant ce temps les triumvirs égorgent au Tullianum le Vercingétorix gaulois, que six années de captivité ont fait assez vieux pour la mort.

Dans son dernier discours, César a raconté les œuvres de la guerre et les travaux de la paix; il a rappelé la gloire des aigles romaines et sept provinces nouvelles ajoutées à l'immense empire; les applaudissements éclatent lorsqu'il annonce le percement futur de l'isthme de Corinthe et qu'il se vante d'avoir trouvé Rome bâtie en briques et de l'avoir rebâtie en marbre. Il parle des nouvelles lois qu'il compte présenter au sénat, et fait remise d'une partie de leurs dettes aux débiteurs trop pauvres pour s'acquitter. Il protége l'ordre équestre, il nomme dix sénateurs, il vient de payer cinq millions la conversion de deux pompéiens endurcis. Autour du dictateur se déploient les longues files des cohortes et des centuries. Le monde a un vainqueur, l'Italie un maître, et nul ne voit passer dans l'ombre et dans la solitude le pâle Cassius murmurant quelques basses paroles à l'oreille de Brutus indécis.

Si jamais un homme eut droit au titre de grand, c'est celui dont je viens d'écrire le nom, Caius Julius César, descendant de Vénus et d'Anchise, gendre de

---

(1) M. Duruy, *Histoire romaine*, chap. XXVI.

Cinna, neveu de Marius, rival de Pompée, vainqueur des Gaules et de l'Italie, et fondateur de l'empire romain.

Riche, noble, il commence par éveiller les soupçons de Sylla, qui, dans ce jeune homme à la robe flottante, devinait plusieurs Marius. Doué de toutes les séductions de l'esprit et du corps, roi de la mode et portant sa toge avec une grâce inimitable qui désespérait les élégants de son temps, il essaya sur les femmes des autres ses goûts de conquête et son pouvoir de vaincre. Prodigue à étonner les débauchés d'alors, qui cependant ne s'étonnaient guère, il convie le peuple à des fêtes splendides et fonde sa popularité sur les ruines de son patrimoine intelligemment dispersé. Citoyen d'une ville vénale, il conçut le dessein d'être pour une cité cherchant à se vendre l'opulent acheteur que rêvait Jugurtha. Il n'a plus rien, mais Crassus lui prête ses millions, et, chose plus rare, les usuriers se confient à l'étoile et placent à fonds perdus, sur l'avenir de ce conquérant futur. Avant d'avoir exercé aucune fonction publique, il doit treize cents talents, c'est-à-dire treize cents fois 6,000 francs (1). Il a le génie qui prévoit le hasard, et l'audace qui commande à la fortune, et il se sent supérieur aux autres hommes par son estime pour lui et son mépris pour eux.

Vient la conjuration de Catilina ; il y trempe à peine et s'en dégage à temps. Il avait prévu l'insuccès avec la clairvoyance d'une ambition dédaigneuse du second

(1) M. Duruy, *Histoire romaine*, chap. XXIV.

rôle; s'il conspire, c'est à l'écart, et il ne dévoilera ses projets que le jour où il aura, pour les appuyer, la complicité du peuple et le glaive des légionnaires.

Quel fin diplomate et quel merveilleux politique! Il fait la guerre au sénat et monte chaque jour d'un degré dans la faveur populaire. Il est le chef naturel des jeunes nobles perdus de dettes et de vices, et rattache à son parti sans cesse accru les enfants perdus de Catilina. Par Clodius il se fait débarrasser de sa femme d'abord et de Cicéron ensuite. Nommé consul, il triomphe de l'opposition de son collègue Bibulus et de la résistance de Caton. Il paye les dettes des personnages obérés et offre des palais aux tribuns sans logement. Il sait au prix de combien de sesterces on peut acquérir un dévouement solide, et pénètre chez les hommes politiques comme son aïeul Jupiter entrait chez Danaé. Nous vivons heureusement dans un temps où de tels procédés n'ont aucune chance de succès. Nous ne comprenons plus ces métamorphoses soudaines et ces conversions rétribuées, nous ne courtisons que le malheur, et nous survivons à nos espérances mortes et à nos affections perdues. Serviteurs persistants d'une même cause, que nous soutenons triomphante et que vaincue nous aimons encore, et inébranlables à la façon des héros d'Homère, nous luttons contre la tempête, la fortune et les dieux.

Vivant aujourd'hui, César eût échoué; mais il habitait l'ancienne Rome, et non le Paris moderne : il devait triompher. Il emprunte l'argent de Crassus, et, devenu veuf, il épouse la fille de Pompée. Lui, son créancier et son beau-père forment le premier triumvirat et se partagent la toute-puissance. Il faut à César une armée, une guerre, une province, une fortune. Pour avoir tout cela, il se fait donner le gouvernement des Gaules soulevées, et met à les conquérir le temps qu'il fallut aux Grecs pour s'emparer de Troie. Un illustre historien dira (1) la prodigieuse activité, les inépuisables ressources et les gigantesques travaux du vainqueur. Il racontera la défaite d'Arioviste, la chute de Gergovie et la prise d'Alesia, les trente batailles où avaient combattu quatre cents peuples et trois millions d'hommes, les limites de l'empire romain reculées jusqu'aux extrémités de l'Occident, la mer franchie, et la Bretagne inconnue foulée par les pas victorieux des légions.

Les événements se pressent, la guerre des Gaules est terminée, la guerre civile va commencer. On dit que César, arrivé sur le bord du Rubicon, vit se dresser devant lui l'image de la patrie en deuil, et qu'à cette apparition il éprouva un triple sentiment de respect, de défaillance et d'effroi. Il hésita à franchir ces eaux étroites, au delà desquelles commençaient le crime et la rébellion. C'est l'honneur de notre nature et le propre des âmes également capables des grands desseins et des actions perverses, d'exécuter les premiers, si laborieux qu'ils puissent être, et de trembler devant les secondes, si faciles qu'elles se présentent. Ce qui décida le héros, ce fut la nécessité de sauver la république en

---

(1) Il l'a dit, mais mal.

péril, prétexte toujours invoqué par les grands contempteurs des lois! Il franchit la rivière en s'écriant : « Le sort en est jeté! » Le sort était jeté, en effet, et il ne lui restait plus qu'à en appeler au glaive fidèle et à la fortune amie.

Il triompha! Cicéron fut le premier à ranger son éloquence du parti du vainqueur. « Il ne faut pas poser les armes, mais les jeter, » disait-il. « L'empire est fait. *Nascitur imperium.* » Le nouvel *imperator* aurait probablement besoin de placer à la tête de son sénat, considérablement accru, un homme expert dans l'art de bien dire, et Cicéron, qui avait comme avocat défendu les partisans de tous les partis, se sentait comme orateur disposé à servir toutes les causes.

Contre toute attente, César fut clément : il ne proscrivit personne. Il fit vendre à l'enchère les biens de Pompée ; mais il pensait que les biens de ceux qui avaient commandé à la République devaient, après leur mort, rentrer dans le domaine de tous. Cette mesure, prise par décret, fit le plus grand honneur au dictateur. Il pouvait confisquer sans mot dire, et il avait daigné dire pourquoi il confisquait.

« L'indulgence de César était une manière de corrompre. Pour avilir les charges, il les multiplia ; pour déconsidérer le sénat, il y appela des soldats. — L'homme civil n'est plus rien, l'homme de guerre tout ; le règne des armées approche (1). »

Il y avait alors à Rome deux républicains décidés.

(1) M. Duruy, *Histoire romaine*, chap. XXVI.

Ce fut assez pour empêcher l'établissement d'un empire. Le premier Brutus tua son fils, violateur des lois ; le second tua son père, usurpateur de la souveraine puissance. Montesquieu, cité par M. Duruy, dit « qu'une opinion établie dans toutes les républiques de Grèce et d'Italie faisait regarder comme un homme vertueux le meurtrier d'un tyran. A Rome surtout, depuis l'expulsion des rois, la loi était précise, les exemples reçus. La République armait le bras de chaque citoyen, le faisait magistrat pour le moment, et l'avouait pour sa défense. »

Les avis ne manquèrent pas à César, qui n'y voulut pas croire. « Brutus, disait-il en se touchant, attendra bien la fin de ce corps misérable. » Le jour des ides de mars venait de se lever, et le dictateur parut au sénat, où les conjurés l'entourèrent. Casca le frappa le premier, et Brutus, le bras armé, s'avançait jaloux de porter le second coup. César, poussant alors ce grand cri de douleur et de résignation qui résonne encore aux oreilles de la postérité attendrie : « Et toi aussi, mon fils! » n'essaya pas de fuir la destinée, et, se couvrant la tête de sa robe pour ne pas voir les meurtriers et la mort, sans une plainte, sans un regret, s'en fut rouler aux pieds de la statue de Pompée.

Près de vingt siècles ont passé sur ce grand séducteur d'hommes, et cette merveille de corruption a trouvé grâce devant l'histoire. On a oublié ses crimes pour ne se souvenir que de sa gloire. On ne voit que l'orateur accompli, le général vainqueur et le politique aux larges vues ; on ne songe plus au complice de Catilina et au hardi passager du Rubicon défendu. L'humanité tout entière se complaît en César, comme au plus réussi et au mieux doué de ses enfants.

Il eût été désirable peut-être qu'il atteignît le but que se proposait son insatiable ambition. Rome était prête pour la servitude : au lieu des antiques vertus républicaines, partout des mœurs avilies et des exemples honteux ; Brutus, tombant sur le champ de bataille de Philippes, désespère de l'avenir, et l'on a retenu le cri suprême du vaincu : « Vertu, tu n'es qu'un nom ! »

La supériorité de César ressort plus visible encore de tous les rapprochements tentés. Entre lui et Napoléon, quelle différence et quelle distance ! César a tout à faire et tout à créer, chacun de ses pas est un effort et une victoire. Il lui faut triompher d'une armée commandée par Pompée, d'un sénat dirigé par le génie de Caton et l'éloquence de Cicéron, et enfin de l'aversion du peuple pour le titre et le nom royal. Napoléon, au contraire, surgit dans des temps troublés, où, toute règle ayant été violée, toute exception devient possible. Qu'on se reporte à la fin du siècle dernier : — Vit-on jamais circonstances plus favorables, théâtre plus vaste, hommes secondaires plus éminents, gloire plus vite acquise et mieux récompensée ?

César règle ses audaces, répare vite, voit de près et prévoit de loin ; la victoire lui obéit et la fortune maîtrisée l'accompagne. Plus il s'élève, plus il s'étaye ; et plus il peut, moins il ose. Généreux et clément, il donne partout et pardonne à tous. Il s'attendrit sur les morts tombés sur le champ de bataille, arrête le carnage et rappelle les exilés. Napoléon veut tout avoir et croit que le génie peut tout acquérir. Il commet des crimes et, pis que cela, des fautes ; il saigne la France aux quatre membres, et, arrivé aux frontières nuageuses où la folie commence, il poursuit jusque sur les neiges de la Russie le fantôme sanglant de l'empire universel.

Ayant fatigué la victoire, lasse de le suivre partout; ne sachant plus ni se commander à lui-même ni diriger les autres, il en est réduit à combattre, non pour la domination, mais pour le salut. La France est envahie par les armées coalisées. Paris, deux fois assiégé, est pris deux fois, et le grand agitateur des choses humaines, précipité du trône où il n'a pas su s'enraciner, est enchaîné sur un rocher désert, au fond des vastes mers.

De son œuvre il ne reste rien que des ruines amoncelées. — Tout est ombre, souvenir et regret. L'empereur, vaincu, ne peut ni se consoler du pouvoir perdu, ni se résigner à la captivité qui commence. A Sainte-Hélène, il accuse tout le monde de sa chute, hors lui, le grand coupable. Il se plaint des hommes et du destin, se brisant aux petites choses, lui qui avait manié les grandes. Il pose devant l'histoire, dont il craint la justice, et il essaye de colorer des apparences de la réalité les chimères vaines qui bouillonnent encore dans sa tête puissante.

Qu'eût-on pensé de César, dit un écrivain contemporain, si, après avoir déchaîné sur l'Italie l'invasion des peuplades barbares, et perdu six armées romaines dans le désert libyen, il fût allé mourir sur une île lointaine, n'emportant qu'une renommée meurtrie et une gloire diminuée ? Je ne sais. Mais, en manière de conclusion, je rends grâce à Dieu qui donne à l'humanité plus de bienfaiteurs que de grands hommes, plus de sages que de héros. L'humanité n'en est pas reconnaissante, il est vrai, et elle s'éprend d'un incroyable amour pour les conquérants qui la ruinent et la déciment sur les champs de leurs victoires. Mais ses préférences importent peu, et Dieu fait bien ce qu'il fait.

César venait de monter au ciel, et de l'homme on avait fait un Dieu. — Quelques années plus tard, le ciel s'ouvrait et Dieu se faisait homme.

Les siècles anciens sont fermés, la bonne nouvelle va rajeunir la terre, et le Christ naît à Bethléem pour le salut et le rachat du monde

II

M. le duc de Morny est un de ceux qui légueront un nom à l'histoire. Il a exercé sur les événements une action parfois décisive, sur les hommes une influence souvent prépondérante. A la vivacité des regrets qu'il inspire, on peut mesurer l'importance des services qu'il a rendus. Ce serait, toutefois, dépasser les bornes d'une légitime douleur que de pleurer en lui, non pas un ami dévoué, mais un serviteur nécessaire de l'Empire. Les hommes éminents ressemblent moins aux colonnes qui soutiennent le temple qu'aux statues qui le décorent. Le vent peut renverser sur le sol ces périssables images, mais il n'ébranle pas l'édifice destiné à braver le poids des siècles et l'effort des tempêtes.— C'est ce que m'ont affirmé des gens très-bien pensants

M. Troplong l'a dit un jour : les hommes passent, que les institutions restent. Je lui suis obligé de ce souhait pieux.

M. de Morny était à l'âge viril, où l'on récolte les fruits semés dans la jeunesse. Ayant connu les désirs et les joies de l'ambition, il s'avançait dans l'avenir, riche des dons reçus et fort de l'expérience acquise. La nouvelle de sa fin prématurée a retenti douloureusement parmi nous. Nous avons conservé le respect et la piété des tombes. Enfants d'une même famille et rattachés les uns aux autres par la certitude d'une destinée commune, nous nous inclinons devant ces triomphes de la mort, qui nous rappellent la poussière originelle où nous retournerons tous.

En parlant de M. le duc de Morny, je voudrais dire ce qu'il fut plutôt que ce qu'il fit. Louer chez un adversaire les qualités de l'homme, l'esprit qui éblouit, la grâce qui séduit et le talent qui s'impose, c'est, en même temps qu'une chose facile, un plaisir rare et délicat. Mais apprécier le rôle du politique et l'œuvre du ministre, c'est une pénible tâche dévolue à ceux qui, plus tard, écriront l'histoire de ce temps. Engagés dans les luttes contemporaines, témoins et souvent acteurs dans les batailles journalières, nous sentons que, pour parler des combattants, l'impartialité nous manque et la liberté nous échappe. Il faut attendre, pour bien juger les morts, que le bruit de leurs actes se soit éteint dans la distance et que la fumée de leur vie ait disparu de l'horizon.

M. de Morny naquit en 1811, l'année où son parent le roi de Rome vint au monde. Parmi les ombres du passé qu'il aimait à évoquer, il revoyait, à côté de Mme de Sousa, sa grand'mère, une autre figure plus illustre et plus aimée. A l'aurore de ce siècle, les dieux puissants daignaient se faire hommes pour séduire, et les fières déesses s'attendrissaient parfois aux prières des mortels. Les reines, se souvenant d'être femmes, se consolaient du pouvoir perdu par la grâce demeurée, et l'on dit que sur le berceau de l'enfant se pencha un front charmant et couronné.

M. de Morny commença par être soldat, et se fit remarquer par sa bravoure dans une armée où tout le monde est brave. Aimant la gloire de toute l'ardeur d'un cœur intrépide et jeune, il saisit l'occasion de faire briller au soleil d'Afrique l'or de ses nouvelles épaulettes : il se distingue à tous les engagements, sauve la vie du général Trésel, cherche les balles et en reçoit quatre devant Constantine. Mais bientôt, las de la vie militaire, il donna sa démission et rentra en France. Il quittait la cavalerie après avoir gagné ses éperons et cueilli du bout de son épée, comme une fleur enviée du désert africain, le ruban rouge de la Légion d'honneur.

Le monde était le véritable champ de bataille où il devait triompher; rien en lui n'était négligé, et chaque détail concourait à l'harmonie de l'ensemble. Grand, mince, d'une élégance qui n'avait rien d'apprêté et d'une grâce qui n'excluait pas la force, il semblait que la nature, en le créant, eût voulu faire une œuvre d'art.

Figure aimable, aux traits expressifs, au front dégarni, aux lèvres finement souriantes, qui l'a vu n'a pu l'oublier. Il avait de tous les dons le plus rare, celui de plaire, qui ne s'acquiert jamais; il en usa dans sa jeunesse. Ce n'est pas manquer de respect à sa mémoire que de dire avec M. de la Guéronnière qu'il effeuilla les roses faciles sans se blesser à leurs épines; s'il s'adonna aux plaisirs, il sut ne pas s'y abandonner tout entier, semblable à ces oiseaux rapides qui, volant sur la surface des fleuves, trempent leurs ailes dans les flots, assez pour les mouiller, trop peu pour les charger.

Héritier du charme des siens, spirituel comme un Mortemart, fait comme un comte de Guiche ou d'Orsay, grand seigneur de tous les temps et de tous les pays, mais tempérant la légèreté française d'une dose convenable de gravité britannique, il affirmait à chaque mouvement la noblesse de son origine. Net de tout alliage et réussi des pieds à la tête, il fut, si je puis ainsi parler, un des pur sang de la race humaine.

Tout en lui était de son temps : goûts, défauts et qualités. Il avait la passion des belles choses, qu'il satisfit largement dès qu'il eut fixé pour jamais la fortune, plus d'une fois inconstante. Dans sa galerie, riche comme le musée d'une capitale, il avait réuni les œuvres des artistes de tous les temps, et les merveilles des grands peintres qui ont enfermé tout un monde dans une toile grande comme la main. Amateur zélé et artiste intelligent, il savait que la peinture et la poésie sont sœurs, et que l'écrivain vaut le peintre. Sachant allier les choses graves aux choses frivoles et les plaisirs aux affaires, il se consolait de la politique par la littérature et de la Chambre par le théâtre. Maniant d'une main habile un gentil brin de plume, il composa en se jouant quelques proverbes aimables où retentissait d'un bout à l'autre un rire prolongé sans effort. Ces bluettes sont signées d'un pseudonyme connu dans l'histoire, et le faux Saint-Rémy fit rire plus de Sicambres que le véritable n'en convertit.

Il y avait deux hommes en lui, l'homme d'État et l'homme du monde; c'est du dernier que je m'occupe. M. de Morny fut une des célébrités du sport et un des patrons des courses. Possesseur d'une écurie nombreuse, il assistait aux victoires de ses élèves sur les hippodromes, et plus d'une fois il les lança de l'autre côté de la Manche à la poursuite des guinées britanniques. Plusieurs de ces chevaux, ayant fait leur chemin plus vite que leurs rivaux, ont conquis la célébrité et mérité les honneurs de la photographie, qui reproduit indistinctement les illustrations du monde du théâtre et de l'écurie. C'est au duc qu'appartenaient les poulains les plus estimés des parieurs, les principaux favoris des luttes prochaines, et les vainqueurs présumés du Derby futur. Ce fut lui qui fonda ce grand prix de 100,000 francs que se disputent, sur la pelouse riante de Boulogne, les plus nobles animaux du monde civilisé. L'année dernière, on s'en souvient, les honneurs de la journée appartinrent à un Français, et M. de Morny applaudit un des premiers à cette revanche d'Azincourt et de Waterloo. La France prenait le pas sur l'Angleterre, — le pas de Vermout, bien entendu. — La gloire et la fortune se trouvaient, ce jour-là, sous les pieds d'un cheval.

Bien loin déjà sont tous ces souvenirs, bien triste de les évoquer. Hélas! les couleurs du duc ne paraîtront plus sur les hippodromes. Sa voix est muette et sa main froide. Une vie mêlée à tant de choses, dépensée en tant d'endroits, utile à tant de gens, observée de tant de côtés, ne peut se retirer brusquement des scènes variées où elle s'était répandue sans laisser après elle vide, regret et solitude.

Il eut le rare mérite d'acquérir des amis, et le mérite encore plus rare de les garder. Il fut vraiment noble, car il obligea souvent; gardant pour lui la reconnaissance dont il dispensait les autres, il ne se souvint que des services qu'il reçut et oublia ceux qu'il put rendre. Il tint plus encore que ne promettait la devise aimable qu'il s'était choisie; car, s'il garantissait aux uns un silence d'argent qui n'excluait pas la mémoire, en faveur des autres il parlait d'or, et c'est en agissant qu'il se montrait fidèle.

M. de Morny mena la vie à grandes guides, et il savait conduire. Il lui fallait toutes les splendeurs du luxe et le contentement des appétits satisfaits. Il voulut être un des rois de la finance et se lança dans les affaires, où il apportait plutôt l'habileté d'un industriel que l'honnêteté d'un négociant. Non content d'attendre en sage que la fortune vînt s'asseoir à sa porte, il poursuivit la capricieuse déesse dans le temple qu'elle habite et les sentiers détournés qu'elle fréquente. J'aime à croire qu'il fut beau joueur, mais il eut le tort d'être joueur, et le sénateur qui s'est constitué son indulgent biographe lui conseille de retirer son nom des affaires où il figure, « afin de gagner en importance *et en autorité morale.* » M. de la Guéronnière a raison : c'est un honneur de sortir des fonctions publiques plus pauvre qu'on n'y est entré, et il ne faut pouvoir soupçonner ni la femme ni les ministres de César.

Ce fut un homme d'État selon la méthode anglaise, qui néglige la théorie pour la pratique et le brillant pour le solide; concevant bien et énonçant clairement, il avait le sens droit, l'esprit juste et la vue nette. Il maniait la langue ferme et sobre de la politique, et, à défaut de l'éloquence qui entraîne, il était doué de la raison qui éclaire. Évitant de s'amuser aux digressions brillantes, il allait à son but d'un pas égal et mesuré. Sain appréciateur des choses présentes, et prophète poussant lui-même au succès de ses prédictions, il connaissait assez les hommes pour savoir que, dans les grandes occasions, ils résistent à la douceur et plient devant l'audace.

M. de Morny fit à son heure de la politique militante; aucun commentaire n'est possible après les faits accomplis. Prompt à se décider et hardi à entreprendre, il gagna une partie décisive dont sa vie était l'enjeu. Prouvant une fois de plus à la toge la supériorité des armes, il trancha militairement le nœud trop serré des lois. Armé pour l'action d'une énergie virile, il porta fièrement le poids des responsabilités périlleuses. Ceux-là sont rares, qui, servant leur cause avec un dévouement qui ne sait ni s'épouvanter ni mollir, bravent la mer agitée des révolutions pour conduire au port la barque fameuse, pleine de la grandeur d'un homme.

On sait la part qu'il prit au rétablissement de l'Empire. M. de Girardin, qui ne se gêne guère et qui se sent toujours à l'aise, affirme « que l'on jugera le coup d'État du 2 décembre comme on juge un arbre, — par ses fruits. » Si M. de Girardin est assez semblable aux enfants pour que la vérité découle de ses lèvres, négligeons les racines pour nous occuper de la récolte, et souhaitons, non-seulement que des fruits savoureux pendent aux branches de l'arbre de décembre, mais encore que le souffle de la liberté promise agite son feuillage et fortifie ses rameaux.

M. de Morny avait ce que l'on a appelé « une main de fer dans un gant de velours, » et il ne se dégantait que quand il le fallait absolument. Il ne déployait la vigueur que là où avait échoué la persuasion. Il ne haïssait personne, et respectait, même dans les défenseurs d'une cause qui n'était pas la sienne, la fidélité des convictions et la dignité du caractère. S'il se compromit, il ne se démentit pas, et, comme les gentil

2.

hommes de Fontenoy, il salua ses adversaires, avant la bataille comme après la victoire. Dans les traverses d'une vie souvent difficile, exposée aux coups de vent, aux coups de fortune et aux coups d'État,

Il resta grand seigneur tel que Dieu l'avait fait.

Ceux qui l'ont vu au Corps législatif savent qu'il présidait avec autant d'esprit que M. Dupin, et — infiniment plus de distinction. Passé maître dans l'art de lâcher et de rassembler les rênes, il semblait aussi habile qu'impartial, et aussi ferme que courtois; il possédait l'art difficile des convenances, et rendait à chacun selon ses œuvres et selon ses discours. Modéré sans cesser d'être fort, il connaissait le pouvoir d'un joli mot mis en place. Les manuscrits revenaient intacts de sa censure; et s'il laissait à peu près tout dire, c'était moins un droit reconnu qu'une faveur accordée; mais on remerciait sa tolérance de ressembler à la liberté. D'ailleurs, appuyé sur le grand nombre, il ne pouvait que gagner en ménageant l'élite, et l'étude des mathématiques comparées lui avait appris à tenir autant de compte d'une unité éloquente que d'une dizaine silencieuse.

Ce qui frappe dans M. de Morny, c'est la multiplicité des aspects, la variété des aptitudes et l'unité de la personne; il se modifia sans se transformer et changea de position sans cesser d'être à sa place; il n'égara en chemin ni le moindre défaut, ni la plus petite qualité, et, comme un fleuve grossi du tribut de ses affluents, il s'accrut sans se dénaturer. Malgré les soucis du pouvoir et le contact des premières neiges, il conserva sa verdeur et se garda de dépouiller le jeune homme. Tout ceci est plus facile à comprendre qu'à exprimer, et j'oserai comparer un personnage à la fois si divers et si un à ces plantes qui sur une même tige voient s'épanouir plusieurs fleurs.

Ce fut à la fin du règne de Louis-Philippe que M. de Morny eut l'ambition de devenir quelque chose. En ce temps-là, plusieurs membres du Jockey-Club, pénétrés des avantages de l'équitation, voulurent cavalcader sur l'arène politique et entrèrent au Parlement, laissant leur cravache au vestiaire. Ces *gentlemen riders* avaient le louable désir de donner un coup d'éperon aux ministres retardataires, et d'imprimer à la politique de leur pays des allures cavalières et le train de leurs chevaux anglais.

On eût dit que les héros de Balzac s'étaient échappés de leurs romans pour courir par la ville, tant quelques jeunes hommes d'alors avaient figure de *Rastignac* ou de *de Marsay*. Ce dernier, de tous les personnages qui s'agitent dans les nombreux volumes de *la Comédie humaine*, était le plus séduisant à imiter et l'original dont circulèrent les plus charmantes copies. Cet incomparable de Marsay, bâtard d'un grand seigneur anglais, noble, riche, élégant, beau à faire retourner toutes les têtes, spirituel jusqu'au bout des ongles, roi de la mode, astre aux nombreux satellites, et passant peu à peu des plaisirs aux affaires, des amours à la politique, des ruelles au ministère, est une des créations les plus réussies du romancier et un des types les plus accentués de ce monde imaginaire, ombre et reflet du monde réel. Balzac, qui aimait son héros, l'a fait mourir jeune et premier ministre.

C'est ce de Marsay qui écrivait à un de ses amis une lettre dont je détache ce joli morceau : « Quelques « bons vivants et moi, nous nous sommes amusés au « sein de la civilisation parisienne comme un bœuf « dans la boutique d'un faïencier. Pendant douze an- « nées, nous ne nous sommes rien refusé, pas même « une entreprise de flibustier par-ci par-là. Mainte- « nant, nous allons nous mettre à secouer les prunes « mûres dans l'âge où l'expérience a doré les mois- « sons. Viens avec nous, tu auras ta part dans le *pud-* « *ding* que nous allons cuisiner. »

Cette école mondaine, dit M. Forcade dans la *Revue des Deux Mondes*, « a fourni à la politique des minis- tres et des diplomates qui ne se sont pas tirés d'affaire plus mal que d'autres. » M. de Morny, qui n'était pas en tête du groupe au moment du départ, fut celui qui, mettant le mieux à profit les accidents du terrain et les hasards de la route, arriva au plus haut sommet des fortunes humaines. S'il en est tombé soudain, au moins il ne connaîtra ni les défaillances de l'âge ni les difficultés de l'avenir, et il descend tout entier dans la tombe. Il meurt d'autant plus regretté des siens, qu'ayant déjà beaucoup donné, il promettait plus en- core, et il laisse la réputation d'un pilote également propre à gouverner dans le calme et dans la tempête.

Ses funérailles ont eu lieu au commencement de la semaine dernière. Une foule immense encombrait les boulevards que le cortége devait parcourir. Les troupes avaient été convoquées pour rendre les honneurs militaires au grand dignitaire de l'État; la Chambre des députés était tendue de noir. Le char, richement décoré, traîné par six chevaux, était gardé à ses quatre coins par des statues ayant l'expression de la douleur et l'attitude de la prière. Dans l'église de la Madeleine s'élevait un catafalque recouvert de drap noir semé de larmes d'argent, éclairé des mille lueurs des cierges funéraires. A midi, le cortége s'ébranla, et la voix du canon retentit, annonçant que le service divin commençait.

Tous ces détails, et bien d'autres que j'oublie, sont connus de tout le monde, et je n'y reviendrais pas si je ne trouvais que, dans cette triste solennité, la part des hommes fut trop grande et la part de Dieu trop petite.

J'aurais voulu que, la messe dite, — en présence de cette foule composée de tout ce qui, aujourd'hui, tient rang, dignité, charge ou fonction, — devant ce mort auquel à cette heure suprême toutes les vanités et les splendeurs de ce monde faisaient encore cortége, — un prêtre eût jeté, du haut de la chaire, la célèbre parole de Massillon : « Dieu seul est grand, mes frères. »

L'orateur eût rappelé les détails et les accidents de cette vie aux diverses fortunes : les travaux, les luttes et les épreuves, les services rendus, le pouvoir conquis et la sérénité de cette fin résignée et chrétienne.

Parlant du duc défunt, il eût su louer ses qualités et déplorer ses erreurs. Après avoir invité la foule à méditer les leçons de la mort et les enseignements de l'éternité, il eût salué une dernière fois celui qui venait de partir pour les mystérieux rivages et les jugements du juste Juge.

Il eût dit « que le succès qu'adorent les hommes ne sert de rien devant Dieu. Bienheureux ceux qui aiment la justice, la souffrance et la pauvreté, parce qu'ils seront récompensés, consolés et enrichis. Bienheureux ceux qui, gardant la foi, respectant le droit, dédaigneux des triomphes chèrement achetés, se sont faits humbles et patients, et n'ont combattu que pour le devoir et pour la vérité : ceux-là prennent place dans a tribu sainte des élus et des fidèles. »

Il eût dit avec Bossuet : « Jetez les yeux de toutes parts... des titres, des inscriptions, vaines marques de ce qui n'est plus, des fragiles images d'une douleur que le temps emporte avec tout le reste, et rien ne manque à tous ces honneurs que celui à qui on les rend. » Il eût montré la main de Dieu dans ces surprises de la mort et ces brusques passages d'un palais à une tombe.

Au lieu d'une oraison funèbre, nous avons eu un discours-ministre; au lieu de Bossuet, M. Rouher. Nous avons lu ce panégyrique officiel et parfois irritant, cette glorification du 2 décembre et d'un acte qui reste pénible, même aux yeux de ceux qui l'ont jugé nécessaire. S'il est des paroles qui doivent être conciliantes et pacifiques, ce sont celles que l'on prononce sur la terre fraîchement remuée du jardin des morts.

Les hommes d'autrefois disparaissent, et on ne sait quels seront les successeurs appelés à continuer leurs œuvres. Les temps sont difficiles, et de graves questions s'agitent qui ont besoin, pour être résolues, du concours des gens de bon conseil et de grande volonté. Faut-il plaindre ceux que Dieu retire avant le temps, ou dire comme Luther errant dans le cimetière de Worms : *Invideo quia quiescunt*, Je les envie parce qu'ils dorment?

J'arrête ici ces lignes, dont le seul mérite est d'être sincères; elles justifient toutefois le titre qui leur est donné, apportant au lecteur l'écho d'une voix perdue dans la foule et l'humble avis d'un passant.

IV

Chaque année, s'assemblant aux premières neiges, pour se séparer aux derniers lilas, les députés font d'une œuvre d'adresse un travail de patience, et, reprenant la toile inachevée de Pénélope, ajoutent quelques fils nouveaux au tissu compliqué des lois.

Le Palais-Bourbon est redevenu le temple de l'éloquence, temple où n'entre malheureusement qu'un petit nombre d'élus. Les profanes auxquels l'entrée du sanctuaire est interdite lisent le matin, en déjeunant, le *Moniteur* gonflé des discours de la veille. « Dieu! se disent-ils, que M. Thiers est donc agréable à la lecture! » et les privilégiés répondent comme Eschine obligé de vanter Démosthènes : « Que serait-ce si vous aviez entendu parler le monstre lui-même? » Trois fois heureux les députés s'ils connaissent leur bonheur! Ils reçoivent des sourires qui font palpiter le cœur de l'homme sous l'écorce du législateur ; ils entendent de douces paroles qui arrachent de leurs mains fermées les billets qui ouvrent l'accès des tribunes, et voient tournoyer autour d'eux les plus jolis échantillons de ce sexe qui étend autour de sa faiblesse des murailles de soie et des cerceaux d'acier.

Les prédicateurs eux-mêmes cèdent le pas aux orateurs, et les dames trouvent que les meilleurs sermons ne sont pas faits par les jeunes curés, mais par les vieux députés. Les tribunes de la Chambre sont assiégées d'une armée de curieuses, et aux premières places siége une double rangée de femmes élégantes, arborant leur toilette des jours fériés, et toutes de neuf harnachées. Ayant roses au visage, fleurs au chapeau, dentelles au corsage, elles manient des lorgnettes trois fois plus longues que leurs mains, et répandent les parfums, les couleurs et les mille drapeaux du printemps. M. de Morny passait, dit-on, une partie des séances à dessiner d'une plume légère les figures féminines qui lui paraissaient les plus agréables à croquer. Qu'adviendrait-il, — qu'on me pardonne cette irrévérencieuse digression, — si un président, né malin, voulant jouer à ses collègues quelque tour de Babel, s'avisait de dire un jour : « Messieurs, depuis longtemps nous abusons de l'éloquence, aujourd'hui la parole est aux dames. » On aurait, j'imagine, le spectacle d'une nouvelle confusion des langues, et le lendemain le même président ouvrirait la séance par ces paroles, toutes de circonstance : « Messieurs, mettons à profit cette leçon renouvelée des Grecs : « Jadis, pour prémunir les jeunes Spartiates contre les dangers de l'ivresse, on amenait devant eux un esclave ramassé dans les vignes du seigneur Bacchus. Je me suis souvenu de mes classiques, et si j'ai déchaîné la discorde et troué les outres d'Éole, c'était afin de vous faire mieux sentir le prix du silence et les charmes de l'harmonie. »

Les auditeurs sont à leur poste, mais l'hémicycle est encore vide. Les députés bourdonnent dans les couloirs, comme les abeilles autour de leur ruche, et puisent au dehors les éléments divers du miel législatif. Enfin voici venir le bataillon sacré des orateurs du gouvernement. En tête du groupe s'avance M. Rouher, le ministre de la parole, le général qui décide les victoires incertaines. Sa démarche trahit le maître : *verus et incessu patuit Deus*. Semblable au chêne de la fable, il a de profondes racines et le front dominateur. Grâce à son expérience des orages parlementaires et à son habitude des hommes assemblés, l'aquilon qui parfois ébranle ses collègues n'est qu'un zéphyr qui le caresse. Sa voix autorisée ramène la sérénité des hauteurs aux vallées, et quand s'est éteint le bruit décroissant des applaudissements prolongés, on entend les boules blanches tomber dans l'urne des scrutins avec un murmure de cascatelle.

Derrière lui viennent ses principaux lieutenants,

chargés des affaires d'avant-garde et de la conduite des batailles secondaires. M. Vuitry, ministre présidant le conseil d'État, visage bienveillant, politique conciliant, faisant à ses adversaires les honneurs d'une courtoisie où n'entre rien de dédaigneux, rompu aux affaires, dont il parle la langue facile et claire; élevé à l'école de M. Thiers, dont il reproduit, à un moindre degré, les qualités dominantes, et enfin soigneux de se munir d'un peloton de fil toutes les fois qu'il s'aventure dans le labyrinthe inextricable des finances. M. Chaix-d'Est-Ange, jadis si à son aise sous la robe de l'avocat, et aujourd'hui guindé sous le frac brodé d'or des conseillers d'État; on dirait qu'il a laissé son talent dans les plis de sa toge d'autrefois, et qu'il ramasse pour la défense des causes officielles les restes d'une voix qui tombe et d'une ardeur qui s'éteint. Enfin (1) M. Thuillier, martial et belliqueux, impétueux comme le fils de Télamon, conduisant au plus épais de la mêlée des charges parfois imprudentes; M. Thuillier, éclos d'un œuf républicain, mais ayant enfoui au plus profond de la terre des oublis les fragments de sa coquille scrupuleusement brisée.

L'heure s'avance, les députés prennent place; dans chaque tribune un obligeant *cicerone* indique à ses voisins les notabilités de la chambre. Voici M. le marquis d'Havrincourt, dont, malheureusement pour lui, les paroles passent et les circulaires restent; M. Achille Jubinal, qui écrit en faveur de l'indépendance, celle

(1) Depuis le moment où ces lignes furent écrites, M. Thuillier a été appelé à d'autres fonctions.

qui nous vient de Belgique, et qui, de temps en temps, ne peut franchir la frontière ; M. Josseau, dont l'éloquence fait prime dans les pensionnats de jeunes filles, et qui se hasarde de temps à autre à sortir de son fromage de Coulommiers. Voici enfin la phalange méditative des platoniques amis de la liberté : M. Segris, couvert des lauriers d'Angers ; M. Larrabure, assez modeste pour se contenter du second rôle, assez distingué pour briller au premier ; M. Latour du Moulin, le seul Latour véritable, tous les autres, même le cardinal, s'obstinant à placer en Auvergne la *tour* imaginaire qui se reflète dans les eaux trompeuses de la Garonne.

L'opposition est au grand complet, ses généraux sont à leur poste de combat. On les compte, car ils sont peu nombreux, mais on se les nomme à voix basse et on les lorgne complaisamment. Parmi eux, M. Pelletan, qui gagnerait comme écrivain à écrire moins pompeusement qu'il ne parle, et comme orateur à parler plus simplement qu'il n'écrit ; MM. Havin et Guéroult, ces deux modestes flambeaux de la presse agréée ; M. Jules Simon, philosophe disponible ; M. Glais-Bizoin, hardi et verveux, qui presse la raison des aiguillons de la satire, et dont le crâne, aussi dénudé que celui du poëte Eschyle, semble inviter l'aigle à laisser choir la tortue.

Je ne passe pas les meilleurs. Voici M. Émile Ollivier, la cinquième roue de l'antique carrosse des cinq, roue désireuse maintenant de rouler sous le char de l'État et de s'adapter à un des huit ressorts du pouvoir. M. Ollivier a exécuté son petit virement, et le nouveau converti raconte les effets de la grâce et les charmes du chemin de Damas. Sous la plume de quiconque veut parler de lui, les comparaisons abondent : c'est, si l'on veut, un Orphée au bout de son pèlerinage lyrique et ne tirant plus de son instrument faussé que des notes agréables et des plaintes adoucies ; c'est, si l'on préfère, un Démosthènes, au génie près, qui, au sortir de la bataille de Chéronée, ayant reconnu la puissance de Philippe, ne plaide plus que pour la couronne et le couronnement de l'édifice incomplet.

M. Ollivier a fait ses premières armes dans l'armée républicaine ; c'est comme avocat qu'il a remporté ses premiers succès, et, à l'exemple de tant d'autres, il a rebondi du barreau dans la politique. De nos jours, que de robes noires jetées aux orties ! Il y a tant d'avocats qui partent et qui arrivent, qu'en vérité on est dispensé de faire une croix. M. Ollivier est un beau parleur qui n'a pas un seul instant négligé d'arroser les vieilles fleurs de sa rhétorique. Disert plutôt qu'éloquent, il plaît plus qu'il ne persuade, et s'efforce, en se montrant agréable, de hâter l'heure d'être utile. Il porte des messages conciliateurs, cherche à rapprocher les extrêmes, tend le rameau d'Ollivier et laisse croire qu'il tient dans ses mains la clef des problèmes difficiles. Il ressemble singulièrement à ces artistes de plein vent qui font admirer à la foule ébahie la souplesse de leurs allures et l'habileté de leurs procédés. Tant que durent leurs exercices, la foule s'amasse autour d'eux, et ils se croient célèbres parce qu'ils sont applaudis. Sitôt la représentation terminée, le cercle se rompt, le vide se fait, le désert s'étend, et la solitude reprend ses victimes.

Je ne voudrais désobliger personne ; mais, si je peux croire à la sincérité de M. Ollivier (1), il m'est impossible de le trouver modeste. Son ambition est au-dessus de son talent, et parce qu'il se déplace, il se figure que le soleil tourne. S'il est pavé de bonnes intentions, il se dépave trop facilement, et, faute de connaître l'art des transitions, il perd le bénéfice de sa franchise. Ses amis le quittent après cinq ans de vie commune et d'efforts réunis, et il a affirmé sa séparation de si éclatante façon qu'il a chargé son bagage de tous les torts de la rupture. C'est une pauvre tactique que de s'offrir ; toute la science consiste à se tenir prêt et à se faire demander. On n'apprécie que les gens qui résistent, tant il est vrai que la constance dans la foi, la persistance dans les doctrines et l'unité dans les croyances commandent le respect et rehaussent le talent. L'erreur même est presque pardonnée à quiconque s'y obstine honnêtement, et il vaut mieux se donner les apparences d'une borne que des airs de tonton.

Je ne dirai rien de M. Darimon, le clair de lune de M. Ollivier, et j'arrive à un avocat célèbre, M. Jules Favre. C'est l'Antinoüs des Hottentots : grand talent, grande recherche, faibles résultats. Sa voix est sourde et lente, et il scande ses paroles d'une sorte de hennissement venu de la gorge ou de la poitrine. Quel

(1) Je n'y crois plus.

ciseleur du langage! quel musicien brodant sur un thème oratoire d'étincelantes variations! Il possède la science des effets, il polit l'ironie et lance à ses adversaires des sarcasmes arrondis. Passant à travers les adjectifs de choix et les épithètes de distinction, s'accroissant de mots harmonieux et d'images fraîchement cueillies, butinant les fleurs oubliées et battant les buissons de la route parcourue, de retards en retards, de poses en poses, de virgules en virgules, il poursuit sa période traînante, tantôt reprise et tantôt suspendue, jusqu'au point d'admiration qui la termine. M. Jules Favre a des admirateurs qui l'écrasent du pavé des éloges : on lui prête du génie ; il ne peut rendre que du talent, et c'est déjà beaucoup.

A côté de lui siége M. Picard, lequel a pris naissance au Palais de Justice et revient quelquefois à sa source. Je ne connais personne qui convienne mieux à son succès et soit plus digne de sa fortune. Il a toutes les qualités aimables, s'il n'a pas toutes les grandes, et il n'a jamais forcé ni son talent ni sa nature. Maître de lui, même quand on croit qu'il s'égare, il est toujours prêt, sinon toujours préparé. Il ne se réserve pas pour les solennités oratoires, mais il prend aux cheveux toutes les petites occasions. Sa parole est nette, simple, facile et mordante ; elle tourne autour des questions, cherchant les points vulnérables et les côtés mal gardés pour y placer un mot qui fasse brèche et une plaisanterie qui demeure.

Il n'est point éloquent, à vrai dire, mais utile souvent, efficace quelquefois. Il ne transporte pas son auditoire, il le déplace et fait rire ses adversaires, sans croire pour cela qu'il les désarme. Il a de l'esprit, assez pour enrichir plusieurs pauvres sans s'appauvrir notablement; de l'esprit de bon aloi, celui qui se montre sans apprêts, vit sans emprunts et se dépense sans fatigue. Il a le don précieux d'être lui-même, et le mérite de ne devoir qu'à lui ce qu'il est, ce qu'il dit et ce qu'il pense.

Je m'aperçois, un peu tard, que j'ai dépassé les limites où j'avais voulu m'enfermer, et que je me laisse aller à dessiner les silhouettes de nos Lycurgues et de nos Solons. Qu'y faire, puisque c'est fait, et pourquoi ne pas poursuivre ce que j'eus le tort de commencer? Je ne puis passer sous silence deux personnages considérables : l'un, M. Thiers, qui réunit tant de titres; l'autre, M. Berryer, dont l'honneur est de n'avoir accepté qu'un titre, — celui d'Académicien.

M. Thiers, — à tout seigneur tout honneur, — petit, court, replet, vert comme les premières pommes, visage rose couronné de neige, et doué de cet embonpoint aimable qui dénote une santé florissante. Il a été ministre tout comme un autre et même plus souvent qu'un autre; il a passé une partie de la vie à courir du pouvoir à l'opposition, et réciproquement, toujours convaincu que tout vient au poing de qui sait attendre. C'est lui qui fit faire à Napoléon mort le grand voyage de Sainte-Hélène aux Invalides; c'est lui qui a serré la taille à la bonne ville de Paris dans une riche et coûteuse ceinture de murailles et de forteresses. — Encore s'il n'avait fait que ces deux choses-là!

Malheureusement on aperçoit plus d'une tache au beau soleil de M. Thiers ; mais à quoi bon jeter les tuiles de M. Thuillier dans les jardins endormis du passé ?

Il est décoré de plusieurs ordres et fait partie de beaucoup de sociétés. C'est un des quatre académiciens qui ont de l'esprit comme quarante. Il est peu de fonctions qu'il n'ait occupées, peu de genres où il n'excelle, et peu de sujets qu'il n'ait traités d'une main familière et exercée. Non content d'avoir travaillé pour l'histoire, il s'est mis à l'écrire à ses heures de loisir et a consacré dix volumes à raconter la Révolution et vingt à conduire l'empire de son aurore à son coucher : trente volumes, ce n'est pas trop. Ceux-là même qui contestent plusieurs de ses appréciations rendent hommage au talent déployé. Il s'est entouré de documents, il a fouillé les archives et remonté aux sources de l'histoire ; il dispose avec méthode, il décrit avec clarté ; il place les corps d'armée comme les pions sur un échiquier, et s'entend aux manœuvres comme un vétéran de la grande armée. C'est un de ces hommes comme Napoléon les aimait tant : bourreaux de travail, diplomates militaires, prompts à comprendre, prêts à agir, pardonnant les moyens employés en faveur du résultat obtenu, et n'ayant pas de scrupules en face de la nécessité qui n'a pas de lois.

Il s'est arraché depuis tantôt deux ans aux loisirs que lui avait faits le nouvel empire, dont il avait annoncé l'avénement. Les électeurs de Paris l'ont choisi pour leur député à l'exclusion de M. Devinck, rayé de leurs tablettes. Chose remarquable, ses adversaires ont plus aidé que ses amis à sa nomination, un instant incertaine; mais jamais le suffrage universel en quête d'orateurs ne s'est montré plus heureux dans son choix. M. Thiers n'a pas vieilli, et sa parole rajeunie s'est retrempée aux sources du silence : les heures passent à l'écouter, et il semble qu'il ait le don d'arrêter les ailes du temps. Il séduit et persuade; promenant de sujets en sujets son élégante causerie, il sème sur le présent les souvenirs des temps qui ne sont plus. Voyageur venu de loin, il parle des hommes qu'il a connus, des naufrages d'où il s'est retiré et des pays où il aborda; c'est un politique qui ne pratique plus, mais qui rend des oracles ; un ministre consultant, qui, las du pouvoir et fatigué des flots, reconnaît humblement que la liberté est le phare des navigateurs et l'étoile des peuples errants.

Son dernier discours est un témoignage de bon sens et un chef-d'œuvre d'esprit. Les interruptions ne l'arrêtent pas, il joue avec elles ou passe à travers; toujours le ton qu'il prend s'adapte au sujet qu'il traite, et sa phrase est à sa pensée un vêtement qui la rehausse sans la gêner. Il ne tient pas à briller, mais à convaincre, et il aime mieux les terrains solides où l'on s'appuie que les nuages où l'on s'égare ; quand il s'élève, c'est par degrés, et à la fin de ses discours il donne deux ou trois coups d'aile pour gagner les hauteurs d'où l'œil peut revoir encore les stations de sa route et l'ordonnance de son œuvre.

Avec M. Berryer on se sent à l'aise. L'éloge que l'on

fera de lui restera toujours au-dessous de ce que le monde en pense. Dire que c'est un grand orateur, quelle banalité! Vanter sa constance et son intégrité, c'est moins flatteur pour lui que ce n'est humiliant pour bien d'autres. Parler de ses soixante-dix-sept ans si vaillamment et si noblement portés, c'est une louange mêlée de trop de regret. A contempler les soirs des splendides journées et les lueurs sereines des soleils qui déclinent, qui peut se défendre d'un charme mélancolique et d'un regret attendri?

M Berryer est une des gloires les plus hautes d'un siècle où rarement les hommes ont su allier le talent aux convictions. C'est, depuis Mirabeau, la voix la plus éloquente qui ait retenti au sein des assemblées politiques et sur les sommets de la justice. Orateur, il s'est mêlé à ceux qui font les lois; avocat, il a lutté devant ceux qui les appliquent; il a couvert des plis de sa robe les victimes et les coupables, et s'est voué à la noble tâche de défendre ceux qui ont droit à la justice ou besoin de la pitié des hommes. Dédaigneux de se rattacher aux branches cadettes et aux rameaux parasites, il est demeuré le courtisan d'une cause vaincue, qu'il a illustrée par son génie, consolée par son dévouement. En face des défaillances et des trahisons, il se dresse, comme un reproche pour les déserteurs, comme un soutien pour les faibles, comme un exemple pour les vaillants. Nul ne l'entend sans l'applaudir, ne le rencontre sans s'incliner, et en récompense d'une existence fidèle il a accueilli la triple couronne de gloire, de respect et d'admiration.

En terminant, j'eusse voulu traiter quelques questions à l'ordre du jour, et passer des hommes aux choses, et même un peu aux bêtes. Les hommes parlent et les animaux font parler d'eux. Nous sommes au temps des chevaux qui courent et des mulets qui s'obstinent. En même temps, le soleil reparaît à l'horizon, le ciel est d'un bleu qui réjouit l'œil, et les trains enfouis dans les neiges de ces derniers jours vont reprendre leur marche interrompue. Il m'eût été agréable de me livrer à une étude sur les poissons, dont la fête tombe le 1er avril; mais, bien que j'aie laissé passer l'heure de la marée, je ne juge pas utile de m'abandonner au désespoir incurable de Vatel.

J'imagine que le joli savant qui répond au nom de M. Coste aura reçu la visite de ses protégés et la députation des aquariums parisiens. Si La Fontaine revenait au monde, que de jolies choses il ferait dire aux poissons, que l'on croyait muets avant lui! Quel plaisir d'entendre parler le turbot, qui eut sous Domitien les honneurs d'une discussion au sénat, et de lire les mémoires de la carpe de Fontainebleau, qui a vu passer plus de gouvernements que M. Troplong n'en a servi!

On a signalé dans le lointain la liberté marchant à pas pressés, Poisson d'avril. Le dernier avertissement est à son dernier soupir, Poisson d'avril; M. un tel, qui est homme d'État, se croit encore ministre; M. X..., qui est peintre, tapisse de ses œuvres les murs du grand salon; M. Trois Étoiles, qui est sportsman, est reçu membre du Jockey-Club; M. de Talleyrand, qui est Périgord, passe sans obstacle au titre de Montmorency : Poissons de mer et d'eau douce, poissons volants, poissons de carême et d'avril! Il n'y a que la nomination de M. Haussmann à l'Académie qui soit une vérité.

Le droit de réunion est enfin reconnu : on peut s'assembler sans délit au nombre de plus de vingt personnes. Erreur; mais ce que l'on refuse aux gens on l'accorde volontiers aux chiens : l'exposition de la race canine va s'ouvrir, les chemins de fer transportent à prix réduits lévriers, carlins et terre-neuve. Les chiens payent moitié place, comme messieurs les militaires, et les aboiements sonores des meutes en renom célèbrent sur tous les tons toutes ces faveurs octroyées. Pourquoi nous plaindre, après tout? Et Buffon n'a-t-il pas dit, ou à peu près, que le chien était-ce qu'il y avait de mieux dans l'homme?

V

Le seigneur comte de Buffon avait, j'imagine, arboré sa plus triomphante paire de manchettes le jour où, pour écrire les lignes qui suivent, il trempa dans l'encre sa plume d'académicien : « *Il* sait concourir aux desseins de son maître, veiller à sa santé, l'aider, le défendre, le flatter; *il* sait se le concilier par des services assidus, le captiver par des caresses réitérées, et de son tyran se faire un protecteur... » Lecteur curieux et bienveillant, — *il*, — ce n'est pas l'homme, c'est le chien.

Tu vaux bien l'espèce humaine, race fidèle aux merveilleux instincts. C'est toi qui as fourni à l'ingrat Alcibiade un compagnon, à saint Hubert des alliés, à Montargis une illustration. C'est à toi que, suivant Buffon, « nous devons la conquête et la possession paisible de la terre. » C'est toi qui, prenant en pitié les poëtes et les guerriers aveugles, donnes des guides aux pas tremblants des mendiants divins. Sans le chien, il n'est plus ni bergers, ni chasseurs. Sans lui, l'onde a plus de dangers, la neige a plus d'effroi. Enfin, s'il faut en croire une tradition touchante, c'est lui que notre premier père demandait à Dieu dans sa première plainte, et qui marchait aux côtés d'Adam dans les jardins merveilleux d'Éden. Ne souriez pas. Dans ces temps d'innocence, l'homme, avant le désir d'une compagne, sentait le besoin d'un ami.

Ces réflexions m'avaient mené loin, c'est-à-dire aux Champs-Élysées, à l'endroit où s'élève le palais de planches consacré à l'exposition des produits de la race canine. Le fronton de l'édifice est surmonté d'une multitude de drapeaux, et ce déploiement des trois couleurs a quelque chose de national et de guerrier auquel ne peut rester indifférent tout chien vraiment français. J'entrai, et comme dans notre belle patrie on ne fait rien pour rien, je déposai d'abord mon offrande au guichet. Je ne la regrette pas. Partout des animaux enchaînés, mais bien vivants, à la voix sonore, aux mouvements brusques, forts en gueule comme les soubrettes de Molière, tirant à plein collier, hurlant à plein gosier, et découvrant, à chaque aboiement, une double rangée de quenottes à rendre jalouses les jolies femmes qui ont laissé noircir ou s'échapper leurs perles.

Quelle mélodie étrange! Quel concert à grand orchestre! Le bruit était tel, qu'un député le comparait aux plus beaux tumultes des anciennes assemblées; l'odeur si pénétrante, que près de moi un gendarme souriait à l'espoir d'une prochaine réhabilitation. Tout le camp des roquets s'insurgeait contre le formidable alignement des terre-neuve, et dans le lointain, des accents prolongés et sourds s'exhalaient de la poitrine des limiers. Toute la race était représentée dans ses variétés infinies et ses croisements divers : là, les chiens des montagnes, des vallées et des bois, dogues forts comme des lions, carlins gros comme des rats, les uns aux soies pendantes, les autres aux flancs rasés, ceux-ci portant leur queue comme un plumeau, ceux-là comme un bout de cigare; là, des produits de tout sexe, de tout âge, de tout pays : oreilles courtes et longues oreilles, chevelus et tondus, frisés et défrisés, petits et grands, chiens nature et chiens maquillés, venus de l'Angleterre, où l'on est libre, de l'Allemagne, où l'on est savant, de l'Amérique, où l'on se bat, et de la Sibérie, où l'on meurt, là enfin tout ce qui a la peau, le poil, la forme, la couleur et le nom d'un... chien.

L'Exposition s'étend sur une longueur d'un kilomètre et renferme plusieurs milliers de sujets. Chaque exposé, muni d'un collier auquel s'adapte une chaîne de fer, placé entre une terrine d'eau et une soucoupe où nagent quelques morceaux de pain, se couche dans l'attitude mélancolique et résignée du prisonnier de Chilon. La chaleur est extrême, le public nombreux. Beaucoup d'Anglais, tant en chiens qu'en hommes. Quelques piqueurs en veste galonnée font retentir aux oreilles de leur meute les claquements d'un fouet respecté. Là, sont les équipages de MM. Caillard, d'Osmond, de Laferrière, d'Eaubonne, Baudry d'Asson et Ramier. Il y a une troupe de chiens blancs dignes selon moi du grand prix (1), et une bande de chiens rouges dont je me souhaiterais le propriétaire.

Si vous avez un superflu de naissances, songez à moi, monsieur de Madec; vos bretons ont remué en moi la fibre cynégétique, et je jure par saint Hubert que ces vaillants camarades doivent faire, sur la trace d'un sanglier ou d'un loup, bonne musique et brave besogne. Plus loin, une chienne d'arrêt et sa progéniture. La mère est superbe et les enfants promettent. *Et in Arcadia ego*, me disais-je en soupirant; moi aussi j'eus une chienne de race pure, tête fine, jarrets d'acier, robe blanche aux soies d'argent mêlées de reflets d'or. Pour elle, entendre c'était obéir, et regarder c'était comprendre. Interrogeant les buissons, battant les hautes herbes, où sa queue, perpétuellement agitée, traçait un onduleux sillon, elle ouvrait ses larges naseaux pour aspirer les senteurs qui viennent avec le vent. Quand elle tombait en arrêt, immobile, tendue, haletante, les yeux fixés sur sa proie craintive, elle

---

(1) Cette opinion a été partagée par le jury : M. Baudry 'Asson a obtenu le prix d'honneur.

était vraiment belle à contempler dans le mouvant repos d'un corps qui se ramasse pour bondir et se recueille pour s'élancer. Lorsqu'elle entra dans sa quatrième année, ce qui pour nous est l'enfance, et ce qui était la maturité pour elle. je songeai à lui faire contracter un mariage de mon goût.

> Non sans peine, comme on devine,
> Je choisis dans les prétendants
> Un épagneul de bonne mine
> Qui fit sa cour, et pas longtemps.
>
> Deux mois après, qu'il m'en souvienne,
> Vint une fille, ou plutôt non
> Quelque chose de trop mignon
> Pour qu'on puisse dire une chienne.

Hélas! toutes deux moururent, l'une au déclin des ans, l'autre dans la jeunesse en fleur. Elles sont maintenant au paradis des chiens d'élite et chassent éternellement dans la meute de saint Hubert.

Cela dit, je rentre dans mon sujet, et je reviens à mes chiens, c'est-à-dire aux chiens des autres. Devant moi marchaient deux messieurs dont l'un portait la croix et l'autre ne portait rien. A leur conversation, que j'écoutais d'une oreille attentive, je reconnus deux philosophes de l'école d'Alceste. Arrivés à l'endroit où sur des coussins de velours s'étendent nonchalamment les kings-charles imperceptibles, les levrettes frileuses et les bichons havanais, ils s'arrêtèrent un instant, et le pessimiste improvisa son premier discours. « Vois, disait-il à son ami en lui montrant une levrette blanche délicieusement endormie, ce ridicule échantillon d'une race abâtardie et servile. Comme un domestique de bonne maison, elle porte un collier où sont gravées les armes de ses maîtres. Il lui faut une température de serre chaude, des soins assidus, une nourriture de choix et un paletot brodé. C'est un animal de luxe qui coûte fort cher et ne rapporte pas, un mendiant de bonne compagnie, prêt à arpenter sur le ventre la longueur d'un salon, dans l'espérance d'une caresse ou d'un morceau de sucre. Toute sa grâce est dans sa petitesse, son mérite dans son inutilité. Elle n'a ni odorat, ni vitesse, ni fidélité, ni vigueur ; elle ne sait que flairer les poches, lécher le visage, et sauter sur les genoux des gens. Les parents de cette bête courent le monde, peuplent les salons, les antichambres et les réfectoires ; ils font le guet devant les portes closes et les portes fermées, et s'offrent pour remplir les métiers sans aveu et les emplois sans nom. Ames de laquais, cœurs lâches, reins pliés et cou fléchissant, ils rampent si près de terre qu'ils défient le châtiment de se baisser jusqu'à eux. Couverts de leur lâcheté comme d'un bouclier, ils courtisent chaque soleil levant et chaque nouvelle fortune ; ils vont, la patte toujours tendue, à la conquête de l'argent, qui n'a pas d'odeur, et, armés d'une implacable patience, ils demandent, pour prix d'un dévouement qui ne connaît pas d'obstacles, je ne sais quoi de vain, de misérable et de sordide comme eux.

— Mon ami, répondit son interlocuteur, tu as parlé d'un ton si haut que la levrette s'est réveillée ; elle vient à toi et te tend sa patte blanche à travers les barreaux de sa prison. Tu ne peux décemment refuser un morceau de sucre à un animal dont tu as flétri les mœurs et troublé le paisible sommeil. Tiens, nous tombons de levrettes en bichons, — autre aspect, autre fourrure, autres mœurs. Ce monsieur à longs poils, d'une blancheur de neige et d'une propreté scrupuleuse, cet individu au museau rose, aux pattes menues, à la queue frétillante, orné de rubans comme un conscrit, pomponné comme un petit-maître, c'est le favori des dames, l'indispensable compagnon de toute crinoline qui se respecte et même qui ne se respecte pas. Monsieur est Espagnol, et hidalgo, puisqu'il est Espagnol ; il est arrivé de la Havane par le paquebot qui nous apporta les *Londrès recordatos*.

« Il est venu, on l'a vu, il a vaincu. Monsieur a tout ce qu'il veut : il mange à la table, boit dans le verre et couche dans le lit de sa maîtresse. Il n'est pas bête, quoique dépravé. Il mord le mari, il flatte l'ami et courtise les domestiques. En quatre mots, c'est un chien accompli.

« Sa délicatesse est sans limites. Un rien le dégoûte ou l'irrite. Il montre les dents et boude même contre son ventre. C'est un petit-maître raffiné et dédaigneux qui a ses caprices, ses lunes et ses nerfs. Il est paresseux, gourmand et sensuel. J'ai connu un *cocodès* qui ressemblait comme deux gouttes d'eau à ce parvenu de la Havane, un bon jeune homme, qui passait la moitié du temps à s'habiller et l'autre à ne rien faire. Quelle toilette merveilleuse et compliquée ! quelle science des effets, quelle entente des cosmétiques ! Sur sa table on voyait des pots de blanc et des carmins, un assortiment complet de petits fers et de petits peignes, une pomme d'ivoire où résidait une houppette chargée de poudre de riz, des pinceaux déliés pour rectifier les sourcils, noircir les cils, colorer les lèvres, teindre les joues. Sa coiffure était son plus beau triomphe et son plus long ouvrage ; mais aussi quelle architecture ! Ses cheveux, étagés en boucles superposées, traversés d'une raie intermédiaire, frisés avec art, collés, ramenés, ondulés, s'élevaient comme les gradins d'un superbe amphithéâtre, et dégageaient tous les parfums d'une flore inconnue ! Ah ! décidément, mon cher, le chien est le portrait de l'homme, et le mignon vaut le bichon !

« Gagnons, si tu le veux bien, le quartier des molosses. Ils ont le cou retenu d'une double chaîne de sûreté. Les voilà, les représentants de la force brutale, les types du courage aveugle et de l'inintelligence armée : dogues à la tête monstrueuse, montagnards au poil rude. Leurs pattes sont armées d'éperons tranchants, et dans leur gueule, démesurément ouverte, brille la double rangée des molaires et des incisives. Ce sont les moins imposés et les plus terribles de tous ; ils mangent ce qu'on leur donne, font les services de nuit, et dorment sur le sable dur des jardins ou des cours. Ils n'aiment que la main qui les nourrit ; au premier signal, ils s'élancent ; au second, ils attaquent ; au troisième, ils dévorent. La raison ne les guide pas, la faiblesse les touche peu, et ces soldats obéissants seront des héros ou des sbires, selon le maître qu'ils servent et l'ennemi qu'ils combattent. Ce qui les distingue, c'est leur horreur des mendiants et leur amour des enfants. Voici maintenant les fortes races plébéiennes, les artisans laborieux, les travailleurs utiles. Devant nous se dressent les chiens de berger, les premiers-nés des leurs : types primitifs, qui ont servi à tous les croisements, et d'où dérivent toutes les variétés de l'espèce; rapides comme des lévriers, dont ils ont la taille mince et les jambes fines, forts comme des mâtins, dont ils ont la haute stature et les larges épaules, gardiens fidèles, chasseurs à l'occasion, sobres et patients, infatigables et contents de peu, ils font l'effet de ces bons ouvriers hérissés de formes et rudes d'écorce, mais propres à tous les services et capables de tous les dévouements.

« Nous arrivons aux races secondaires. Tu les reconnais sans peine à leurs courtes pattes, à leurs ventres pendants, à leurs têtes courtes aux larges naseaux. Ces gens, pardon, ces animaux-là, poltrons et hargneux, envieux et sots, jalousent perpétuellement la force, l'intelligence et le courage des autres. Ils ont l'intérêt pour guide, le repos pour but, et pour passions celles de s'arrondir et de dominer. Ils demandent toujours plus de pâture qu'on ne leur en jette, et leur salaire n'est jamais au niveau de leurs prétentions, quoique toujours au-dessus de leur valeur. Au moindre bruit ils se hasardent à sortir de leur niche, la tête d'abord, puis le corps; dans la bagarre, ils aboient prudemment derrière les chiens pelés de la démocratie; la cuisine faite, ils réclament la meilleure part du gâteau et allongent la patte pour extraire les marrons du four qu'ils n'ont pas chauffé. Montre-leur le bout de ta canne, ils se sauvent; confie-leur un service quelconque, ils ne peuvent.

« Maintenant passons la revue des chiens pur sang. Ceux-là, sans souci des affaires, dégagés de tout intérêt, loin du bruit de la ville, se retirent aux champs pour y vivre tranquilles; ils n'ont perdu aucune qualité, laissé déchoir aucune vertu. Ne pouvant plus guerroyer et ne voulant plus servir, ils mènent le cerf poursuivi ou le sanglier détourné, de la plaine aux étangs, et des taillis aux futaies; ils sentent encore le charme de vivre en se laissant aller à des passions nobles comme eux, et ils évoquent dans leurs plaisirs même le fantôme des gloires mortes et des amours perdus. D'ailleurs ils ne relèvent que d'eux, et leurs bois aux ombres profondes, leurs campagnes aux horizons fuyants sont le dernier asile et l'inviolable refuge de la liberté fugitive. »

Ils parlaient encore, mais je n'écoutais plus; j'étais en coquetterie réglée avec un piqueur de bonne mine qui me racontait les triomphes de sa meute et les prouesses de ses élèves. Durant le cours de la saison dernière, ils avaient forcé vingt cerfs et pris trente sangliers; les chevreuils se comptaient par centaines et les lièvres ne se comptaient plus. Ces récits réveillaient mes plus chers et mes meilleurs souvenirs; je me voyais découplant sur la lisière du bois les grands chiens au dos tacheté de brun, aux yeux marqués de feu; ils flairent le sol, ils sentent la branche. Au bruit de leurs aboiements, sans cesse plus multipliés, il semble que la forêt s'éveille. Le chevreuil, couché sur l'herbe humide de la rosée du matin, se lève, écoute et bondit; toute la meute court sur ses traces. Piqueur, la trompe aux lèvres et sonne le débucher. Sous les branches entrelacées, dans les clairières où le soleil donne, chevreuils et chiens passent comme un tourbillon, pas un change, pas un défaut : c'est une course à défier le vent, c'est un concert à réjouir l'oreille. Piqueur, sonne le bien-aller!

Les heures passent comme des minutes, le chevreuil est sur ses fins; il ne fuit plus, mais il ruse; il ne bondit plus, mais il court; ses pieds ne posent plus, ils enfoncent; il n'a plus ni avance, ni vitesse, ni haleine : il trébuche, il tombe, il meurt, et à ses derniers regards se peint la vision suprême de la source familière et de la forêt natale. Sur sa chair encore vivante mord la dent des chiens victorieux : le jour tombe, la chasse est finie. Piqueur, entonne l'hallali!

Enfin, il n'est si bonne campagnie qu'on ne quitte, disait le roi Dagobert à ses chiens dans une allocution toute de circonstance. Je m'éloignai à regret, non sans me retourner sur le seuil pour revoir encore tous ces vaillants compagnons de nos plaisirs et de nos tristesses; et, rentré chez moi, je pris la plume pour écrire les premières lignes de l'article que vous lisez aujourd'hui. J'étais fatigué de mon expédition, et l'inspiration ne venant pas, je me résolus à la demander au sommeil. A peine avais-je pris cette décision, que je m'endormis comme un bienheureux, si tant est que les bienheureux s'endorment, et que je me plongeai dans les douceurs d'un rêve que je vais essayer de raconter. Je tâcherai de ne pas imiter l'Athalie de Racine dans la longueur de ses narrations.

Dans le mirage d'un sommeil profond, je revis le spectacle auquel je venais d'assister, les Champs-Élysées, les drapeaux frissonnant au vent, les planches mal jointes du palais élevé à la gloire de la race canine; seulement la réalité précise se terminait en rêverie confuse, comme ces apparitions qui se dégagent à moitié d'un manteau de vapeurs. La nuit avait pris la place du jour, et aux clartés du soleil avait succédé la lueur pâle des étoiles. Les chiens, descendus de leur estrade et secouant avec un bruit lugubre les tronçons de leurs chaînes brisées, formaient un vaste cercle autour d'un molosse gigantesque qui les exhortait de la voix et du geste. Ils étaient plus nombreux que les oiseaux que l'orage rassemble, plus attentifs que les Athéniens lorsqu'ils entouraient Démosthènes tonnant contre Philippe dans les assemblées populaires. Le Philippe contre lequel cet orateur d'un nouveau genre lançait ses hurlements les plus convaincus, c'était l'homme. Oh! ingratitude canine!

« Lévriers et dogues, disait-il, terre-neuve et carlins, petits et grands, nous tous qui portons le dur collier de la servitude et qui traînons en marchant la chaîne d'or ou les anneaux de fer, le temps des paroles est passé, l'heure de l'action est proche! (Sensation prolongée.)

« Je ne vous ferai pas le long récit de nos infortunes,

et je ne raconterai pas les annales de la captivité. Jadis, immortels et libres comme l'homme, nous partagions avec lui l'empire de la nature et le vaste domaine de la terre. (Aboiements unanimes.)

« Nous avons assisté aux révolutions de l'univers, et notre race allait périr avec la race humaine dans la colère des flots déchaînés, lorsque Noé fit entrer les survivants du grand naufrage dans cette arche de salut qui, flottant sur les eaux pluviales, vint échouer sur le sommet du mont Ararat.

« L'homme ne fait rien pour rien. En échange d'un service rendu, il a confisqué notre liberté et s'est arrogé sur nous un chimérique empire. Il nous nourrit du rebut de sa table, nous tue dès que la vieillesse arrivée nous a rendus incapables ou infirmes, et, nous suspendant une pierre au cou, il nous jette encore vivants dans la profondeur des fleuves, dont le courant nous entraîne. J'ai perdu ainsi tous les aînés de ma race, mes frères nés d'une même mère et de pères différents, et à ces affreux souvenirs je sens mon cœur se soulever de haine et les poils de mon cou se hérisser d'indignation. (Hurlements d'une douleur approbative.)

« On nous muselle en été, on nous attache en toute saison ; on lève sur nous des contributions arbitraires. Le droit de nous réunir, on nous le dénie ; le droit de suffrage, on nous le conteste ; le droit d'aboyer, nous ne l'avons pas. Enfin, si j'osais commettre un de ces jeux de mots si familiers à nos maîtres, je dirais qu'on nous fait plusieurs niches qui ne sont pas de mon goût. (Rire général.)

« Peut-être quelques-uns d'entre vous, mes frères, ont-ils instruit leur jeunesse et consacré leur âge mûr à d'utiles et fructueux voyages. Avez-vous vu l'antique Péra et les faubourgs de Galata? Là les chiens errent par milliers, sans liens qui les entravent, sans maîtres qui les escortent, et jamais, par aucun excès, ils n'ont appelé sur eux les charges du despotisme et les fers de la servitude. (Aboiements sonores et multipliés.) Nous demandons la liberté comme en Turquie, ou sinon... »

A peine avais-je cru entendre proférer ce mot comminatoire, qu'un grand bruit retentit derrière moi : « Monsieur, disait le domestique, le dîner est servi. » Allons, tout est bien qui finit bien, et tout songe est mensonge.

VI

Mon cher ami,

Me voici de retour, prêt à reprendre mon service accoutumé et ce collier de misère dont j'égrène une pierre, — le sens voudrait perle, et la raison dit pierre, — chaque néfaste vendredi. Nul incident, nul accident n'a marqué mon voyage. Ni retards, ni encombres, ni déraillement fâcheux, ni rencontres funestes. Le train qui m'apporta, loin de reculer d'épouvante, a marché comme sur des roulettes, ce dont je lui sais bien bon gré; j'étais parti sain, je reviens sauf.

Je l'avoue, Paris m'a fait plaisir à revoir, et, à peine

débarqué, j'ai poussé au hasard une promenade de reconnaissance. A chaque pas, à chaque détour de rue, je retrouvais un souvenir perdu, une date oubliée, et il me semblait voir sourire à mon passage le visage familier des choses inanimées. J'ai remarqué la colonnade naissante du nouvel Opéra, et, au fond de la rue de la Chaussée-d'Antin, une église au clocher surmonté d'une croix d'or. « Voilà, dit un passant, — pas moi, un autre, — une église fort à plaindre, car elle porte une bien lourde croix. »

Hélas! qui n'est à plaindre en ce bas monde, et qui de nous peut sembler sans reproches ou sans défauts? Les petits ont leurs chagrins et les grands ont leurs misères. Celui qui n'a rien veut avoir, celui qui possède craint de perdre. Les ministres savent que le portefeuille est une denrée voyageuse, et les inamovibles sénateurs craignent de voir apparaître quelque serpent caché dans les roses des pétitions. Quel préfet ne redoute les incartades du suffrage universel, et ne tremble qu'un souffle corrupteur ne vienne ternir la pureté du vase d'élection? Avant *le Supplice d'une Femme*, M. de Girardin ne prévoyait pas d'orages; avant que es chèques survinssent, M. Darimon vivait heureux; quant à M. Ollivier, qui, pareil au Janus antique, a un visage tourné vers le passé et un autre vers l'avenir, il s'incline à demi sous le lourd fardeau de sa jeune renommée, et plie sous la confiance lucrative d'un pacha couronné.

Chacun porte sa croix, n'en déplaise au sénateur marquis de Boissy. Ah! quel novice je suis dans le bel art des transitions, et par quels effroyables jeux de mots j'effarouche le lecteur complaisant! Je passe sans scrupule d'une église à un préfet, de la croix de l'une aux décorations de l'autre. Des monuments, je saute aux hommes; il ne me manque plus que de passer des hommes aux femmes, et d'imprimer hardiment que j'ai vu l'autre soir, dans une loge du Théâtre-Lyrique, Mlle Rosa Bonheur portant sa croix. Ah! comme dit le vieux Corneille,

> Ah! que ce mot lâché me fait rougir de honte!

Mais tant pis! ce qui est écrit reste écrit.

Certes, Mlle Bonheur est douée d'un rare et beau talent, et, depuis que Troyon n'est plus, elle n'a aucun rival dans le genre où elle excelle. Elle peint les animaux presque aussi bien que Florian les faisait parler. Elle sait leur nature, connaît leurs mœurs et entend leur langage. C'est le Flandrin de la race ovine. Tout mouton jaloux de posséder un duplicata de lui-même prend le chemin de son atelier, et les grands ruminants menacés de figurer dans les concours de Poissy ou les triomphes des jours gras demandent à ses pinceaux fameux un duplicata de leurs traits. Elle rend merveilleusement les prés verts où viennent brouter, les eaux calmes où descendent s'abreuver ses héros pacifiques, les arbres aux feuilles basses mordues par la dent des chèvres, les pentes abruptes franchies par les muletiers d'Aragon, et les terres grasses retournées par le soc des charrues nivernaises. C'est un talent sobre et viril, un peintre exact et fidèle. Comme Ribera, elle a trouvé la pierre philosophale, et son nom mis au bas d'une toile active le feu des enchères. Nul n'a mieux senti ce que la nature renferme de poésie intime et voilée, et peint d'un trait plus vivant cette âme qui éclate dans le regard des êtres inférieurs et des esclaves de l'homme.

« Qui nie tout cela ? répondait mon voisin de stalle. Il s'agit non de talent, mais de ruban rouge. Plus j'examine, et plus je trouve que l'étoile des braves fait un singulier effet sur la forte poitrine d'une faible femme. Si nous avions une armée d'amazones, à l'instar du monarque aimable qui règne à Dahomey, je comprendrais qu'en manière de compensation on déposât la croix d'honneur sur cette moitié de leur corsage qu'elles ont sevrée d'un luxe inutile. Je décorerais Penthésilée et je ferais Thomyris grande officière des ordres les plus recherchés. Mais ces fortes héroïnes manquent à notre âge adouci, et les femmes d'aujourd'hui n'ont rien de mieux à faire qu'à répéter le mot de Cornélie : « Ma seule décoration et ma parure unique, c'est une « couple de beaux enfants aux cheveux blonds, aux « lèvres roses. » Elles auraient même deux couples de garçons mélangés de quelques filles bien venues, que je n'y verrais aucun mal.

— Ni moi non plus, mais j'estime que les femmes nous valent bien. Dans les pays où ne fleurit pas la loi salique, elles sont reines, et le poids du sceptre d'or n'est pas trop lourd à leurs mains blanches. Elles tiennent comme nous la plume et le pinceau, et les sept cordes de la lyre ont vibré sous leurs doigts harmonieux. D'ailleurs, le talent n'est d'aucun sexe, et c'est lui seul qu'on récompense. C'est en l'honneur de la comtesse de Salisbury qu'Édouard III créa l'ordre de la Jarretière; c'est en mémoire de sa vaillante femme que Pierre le Grand institua l'ordre de Sainte-Catherine, spécialement affecté au sexe féminin.

— Oui, mais quelle fille française voudrait coiffer l'ordre de cette sainte-là? As-tu songé aux innombrables ressources que la décoration des femmes peut offrir aux Dennerys des âges futurs? Avec quelle fiévreuse énergie et quels gestes inspirés les jeunes premières des drames à venir invoqueront la croix de leur mère! S'il suffit du seul talent pour être récompensé, je vois poindre aux cieux prochains l'étoile promise à la boutonnière de Mme Sand. Je consens volontiers à ce que l'on entoure d'une jarretière tous les bas bleus éclos et à naître; mais si tu mets les filles d'Ève sur le même rang que la postérité d'Adam, alors conférons aux femmes le droit de suffrage, que l'illustre élu de Westminster, sir John Stewart Mill, réclame instamment pour elles; nommons-les aux fonctions publiques, et installons-les d'autorité sur les fauteuils numérotés de l'Académie et sur les chaises curules des sénateurs. J'en connais qui mènent des chevaux; donnons-leur des hommes à conduire. Ayons, si cela peut te plaire, des orateurs en jupon et des législateurs en crinoline. Eh bien non! mille fois non! Je suis de l'avis du bonhomme Chrysale : Pas de Philaminthes et beaucoup d'Henriettes. Sur un corsage féminin, une rose épanouie fait meilleur effet

qu'un ruban rouge. Comment veux-tu qu'on dise :
« Je vous aime » à un être portant une brochette
de croix sur son plastron gonflé, et quelle femme
ne préférera pas ces trois mots-là à tous les cordons
de la terre? Oh! femmes, n'est-ce pas pour vous
que nous cherchons à conquérir titres, distinctions,
honneurs, tous les hochets de la vanité, tous les jou-
joux de l'ambition? N'est-ce pas pour qu'un sourire
nous récompense ou qu'un regard nous encourage?
N'est-ce pas pour vous rendre plus fières, plus heureuses ou plus aimantes? »

Toutefois, le beau sexe ne se livre qu'à une joie
tempérée, et contemple tantôt l'endroit, tantôt le revers
de sa médaille. Si le souverain lui donne la croix, le
procureur général lui donne les étrivières. M. Dupin
n'y va pas de main morte, et il m'a rappelé Caton le
censeur tonnant dans le sénat romain contre le luxe
des matrones qui prétendaient porter sur elles plus
d'une demi-once d'or, revêtir des vêtements de couleur variées et conduire des chars dans la cité. Bénis
soient les dieux immortels qui placent le remède à côté
du mal, et qui, aux époques où les mœurs se relâchent,
suscitent les grandes âmes des Catons.

On raconte qu'une très-honneste dame, — ainsi parlait Brantôme, — légèrement entichée de littérature,
ayant trempé sa plume dans l'encre de la Petite-Vertu,
rédigea le billet suivant à l'adresse de l'illustre procureur général :

« Monsieur le sénateur,

« Permettez-moi de répondre quelques lignes au

réquisitoire que vous venez de fulminer contre cette moitié du genre humain que, plus jeune et plus indulgent, vous eussiez nommée la plus belle.

« Vous avez parlé pour le temps et la postérité, et je voudrais réfuter ce discours, que vos arrière-neveux vous devront.

« Il faut être vraiment sans péché pour jeter une aussi grosse pierre dans les fleurs de notre jardin.

« Vous qui avez conquis tous vos grades dans la magistrature et le barreau, vous savez que les droits de la défense sont sacrés, que l'avocat jouit de la liberté de tout dire, et qu'à l'accusé, quel qu'il soit, appartient toujours le dernier mot.

« Mais pour préparer mon plaidoyer, il me faut du repos et du temps, — deux choses nécessaires.

« Plaise donc à la cour me donner acte de ma protestation, et m'octroyer la remise à huitaine.

« Et ce sera justice. »

VII

Le dix-huitième jour de juillet de l'an de grâce 1865, la très-honnête dame dont j'ai donné la lettre à la fin de ma dernière causerie prononça le plaidoyer suivant en faveur de son sexe outragé :

« Messieurs,

« Je sais qu'un regard de nous vaut mieux qu'un

long discours, et je me suis laissé dire que j'avais de jolis yeux. Toute femme passablement tournée est, sans le savoir, plus éloquente souvent que Démosthènes, Cicéron ou Berryer, ces frères de gloire et de génie ; elle a reçu le don charmant de convertir les lions en brebis et les maîtres en suppliants. Si j'osais à ce propos évoquer un souvenir frivole, je rappellerais comment certaine dame dut à sa seule beauté de triompher devant l'Aréopage athénien. Elle vint, et, comme Hélène, au dire du poëte, elle séduisit les vieillards eux-mêmes, redevenus jeunes en la regardant. Sa cause était obscure, elle l'éclaircit : d'un geste elle dissipa tous les doutes et montra victorieusement qu'elle gagnait à être connue.

« Après cet exorde du genre insinuant, tant prôné par Quintilien, j'aborde les faits du procès. J'essayerai de rester digne dans un sujet indigne. Mais, messieurs, nos fautes sont les vôtres et nos chutes sont vos œuvres. Nous sommes l'ombre et le reflet de vous-mêmes, pures si vous êtes grands, dépravées quand vous êtes pervers. Tant vaut le maître, tant vaut aussi la servante. N'est-ce pas vous qui, entreprenant le travail patient des séductions, penchez vers nous les fruits convoités de l'arbre de la science, et qui nous peignez des riantes couleurs de Chanaan le désert vide et glacé qui nous attend après la chute? Vous invoquez, pour nous perdre, l'amour et le bonheur, mentant avec des mots sacrés, et l'heure de votre triomphe est celle de votre abandon. Femmes au titre dépossédé, n'ayant plus la sainte ignorance du mal, et cette couronne de nous-mêmes qui s'appelle la pudeur, nous sollicitons la main et le regard, fleurs sans parfums, fruits sans duvet, statues sans voiles !

« Le monde, indulgent à vos erreurs, est impitoyable aux nôtres ; il vous absout et nous condamne, et nous subissons l'implacable rigueur des lois que nous n'avons pas faites. Se repentir ; sans doute, mais à quoi bon, puisque le repentir ne sauve pas de la misère et ne rend pas aux yeux du monde l'intégrité première ? Il ne nous reste plus qu'à choisir entre la pauvreté qui tue et la honte qui nourrit. Si les honnêtes femmes ne retirent d'un labeur acharné qu'un salaire insuffisant, que feront donc les pécheresses ? Si quelques-unes de ces infortunées deviennent mères sans jamais pouvoir prétendre au titre d'épouses, qui prendra soin de ces moitiés d'orphelins et d'un peuple de déshérités ? Heureusement Dieu a encore des anges qui recueillent la servante chassée et son fils expirant près des sources taries ; et là-haut comme ici-bas, messieurs, les anges ont des traits de femme, et c'est toujours parmi nous que le dévouement prend ses élues et la charité ses apôtres.

« A qui la faute si le pain nous manque et si le travail est amer ? A qui la faute si pour nous le vice a des ressources et si la vertu n'en a pas ? A qui la faute si la société est sans refuge et sans pitié, et si nos pleurs, impuissants à féconder la terre, ne nous sont comptés que dans un ciel lointain ? Ah ! messieurs, légiférez à votre aise, réglez les successions, la famille et les propriétés, tout ce dont tant de milliers d'êtres sont exclus, et frottez-vous les mains en pensant que vous avez posé les bases éternelles de la justice. Vos lois sont athées; ce qui vous semble le dernier effort de la sagesse, elles prévoient sans prévenir et punissent sans réparer; vous avez des bagnes admirables et des prisons bien tenues, et vous vous efforcez que personne n'en puisse sortir, sans songer qu'il vaudrait mieux tâcher que personne n'y pût entrer. Au-dessous de vous, la misère que vous ne soulagez pas enfante le vice que vous méprisez; mais celui qui fait l'aumône au nom du Seigneur, qui répare une injustice ou console une infortune, est plus grand que tous les aréopages et tous les législateurs, et défie tous les codes du monde de l'atteindre ou de le surpasser.

« J'ai plaidé jusqu'à présent les circonstances atténuantes, et j'ai gardé la défensive; mais j'ai envie de changer de tactique et de porter la guerre dans le camp ennemi. Les noms changent, mais les choses restent. Si courtisan au féminin est une injure, croyez-vous qu'au masculin il soit une louange? Que de têtes variables, que de cerveaux changeants, que de convictions mercenaires! Vous décorez chacune de vos métamorphoses d'un nom ingénieux, et vous appliquez à chacune des nôtres un titre flétrissant. Vos conversions sont toujours justifiées. Vous avez une fille à pourvoir, un palais à construire; l'État péricliterait si vous cessiez de le conseiller; serait-il sage de quitter un emploi lucratif ou de refuser un avancement mérité; les révolutions viennent, laissons-les venir; les rois s'en vont, laissons-les partir. Est-ce notre faute si le peuple est inconstant, et faut-il s'obstiner dans une fidélité qui est une protestation ou un anachronisme? Étant celles des plus forts, vos raisons sont les meilleures, et chacun de vous s'arrange un petit chemin de Damas où brille le rayon d'or de la foi nouvelle. Vous êtes sincères quoique exigeants, et vous passez du blanc au bleu comme nous du brun au blond, selon le souffle de la bise et le déficit de la caisse. Vos serments ne sont guère plus durables que les nôtres, et, comme les pires d'entre nous, vous changez par calcul et vous vous donnez sans amitié. Qu'une femme ait employé dix protecteurs, chacun lui jette la pierre; qu'un homme politique se soit dévoué utilement à dix gouvernements, chacun lui fait la révérence. Enfin, ce qui est pour nous un pas de plus dans l'abîme est pour vous un pas de plus vers le sommet.

« Avez-vous pour excuse quelque passion généreuse ou quelque amour invincible? Sentez-vous battre à vos flancs les aiguillons de la misère? Non. Ce qui vous domine, c'est l'appétit du pouvoir et la soif de la richesse accrue; vous tombez à genoux devant les dieux de métal comme autrefois les enfants d'Israël; mais le vengeur ne descend plus de la montagne sainte, et nous en sommes réduites à rêver, dans des mondes inconnus et pour une autre vie, le règne de la justice et le jour des réparations.

« J'ai terminé, messieurs, la première partie de ma tâche, et j'arrive à ce luxe effréné dont notre illustre contradicteur est venu étaler les misères. Si l'on nous reproche d'être coquettes, autant vaut nous reprocher d'être femmes. La parure nous sied à ravir, la toilette nous embellit, et nos robes traînantes sont des étuis de perles fines : comme ces artistes qui emprisonnent leurs pierreries dans un réseau d'or ciselé, nous entourons d'un flot de dentelle et de soie un pur diamant que la modestie nous ordonne de voiler, et dont l'art et le goût nous permettent de rehausser l'éclat. Salomon, dans toute sa gloire, ne fut jamais vêtu, dit l'Écriture, aussi bien qu'un lis des champs; mais où serait le mérite, si, venant après Salomon, on ne faisait pas mieux?

« Eh bien, messieurs, cette élégance et ce luxe qui font partie de nous comme le charme et la grâce, tout cela n'est qu'un hommage détourné et un effort tenté pour vous plaire. C'est vous qui nous faites le succès et nous distribuez les couronnes. Vous êtes les juges du bal, les arbitres des salons et les clairons de notre renommée. Nous sommes heureuses et un peu fières quand de graves personnages, ramenant leur pensée des hauteurs nuageuses où elle siége d'ordinaire, daignent convenir que la terre produit encore des fleurs aux vives nuances et aux parfums pénétrants. Un député de l'opposition enlevant, à force d'art, les suffrages de la majorité rétive, n'est pas plus victorieux qu'une jolie femme soulevant sur son passage un long murmure d'admiration. Notre beauté, c'est notre éloquence, et nous aimons qu'on l'applaudisse.

« Mon honorable contradicteur se souvient de ses auteurs et émaille ses allocutions de citations choisies. Il a rappelé la fable de la grenouille voulant imiter le

bœuf. « Avec les modes d'aujourd'hui, ajoute-t-il, la
« grenouille y parviendrait : il suffirait à cette pécore
« d'ajuster autour de sa taille ces dimensions élastiques
« qui la feraient aussi grosse que son modèle. » Cette
périphrase désigne la crinoline. L'illustre sénateur a,
dans un moment d'oubli, méconnu les bienfaits de
l'élasticité, et je me permettrai, en manière de représailles, de lui retourner quatre vers de ce bon La Fontaine, qu'il connaît si bien et cite si à propos.

> Le fabricateur souverain
> Nous créa besaciers tous de même manière,
> Il fit pour nos défauts la *poche de derrière*,
> Et celle de devant pour les défauts d'autrui.

« Hélas ! que de poches chargées et que de basques
d'habit dont aucune crinoline n'atteindra jamais la dé-
sespérante rotondité !

« Il y a longtemps que l'ampleur de nos vêtements
a trouvé des adversaires consciencieux, et les critiques
qu'on nous adresse sont renouvelées des Grecs et des
Romains. Nos grands-pères lançaient des regards mo-
queurs aux amples paniers dont s'affublaient nos
grands'mères, et les vertugadins du vieux temps nous
donnaient des apparences plus pompeuses que la réalité. Enfin, l'ingénieux Ovide, si indiscret et si aimable, riait du large espace que recouvraient les toilettes
flottantes de ses contemporaines, et reprochait aux
femmes d'autrefois d'être un peu trop loin de leur
costume. La crinoline vivra plus longtemps que ses
détracteurs ; elle sied, s'use lentement et coûte peu : il
n'est pas indispensable que la lame adhère de si près

au fourreau, et, tous deux étant charmants, qui peut trouver mauvais que le vase soit un peu large pour la fleur?

« Nous dépensons comme des folles, dites-vous, messieurs les sages. Ignorez-vous donc que le luxe des femmes est fondé sur la bêtise des hommes? Vous voyez quelques drôlesses en renom se prélasser dans de splendides équipages, et vous levez les bras au ciel pour appeler un nouveau déluge sur nos têtes innocentes. Mais ce luxe insolent est défrayé par quelques niais en bas âge ou quelques vieillards hors concours se cotisant pour offrir à la descendante de leurs concierges un superflu qu'ils refusent à leurs femmes. Vous êtes les banquiers du vice, et vous vous plaignez que la banque saute! Courbez la tête, fiers Sicambres! Brûlez ce que vous avez adoré, et, sur vos économies, fondez des prix de vertu! Ce qui nuit à la morale, c'est d'avoir très peu d'actions.

« Vous vous plaignez, et à bon droit, de cette contagion du mauvais exemple qui gagne jusqu'aux honnêtes femmes; vous énumérez les triomphes du vice et les naufrages de la vertu; vous en accusez notre vanité ou notre amour-propre, notre désir de briller ou de plaire, et cette fièvre du luxe dont toutes ne meurent pas, mais dont toutes sont atteintes. Messieurs, cherchez mieux, et vous trouverez davantage. Il n'appartient qu'à ceux qui sont sans reproches de trouver les autres sans excuses. Vos femmes tombent ou chancellent, que ne les retenez-vous par votre exemple ou votre appui? Si nous sommes froides, coquettes ou volages, êtes-vous aimants, simples et fidèles? Vous vous êtes créé en dehors de nous tout un monde d'affections, d'habitudes et de plaisirs, et vous nous laissez sans défense contre les mauvais conseils que murmurent à nos oreilles les voix désolées de la solitude. Le cercle est pour vous une autre famille et une seconde nature, et vous perdez gaiement en une nuit plus d'argent qu'une couturière ne nous en dérobe en un an. Où sont les saines vertus domestiques dont le dépôt vous fut commis? Prompts à toutes les tentations, ardents à tous les désirs, vous courez à tous les rendez-vous de la fortune inconstante. Il vous faut parader sur les tréteaux et briller d'un boulevard à l'autre. Pour un qui se voit récompensé d'un succès qui ne vaut pas l'estime, combien ameutent les passants au bruit retentissant de leur chute! Combien, n'ayant pas même sauvé l'honneur d'un naufrage où tout le reste a sombré, cherchent l'ombre, aspirent à l'oubli, et disparaissent dans un mépris qui les fait inviolables!

« J'ai dit le mal : où est le remède? A chaque scandale qui éclate, à chaque tombe qui s'entr'ouvre, on entend le cri d'alarme que jettent les pilotes, et les sages méditent sur les hauteurs sereines où ils ont bâti leurs temples. Nous n'avons besoin en ce moment ni de moralistes ni de légistes, et, vous l'avez dit vous-mêmes, les lois sont vaines quand les mœurs sont nulles. Ah! certes, la liberté serait une bonne nourrice de la génération future; mais, quoi qu'on en ait dit, la liberté n'est pas tout en ce monde. Vous avez, messieurs, depuis tantôt deux siècles, prêché contre le

Christ une croisade dont vous voyez apparaître les merveilleux résultats ; vous avez voulu à la religion du bon Dieu substituer la religion du bon plaisir, vous avez tenté de tuer la foi. C'est elle seule qui sauve cependant. L'homme, peu à peu déshabitué du ciel, où il avait coutume de placer son espérance et sa patrie future, a regardé la terre comme sa tombe et son berceau, son enfer et son paradis. Dès lors, il n'a plus cherché que des plaisirs rapides et des bonheurs fugitifs ; il a fait de ses passions rabaissées ses maîtres et ses dieux, et son corps a avili tout ce que jadis agrandissait son âme. Tout est à défaire et à refaire, messieurs : c'est en haut qu'il faut tourner les yeux et demander appui. Retournez aux commandements délaissés du souverain législateur et du juge éternel, et, en vous aidant vous-mêmes, méritez l'aide de celui qui est le dispensateur de toute liberté, la source de tout progrès et le père de toute espérance humaine. »

Bornons ici notre carrière, comme dit le bon La Fontaine, si cher à M. Dupin. Les meilleurs plaidoyers sont les plus courts ; trop parler fatigue ses auditeurs et endort ses juges. Or, un juge endormi ne jugea jamais bien.

Les femmes, voyez-vous, chers lecteurs, ressemblent aux langues d'Ésope, elles sont ce qu'il y a de meilleur et ce qu'il y a de pire, tantôt des anges, tantôt des diables. Les hommes ne sont jamais assez beaux pour être des premiers, assez laids pour être des seconds.

Maintenant je passe à autre chose.

Avez-vous rencontré le héros du moment, notre ennemi d'autrefois, notre hôte d'aujourd'hui?

> Lui, le Sultan né sous les palmes,
> Le compagnon des lions roux,
> Le Hadji farouche aux yeux calmes,
> L'Emir pensif, féroce et doux.

Je comprends jusqu'à un certain point l'engouement qu'il inspire : il est grand-croix de la Légion d'honneur, tout comme le grand-duc héritier de Russie, et il se promène vêtu de blanc devant des gens habillés de noir. J'ai vu, l'autre jour, une foule compacte stationner autour d'un des visiteurs de l'Émir. Un Parisien peut aller à Alger sans qu'aucun Arabe se dérange, un Arabe ne peut venir à Paris sans que les badauds se retournent. Heureusement notre réputation est si bien faite que notre bêtise ne la défera pas.

Abd-el-Kader est un homme dans le sens le plus élevé de ce mot : il a toutes les vertus viriles et s'est montré tour à tour courageux, reconnaissant et fidèle ; il n'a témoigné ni orgueil dans la fortune, ni faiblesse dans l'adversité. Il croit en Dieu et il tient sa parole. Cet infidèle fait honte à bien des chrétiens. *Fas est et ab hoste doceri*. On prétend qu'il fait des vers. Mais qui donc est parfait?

Nulle origine n'est plus illustre que la sienne, car il descend de Fathma, sœur du prophète, et ses titres sont en règle. Le dieu de Mahomet a daigné bénir toutes les unions qu'il lui plut de contracter, et il a assez de femmes et d'enfants pour peupler un village de France. Il s'est marié l'an dernier, il se mariera l'an prochain. Les gens bien informés prétendent qu'il s'est fait suivre à Paris de deux de ses plus récentes épouses : l'une, dans la fleur du printemps, n'a pas encore douze ans; l'autre, au déclin des années, finit son dix-septième hiver. Toutes deux n'ont coûté que 16,000 fr. à l'heureux Abd-el-Kader. Décidément, les femmes d'Orient ne savent pas encore ce qu'elles valent. Puissent-elles ne pas l'apprendre en France !

L'émir passe le temps d'une façon charmante. Il est allé au Panorama, à l'Hippodrome et chez les ministres. Il a reçu la visite du nouveau pensionnaire du pacha d'Égypte, Mᵉ Émile Ollivier. Je ne sais si le député de la Seine est en train de se faire Turc à l'instar de Bonneval, mais il tient le Koran pour un joli livre, et les musulmans pour de fort honnêtes gens, vraiment *libéraux*, et prompts à récompenser le petit mérite des Giaours.

Malheureusement le conseil de l'ordre des avocats a trouvé qu'on ne pouvait défendre à la fois les intérêts de la veuve et ceux du vice roi d'Égypte. Mᵉ Émile Ollivier a jeté sa robe aux orties, les chambres de police correctionnelle ne retentiront plus du doux son de sa voix. M. le président de Bontin ne s'en consolera de longtemps.

La question est grave, et franchement, entre Mᵉ Ollivier et le conseil de l'ordre, je ne sais où mettre le droit. Que de porte-robes se font des rentes en dehors du barreau sans que nul y trouve à redire ! J'ignorais que le mépris des richesses fût une vertu professionnelle. Les avocats vendent ce qu'on ne croit pas qu'ils donnent, et c'est pour eux qu'on a rédigé ce joli vers :

Leur silence est d'argent et leur parole est d'or.

VIII

A quoi songe le maire de *** ? se demandaient les jeunes filles : il oublie de sourire en nous voyant passer, et il fixe d'un regard attristé l'extrémité de ses bottes luisantes.

Cependant il célèbre un mariage et il est prié de noce. N'a-t-il pas la place d'honneur au banquet nuptial, et ne doit-il pas ouvrir le bal avec l'épousée, ce soir, quand les cordes du violon grinceront sous l'archet ?

Qu'a donc le premier magistrat de la commune ? disaient entre eux les jeunes gens. Il a noué négligemment sa belle écharpe aux franges d'or, il agite dans l'air un bras impatient, et son front majestueux s'incline sous l'effort de sa pensée, comme au vent du nord les peupliers de la rivière. Son adjoint, comme lui pensif, imite son silence, et se conforme à sa triste rêverie. Cependant hier tomba une pluie fine agréable aux moissons ; la plaine semble une mer d'épis, et la vendange d'automne mûrit sur les coteaux voisins.

Lui, mélancolique et grave, marchait sans rien entendre et regardait sans rien voir. Il allait, les sourcils froncés, comme Jupiter assembleur de nuages, et de sa bouche entr'ouverte s'échappaient des paroles indistinctes. Les anciens de la commune hochaient la tête à son aspect. Il entra dans la grande salle de la mairie, où les fiancés attendaient sa venue, et ouvrit d'une main distraite le Code aux mille couleurs : mais sa voix, qui jadis retentissait, aigre comme un clairon, sonore comme un carillon de fête, s'éteignit en prononçant les articles irréparables. La cérémonie achevée, il regagna lentement sa maison, et, posant sur une chaise l'écharpe municipale, glorieux insigne de sa dignité, ornement habituel de sa ceinture, il la considéra longtemps de l'air morne dont on contemple un trésor que l'on va perdre ou un ami qui va partir; puis, prenant une attitude oratoire et mirant dans une glace fidèle son visage dont l'affliction n'altérait pas la noblesse, il s'écria : « Hélas! nul ne peut fuir sa destinée! Abd-el-Kader l'affirme, et je suis de l'avis de ce musulman.

« J'ai vécu six années d'ambition satisfaite et de bonheur sans mélange. Pendant six ans, j'ai ceint l'écharpe, manié la houlette et marché comme un pasteur vigilant en tête de ce troupeau champêtre. Fonctionnaire intègre, j'ai obéi aux inspirations d'en haut et j'ai gravité, astre secondaire, autour du soleil de la préfecture.

« J'ai promulgué des lois douces et rendu mon joug aimable. Le garde champêtre ne jure que par ma tête, l'adjoint ne convoite point mon héritage, et l'instituteur, récemment augmenté, chante aux jeunes

générations la gloire de mon administration; j'ai mis
mon curé hors du budget, mon conseil hors de la mairie, et muselé les gueules béantes de l'hydre de l'opposition. Aux divisions des partis j'ai substitué l'unité
du commandement, et j'ai pris la douce habitude d'être
l'esprit qui veut et le bras qui exécute. Pénétré, jusqu'aux racines, de l'esprit des lettres administratives,
j'ai goûté le miel de cette littérature élégante et substantielle. Allumant mon flambeau modeste aux lumières supérieures, j'ai puisé l'inspiration à ses sources vives et conformé tous mes actes aux ordres que
j'ai reçus. « Seigneur, que votre volonté soit faite en la
« commune dont je suis maire, » ai-je, à l'époque des
dernières élections, répondu à mon préfet, qui est un
préfet de première classe.

« Si mes pressentiments sont justifiés, cet éminent
personnage mourra dans l'habit brodé d'un sénateur,
et moi, hélas! j'en suis à me demander si je blanchirai sous les harnois. Le préfet m'a écrit, — car nous
correspondons à nos heures de loisir, lui, illustre, et
moi, chétif, — il daigna m'écrire une lettre dont les
phrases inattendues reviennent sans cesse à mon esprit
troublé : « Monsieur le maire, me mande ce dignitaire,
d'après une circulaire ministerielle de date récente, je
vous invite à vous porter candidat aux élections qui
vont renouveler les conseils municipaux, car le gouvernement désire, autant que possible, choisir les
maires parmi les élus du suffrage universel. » Désespoir et confusion! incertitude et mystère! être ou n'être plus, voilà la question! Si M. le préfet tutoyait ses

subordonnés, il me dirait en empruntant le langage du vieux Corneille :

Sors vainqueur d'un combat dont l'écharpe est le prix.

« Ainsi donc chaque nouveau venu qui monte dans la barque du ministère veut tracer un sillon durable sur les flots changeants qui l'emportent ; chacun, voguant entre des rives opposées, ne tient pas le milieu des eaux et incline le gouvernail tantôt du côté de l'autorité tutélaire, tantôt vers les bords de la liberté décevante. Hélas ! je n'ai rien à gagner dans le triomphe, j'ai tout à perdre dans l'échec, et de vils paysans vont, en m'excluant peut-être, faire douter de la sagesse infaillible du magistrat qui m'a nommé. Je dépends du caprice de mes concitoyens, moi qui me croyais maire nommé à vie, selon l'ordre de la préfecture. Plus d'unions consacrées par mes soins, plus de ces procès-verbaux au bas desquels j'apposais mon triomphant paraphe. Adieu les conseils de révision, où j'examinais les squelettes des généraux futurs! Adieu la grande salle où j'ai rendu des oracles ! Un autre ceindra l'écharpe et appuiera sa main sur le cachet municipal. Qu'on apporte les urnes du scrutin et que les bulletins y tombent pressés comme les gouttes d'une pluie d'orage. J'invoque la fortune favorable au mérite, et à son défaut le hasard aveugle qui fait les lauréats de la loterie mexicaine.

« Ah ! certes, mon nom réunirait tous les suffrages, si la justice n'était pas une ombre vaine et la reconnais-

sance un prétexte à déclamations. Jouant le rôle d'un Titus de province, j'ai voulu que chaque jour de mon administration fût signalé par des bienfaits ; mais d'illustres exemples m'ont appris que celui qui sème le bien a pour moisson l'ingratitude. Modeste comme une fleur des champs, j'ai résisté aux séductions de la gloire et j'ai dit aux flatteurs de mon pouvoir éphémère : « Rapportez toute louange à Dieu qui choisit les prin-
« ces, au prince qui élit les préfets, au préfet qui choisit
« les maires. »

« Grâce à moi un ordre admirable règne dans la commune heureuse dont les destinées m'ont été commises. Les routes sont si sûres qu'une jeune fille peut les parcourir le soir sans craindre d'y faire un seul faux pas. J'ai préservé les mollets des citoyens de la dent des chiens avides et réprimé les incartades des pigeons voyageurs. J'ai réglé l'itinéraire que doivent suivre les troupeaux et menacé de mort violente les moutons convaincus d'avoir brouté mes luzernes. J'ai été impartial en toutes choses comme il convient à tout homme né sous le signe de la Balance. Aussi nous avons ici des rosières comme à Nanterre, et l'an dernier un de mes administrés a couru dans le prix Montyon.

« Parlerai-je des grands travaux accomplis sous mon édilité, et des lauriers glanés par moi sur les traces de M. Haussmann ? J'ai ouvert un chemin vicinal, d'autant mieux entretenu qu'il est moins fréquenté, et posé la première pierre d'une mairie nouvelle que peut-être il ne me sera pas donné d'inaugurer. Ainsi M. Guizot bâtissait avant 48 le ministère où réside maintenant M. Drouyn de Lhuys (1), cet autre César

> Qui dicte à quatre en styles différents.

Oh! enseignements de l'histoire, leçons de l'adversité!

« J'ai converti la place du village en un square planté d'arbres. Chaque dimanche, pendant vêpres, la libre jeunesse danse gaiement sous les ombrages que j'ai créés, et, les quadrilles terminés, se réunit sous la tonnelle pour vider en mon honneur les larges verres où pétille le vin nouveau. Enfin, pour couronner mes œuvres, j'ai jeté sur le ruisseau que l'été dessèche un pont monumental; l'hiver c'est un agréable spectacle que de voir l'eau se briser aux arches qui la divisent, tandis qu'à vos côtés passent lentement les lourds chariots qui portent au moulin les gerbes de la moisson dernière.

« Il est vrai que pour payer les travaux entrepris, j'ai vidé les caisses de la commune et fait pleuvoir sur les habitants la rosée des centimes additionnels; j'ai même, je l'avoue, contracté des emprunts à lointaine échéance, et engagé, au profit du présent, le long avenir que je ne verrai pas. Toute cité qui se respecte a des dettes à l'heure qu'il est: c'est bon genre et très-bien porté. La dépense prouve la richesse et l'argent gagne à voyager. Qu'est-ce qu'un million endormi derrière des verrous de sûreté, sinon un volume dépareillé et un capi-

(1) M. Drouyn de Lhuys n'y réside plus maintenant. M. de Moustier l'a remplacé, il n'importe.

tal perdu? Ouvrez-lui les portes de la cage, il fera le tour du monde et reviendra doublé, si toutefois il revient. Moi, j'ai donné la volée aux petits écus que la commune avait, et puisé d'autre part aux sources intarissables du crédit. En ce faisant, on s'embellit et on s'obère; mais quand vient l'instant de s'acquitter, on cherche un nouvel emprunt qui chasse le premier : opération fructueuse qui permet de tuer le temps, de changer de créanciers, et d'étendre ses relations.

« Ah! je suis vraiment de mon siècle, et je vais à la lumière comme un papillon de nuit. Malheureusement, la route du progrès est encombrée de préjugés qu'il faut franchir et d'ennemis qu'il faut combattre. On m'accuse de dilapider les deniers publics, d'abattre en une année la besogne d'une génération, et on me crie aux oreilles que Paris n'a pas été bâti en un jour. Oh! tribu d'aveugles, légion d'envieux! Il est vrai que Paris n'a pas été bâti en un jour, mais il est certain qu'on l'a rebâti très-vite.

« Les dernières élections ont affaibli ma popularité; j'ai attelé au char embourbé du candidat officiel mes cinq gendarmes et mon garde champêtre, et malgré tant d'efforts nous n'avons pu gravir la montée du Capitole. Ce procédé m'a aliéné quelques électeurs qui me reprochent de faire plus de cas du préfet que de la liberté. L'opposition grandit d'heure en heure et l'on dresse des listes où je ne figure pas.

« Gloire éclipsée, splendeur éteinte, je n'appartiens plus qu'à l'histoire, et la succession d'Alexandre est ouverte aux prétendants... Peut-être. Le génie a des inspirations soudaines, et du sein de la défaite peut faire jaillir la victoire. Intolérant, j'eusse échoué; libéral, je dois triompher. La liberté est comme la lance d'Achille, elle guérit les blessures qu'on reçut en la combattant.

« Je vais glisser derrière le grillage de la mairie une proclamation ainsi conçue : « Mes concitoyens, vous
« allez dans peu de jours exercer une de vos plus belles
« prérogatives, et nommer les hommes intègres qui vont
« diriger notre chère commune dans des voies justes et
« prospères. L'usage voudrait que je recommandasse
« une série de candidats à vos libres suffrages ; mais ce
« que l'usage conseille, la raison le défend : vous êtes
« trop éclairés pour qu'on vous conseille, trop indépen-
« dants pour qu'on vous dirige. Je vous laisse la respon-
« sabilité de vos votes et l'embarras de choisir les plus
« dignes d'un honneur auquel chacun de vous peut pré-
« tendre. Quant à moi, si je puis parler de moi dans un
« pareil moment, j'ignore si je figure parmi les élus du
« scrutin qui va s'ouvrir, mais je sais que votre confiance
« seule peut me déterminer à conserver un pouvoir dont
« je sens la lassitude et l'ennui. Vous le dirai-je, j'aspire
« à descendre, et si votre vote unanime ne me prouve
« pas que je ne compte parmi vous que des amis et des
« soutiens, je redeviendrai Gros-Jean comme devant, et,
« libre de charges, exempt de soucis, je savourerai la
« douceur de la liberté reconquise. »

Quel cœur dur pourrait résister au charme de ce langage insinuant? La meilleure manière d'obtenir beaucoup, c'est de ne rien demander; le plus sûr moyen de garder le pouvoir, c'est de paraître ne pas y tenir.

IX

Voici la saison des fêtes, et la joie est à l'ordre des jours qui vont venir; les fusées sont impatientes de partir, et demain Paris brillera de plus de feux que la nuit n'a d'étoiles. C'est maintenant qu'il convient de frapper la terre d'un pied qui pourrait être plus libre et de boire aux dieux libérateurs, maintenant qu'il faut chanter l'antique Évohé sur un rhythme cadencé. Comme aux temps du doux Virgile, après la pluie de la nuit reviennent les spectacles du matin, et l'empire se partage entre Jupiter et César.

Les colléges sont vides de leurs hôtes accoutumés, et bientôt les tribunaux seront sans murmure et les cours sans appel. Les discours sonores roulent avec le bruit des torrents d'été, et chacun attend la récompense de ses travaux de l'année. L'enfant rentre au logis, riche d'un baiser officiel, d'un volume mal relié et d'une couronne de papier peint; le père, déchirant d'une main tremblante la bande de son journal, regarde le *Moniteur* comme un ciel pur où il cherche son étoile.

Les vacances! Quel mot cher aux petits, et comme il résonne doucement sur les lèvres de l'homme! Il rapproche les horizons lointains de la terre promise et met entre nos mains la clef des champs dorés par les derniers soleils! Voici l'automne, le printemps des fruits, l'automne aux chaleurs tempérées par la fraîcheur des aurores et la brise des couchants! C'est la pêche dans les eaux claires, la chasse dans les grands bois, la vendange sur les coteaux inclinés! C'est le repos après la peine, le sommeil après les veilles; c'est la joie de ne plus sentir la chaîne des habitudes et le collier du servage. C'est le temps béni de tous les âges et de tous les hommes; les vacances sont le premier nom et la première figure dont se pare la liberté pour se faire aimer des enfants.

« Heureuse Rome née sous mon consulat! » disait Cicéron dans un jour de poésie; heureuse la jeune génération qui grandit sous le ministère Duruy! Elle s'abreuve aux sources qui descendent des sommets antiques, et s'instruit gentiment dans la familiarité des neuf Sœurs. On lui donne dans ses concours de beaux sujets de dissertations latines, grecques ou françaises, et des mains expérimentées déterrent pour elle les allusions cachées dans les terrains d'autrefois. Chaque année, entre les prunes déjà mûres et les raisins encore verts, le ministre lui adresse une allocution de première grandeur et fait passer devant les yeux des rhétoriciens toutes les figures de la rhétorique. On soulève pour ces écoliers le voile de la politique et on leur prouve que tout est pour le mieux dans le meilleur des mondes. Sortis des ténèbres sur lesquelles a lui le grand jour de 89, éclairés de lumière pure, enivrés de liberté, nous voguons vers le progrès idéal en draguant les flots troublés de la démocratie. La question romaine est, il paraît, résolue; la question d'Algérie est en traitement, la question d'Orient est ajournée, et la question de Pologne ne trouve plus de voix qui la posent. Oh! jeunes élèves, que de matières à mettre en vers latins et quels admirables sujets de déclamations françaises! Les jeunes élèves applaudissent, les hauts dignitaires inclinent leurs têtes satisfaites, les ambassadeurs se taisent, et le fataliste Abd-el-Kader, écoutant ce long discours, murmure à voix basse : « C'était écrit. »

Mais quand le grand maître de l'Université leur a annoncé que leurs copies figureraient à la prochaine Exposition, les forts en thème ont dû dresser la tête comme un cheval qui entend la trompette, et serrer d'un air martial la boucle de leur ceinturon. Taillez vos plumes, jeunes élèves, et vous, messieurs, battez des mains : *plaudite, cives*. Nos temps sont fertiles en miracles, et les cerveaux qui nous dirigent répugnent à l'inaction. Un ministre réfléchit, et il naît une grande idée. Jupiter a la migraine, et Minerve vient au monde.

Maintenant, quittons, si vous voulez bien, les enfants et les hommes, et abordons des sujets d'un ordre un peu plus relevé : *paulo majora canamus*. Qu'on me pardonne cette citation, mais en évoquant les souvenirs de collége, je ne perds pas mon latin, je le retrouve, ce qui est gênant. Les avocats, — dont Dieu nous garde, — ont fui le silence de leurs cabinets pour se tresser des couronnes et se décerner leurs récompenses annuelles. En d'autres termes, ces messieurs viennent de se réunir autour des urnes du scrutin et de choisir les vingt et un conseillers qui régissent leur république. Le premier élu est M. Berryer, un nom qui dit tout ; le dernier nommé est M. Nicolet, un nom qui ne dit rien. C'est cependant un avocat qui aspire aux honneurs et qui travaille à donner à sa robe noire la couleur de la pourpre magistrale. Le bruit court que, fidèle à sa profession, mais épris de la gloire militaire, il brûle d'accoler à son titre d'avocat l'épithète de général. C'est de guerre lasse et à force de scrutins que Me Nicolet a fini par être la vingt et unième roue du carrosse professionnel. Décidément Me Nicolet n'est plus prophète en son pays, il va de moins fort en moins fort, et il doit trouver que ce n'est plus comme chez lui.

De ce conseil font partie quelques déshérités de la politique et les disgraciés du pouvoir. Les ministres déchus, les orateurs sans tribune, les nobles courtisans du passé, reviennent à l'ordre qui berça leur jeunesse et fut témoin de leurs premiers combats. Tous ces oiseaux battus des tempêtes civiles regagnent de leurs ailes vieillies le nid qui les vit partir, et cherchent pour leur déclin un abri qui soit sans dangers et un repos qui ne soit pas sans gloire. C'est dans les luttes pacifiques qui se dénouent devant la justice au front calme, que ces victimes de nos naufrages retrouvent l'image affaiblie des rudes combats qui les passionnaient jadis. Défenseurs des intérêts privés, interprètes de nos lois obscures, ils élèvent devant les magistrats une voix toujours respectée et suspendent comme autrefois un peuple d'auditeurs à leurs lèvres éloquentes. Heureux les avocats qui ont des causes! On achète leurs paroles, on se dispute leurs autographes, et, quand ils rentrent chez eux, ils trouvent la fortune assise à leur porte. Si j'en crois Virgile, c'est parmi les laboureurs que, prête à quitter la terre pour le ciel, l'antique Astrée fit son dernier séjour. De nos jours, le barreau est le dernier asile où s'est réfugiée la grande Liberté, qui ne veut pas partir.

Voici MM. Berryer et Favre, et après eux le bataillon sacré des ministres en disponibilité : M. Dufaure, un Athénien de Paris, qui laisse voir les palmes académiques sous les plis de sa robe entr'ouverte; MM. Hébert et Senard, *Arcades ambo*, tous deux enfants de la processive Normandie, jurisconsultes éminents, continuateurs des procureurs d'autrefois, rompus à tous les exercices du Code et faisant sauter les articles des lois comme des volants sur des raquettes. Voici enfin M. Marie, un muet qui, à force de soin, a retrouvé un mince filet de voix perdue; M. Marie, à la tête emprisonnée dans un bonnet de soie noire, au visage couvert d'un boisseau de ces pois chiches dont l'éloquent Cicéron n'avait qu'un exemplaire.

Dirai-je maintenant les astres secondaires, et les étoiles dont la lumière et la chaleur ne nous sont point encore parvenues : M. Rousse et M. Leblond, deux noms à la mode, deux nuances assorties; l'un, qui publia les plaidoiries de son ancien patron Chaix-d'Est-Ange; l'autre, membre du conseil de surveillance du

Siècle, — grave fonction qui m'a tout l'air d'une sinécure ; — M. Plocque, le Jérémie du barreau, dont chaque plaidoyer est une lamentation, cœur tendre qui s'attendrit devant un mur mitoyen comme Pétrarque devant Vaucluse ; M. Lacan, dont les lauriers ne troublent pas le sommeil de M. Desmarest, et M. Desmarest, le bâtonnier en exercice, sorte de Childebrand choisi parmi tant d'avocats. Qui encore ? Un ancien ministre oublié, M. Crémieux, qu'on écoute en fermant les yeux ; M. Crémieux, qui, — si son plumage ressemblait à son ramage, — serait le phénix des hôtes de ce bois.

J'en étais là de cette nomenclature, lorsque, quelques heures plus tard, m'est tombé sous la main le *Moniteur* du 15 août, le *Moniteur* aux colonnes bourrées de promotions et parquant tout un peuple d'heureux aux différentes stations du chemin de la croix. Cette lecture m'a causé un plaisir infini, car, doué d'un cœur sensible, je prends une vive part à la joie de mes semblables. Mon nom ne figurait pas sur ces listes bienheureuses, et, pour cette année encore, ma boutonnière restera vierge de la fleur rouge des héros. Mais, et ceci rentre dans mon sujet, trois avocats, membres du conseil de leur ordre ont été décorés : MM. Nicolet, Templier et Lachaud. J'ai déjà nommé le premier ; le second n'appartient nullement à l'ordre célèbre que Raynouard a chanté, je croyais même qu'il s'était retiré sous la tente de Me Hachette et que ses chants avaient cessé ; le troisième, plus connu dans l'histoire, est le salut des infirmes et le refuge des pêcheurs.

M. Lachaud est un personnage célèbre; sa clientèle est nombreuse, mais mal composée. Les justiciables des cours d'assises qui peuvent se permettre le choix d'un avocat le mettent au courant de leurs petites affaires et lui empruntent une heure ou deux d'éloquence. Il a sauvé plus d'un coupable et peut-être plus d'une victime. Ses anciens clients s'entretiennent de lui dans le monde et propagent sa renommée. Les femmes vont à lui comme à un conseiller indulgent et un défenseur naturel, et se croient en sûreté derrière les plis de sa robe noire. Les prisonniers attendent sa venue, comme Noé, dans l'arche, attendait sa colombe, et il se présente à la grille des cités dolentes en consolateur des affligés et en messager de liberté.

Il faut le regarder à son poste de combat, c'est-à-dire au banc de la défense. Pendant le cours des débats, il prend des notes, se penche vers l'accusé, pose des questions aux témoins, joue avec sa plume et cause avec ses confrères. Bouche souriante, air enjoué, poses familières, il donne congé au Dieu qui l'inspire et lui fixe un rendez-vous pour l'heure de la plaidoirie. Les débats ont marché, l'avocat général a joué les dernières notes de son réquisitoire, la parole est au défenseur. Il se fait alors un silence solennel, précurseur de grands événements; les jurés fixent l'avocat, l'accusé renaît à l'espoir, les huissiers semblent se recueillir, et les gendarmes attentifs proclament par leur attitude respectueuse la supériorité de la toge.

Il se lève avec une lenteur étudiée, il étend le bras, il va parler, il parle Ce n'est d'abord qu'un harmonieux murmure, une mélodie tranquille; sa voix est contenue, son geste est sobre. Rien de ce qu'il dit ne vaut la peine d'être prononcé et ne trahit l'orateur. Est-ce donc là le grand Lachaud? se demandent à voix basse les auditeurs désappointés. Patience, le ruisseau devient fleuve, l'avocat devient sibylle. Il s'agite, rugit et frémit; c'est un lion moins la crinière, et l'inspiration le saisirait aux cheveux si elle trouvait prise. *Deus ecce Deus!* Il étouffe faute d'espace, marche à grands pas, crie à pleins poumons. Sa voix, lancée à toute volée, mugit avec le fracas des grandes eaux et roule comme un tonnerre déchaîné; ses yeux lancent aux deux extrémités de la salle leurs éclairs divergents, l'écume lui vient aux lèvres, la sueur lui perle au front, et les vitres émues rendent un son plaintif.

Il parle, et son poing fermé retombe sur la table de chêne. Le chêne plie et ne rompt pas. On croit qu'il s'est blessé; nullement, car il redouble. C'est un déluge de mots, une tempête d'arguments; il fait vibrer toutes les cordes, il essaye tous les cris, il enflamme tous les pétards. C'est un amas d'objections réfutées, de lieux communs entassés, de raisonnements déployés. Est-ce un orateur éloquent? Non. Un avocat habile? Oui. Il charpente fortement le drame de sa plaidoirie et l'étaye de poutres solides, mais grossières. C'est un Dennery passé du théâtre au barreau, et possédant non pas la puissance des entraînements irrésistibles, mais le don des émotions banales et des effets vulgaires. Comme il est à la foi auteur et acteur dans ses pièces, il produit une double action et exerce une double influence ; il saisit son public et s'en aperçoit ; il presse ses juges, les tord et les façonne comme le potier pétrit l'argile, et les lâche après deux heures de violente gymnastique, oreilles brisées, mais cœurs amollis et esprits subjugués.

S'il vous en souvient, j'étais armé du *Moniteur*, où je lisais la liste des nouveaux décorés, les noms de ceux qui maintenant s'appellent « Légion ». En poursuivant mon voyage d'exploration dans le journal privilégié, je m'aperçus que le bas de ses colonnes réservé au feuilleton était occupé par des lignes inégales et semblables à des vers. C'étaient des vers en effet, signés Théophile Gautier, un hymne d'allégresse, un chant d'admiration : *facit admiratio versus*. Oh ! poëte, vos réflexions partent d'un naturel excellent, mais l'exécution a trahi la pensée ! Quel dédain de la simplicité, quel magnifique mépris de la langue française, et quelle éclipse de talent ! Si j'étais souverain, une louange éloquente me semblerait un double éloge, et je tiendrais pour affront une flatterie mal rendue. Si vous chantez les forêts, que les forêts soient dignes du consul, et si c'est devant un trône que vous voulez brûler l'encens, apprêtez les encensoirs d'or. Si vous ne vous sentez ni le cœur ému ni la voix inspirée, si vous n'avez pour hôtesse qu'une Muse aux pieds boiteux et aux ailes coupées, laissez la lyre muette dormir aux saules du rivage, et gardez-vous de balbutier des chants informes qui, contrastant avec leurs frères d'autrefois, attestent douloureusement la décadence du génie et la profondeur de la chute.

Les vers de M. Gautier faisaient partie de la fête du 15 août, et ont semblé le détail le moins important du programme. Le mauvais temps, qui n'a pas contrarié l'illumination du poëte, a gêné celle de l'Obélisque. Ce monolithe était entouré d'une ceinture de feu qui n'a pas voulu prendre. O destinée ! Nous édifions à grands frais tout un monde de splendeurs, nous semons des milliers de lanternes aux arbres de nos jardins, nous enserrons nos places publiques et nos monuments d'un triple cordon de lumière, nous commandons à la flamme innocente de briller à l'heure voulue et de simuler l'embrasement de la cité, tout est achevé ; mais voici que le ciel se couvre, que la pluie tombe, que le vent souffle ; le feu s'éteint, le spectacle manque. Adieu projets, dépenses et plaisirs. La plus belle fête du monde ne peut donner que ce qu'elle a.

J'ai pris mon courage d'une main, mon parapluie de l'autre, et je me suis mêlé à cette foule héroïque qui encombrait la place Louis XV et la longue avenue des Champs-Élysées. La pluie tombait fine et serrée ; les cordons de feu, partout interrompus et divisés en tronçons inégaux, s'agitaient pour se rejoindre, et se réunissaient pour se séparer encore. A neuf heures, le canon retentit du côté du pont d'Iéna, et les premières fusées du feu d'artifice, s'élançant en jets rapides, s'épanouissaient en éventail pour retomber en pluie d'étoiles lumineuses. Mais les poudres mouillées partaient à longs intervalles et ne prenaient qu'avec efforts. Le bouquet final, lançant à trois reprises ses fleurs disséminées, ne répondit ni à l'attente du public ni aux soins du jardinier.

Toutes ces splendeurs d'un jour de fête sont déjà bien loin de nous, elles vont..... où vont les neiges d'antan et les pluies d'été. Ce qui brillera plus longtemps peut-être que ces pompes vieillies et ces feux éteints, c'est le triomphe de M. de Girardin et l'apothéose des *Deux Sœurs*. L'auteur dramatique s'est relevé de sa chute, et, tout meurtri de la roche de Tarpéïa, il s'est élancé au Capitole pour rendre grâce aux dieux, c'est-à-dire au peuple souverain.

Je n'ai pas à porter de jugement téméraire sur une œuvre que je ne connais pas, et je n'ai pas, comme M. E. Feydeau, entendu le sifflement d'un des serpents de la critique. Ce que je peux dire, le voici : Que l'on fasse une pièce bonne ou mauvaise, marchant seule ou demandant des lisières, née viable ou morte en naissant, j'admire sérieusement ceux qui se sentent capables d'un tel effort, et je les regarde de l'œil d'envie dont un gardien du sérail doit contempler son sultan. Pourquoi m'en taire? ce qui me séduit dans M. de Girardin, c'est cette séve qui circule toujours, cette verdeur qui se renouvelle. Être arrivé à l'âge d'un repos bien gagné et se lancer de nouveau dans les courants rapides, se créer d'autres ennemis, et, non content des discussions passionnées de la politique, chercher d'autres arènes pour y descendre et y combattre, livrer de tous les côtés son nom aux disputes humaines, s'efforcer d'ouvrir au théâtre des voies inexplorées et demander pour ses œuvres le baptême et le jugement des assemblées populaires : ce sont là, à mon humble avis, des tentatives hardies qui méritent le succès, et des audaces juvéniles qui doivent plaire à la Fortune.

X

Beire, 18 octobre.

Si vite qu'aillent les morts, les regrets qu'ils inspirent s'en vont plus vite encore, et on entre presque en même temps dans le repos de la terre et dans l'oubli des vivants. Si illustre qu'on ait été, l'obscurité vous reprend ; si populaire qu'on vous ait dit, l'indifférence vous attend, et les flots de la mer humaine se retirent du cercueil déserté. Quand un coup douloureux a retenti parmi nous, quand la mort a frappé parmi les meilleurs et les plus vaillants d'Israël, la foule, un instant distraite, s'ouvre devant un cadavre qu'on emporte, puis se referme et continue d'aller.

Que nous font l'éclat de la gloire acquise, l'importance des services rendus, l'auréole des nobles infortunes ? Nous sommes toujours plus ingrats qu'on ne nous fut dévoué. Chaque peuple a une manière différente d'honorer ses grands hommes. L'antique Athènes les exilait du jour où ils avaient la réputation de trop aimer la justice ; la moderne Angleterre ouvre à ses enfants Westminster, où dorment les rois. La France est une autre Athènes : les Aristides n'y prospèrent pas.

Qu'est devenue cette génération vaillante qui se leva du sol appauvri comme une moisson inattendue et qui décora la jeunesse du siècle qui décline? Où sont ceux qui, courant toutes les carrières humaines où la gloire se conquiert, fatiguaient du bruit de leurs noms les clairons des renommées actives? Alors, nos ministres et nos orateurs nous assuraient le présent et nous frayaient l'avenir, nos jeunes généraux inscrivaient du bout de leur épée victorieuse une page nouvelle au livre d'or de nos conquêtes, et tous venaient demander l'immortalité à la lyre des poëtes et au pinceau des peintres. C'était le temps où, pour nous rendre heureux, s'étaient réunies ces deux rivales, jadis inconciliables, la gloire et la liberté.

Tout a été dit sur le vaillant homme que nous venons de perdre, et les voix les plus autorisées se sont fait entendre sur cette tombe si prématurément ouverte. L'armée le regrette, l'Église le pleure, et la parole d'un autre Bossuet va célébrer cet autre Condé, un jour trahi par la fortune. Sa mort m'a remis en mémoire les splendeurs d'un âge évanoui. C'est dans les deuils récents que l'on songe aux bonheurs passés.

Le général de La Moricière est la figure militaire la plus séduisante et la plus accentuée de ce temps. Il n'a pas quitté l'Afrique depuis la conquête jusqu'à la pacification; il prit Alger avec Bourmont, et Abd-el-Kader à lui tout seul. Brave, aventureux et hardi, comme il convient aux jeunes gens, il courut de grades en grades, créa les zouaves et fut le premier colonel des premiers soldats du monde. Prodigue de sa personne et payant de l'épée, il fit la guerre de buissons, de surprises et d'embuscades, endurcit son corps aux fatigues et son âme aux dangers, brava le climat et battit l'ennemi. Il s'illustra à Constantine, mena les charges d'Isly, et il avait conquis les épaulettes aux trois étoiles à l'âge où les capitaines retardataires sèment les épinards pour la moisson future. Tout lui souriait alors, la fortune, l'espérance et la renommée, et le prochain avenir lui réservait un bâton de maréchal dans quelque plaine de victoire. Il portait, comme autrefois Scipion, le surnom d'Africain, et mariait fièrement son jeune âge à sa vieille gloire.

Mais les temps ont changé. Le général revient en France offrir à la patrie menacée l'aide d'un de ses plus vaillants soldats Il lui faut tirer l'épée dans ces terribles guerres que le poëte latin appelait plus que civiles : *plus quam civilia bella*, où la victoire assombrie porte le deuil des vaincus. Si ingrats que nous soyons, nous n'avons pu oublier ceux qui se dévouèrent alors à la rude tâche du salut public, et qui, portant le fardeau du péril, eurent l'honneur de chercher la mort et la gloire de la conquérir : ni ces généraux échappés à vingt années de guerre étrangère, et qui, frappés d'une balle française, vinrent tomber sur les pavés remués de la ville en tumulte ; ni ce prêtre qui, parcourant les barricades, la croix du Sauveur à la main, et priant Dieu que son sang fût le dernier versé, vit son sacrifice accepté et son vœu suprême exaucé.

Ce n'était pas dans l'ardeur de la lutte et la fumée des batailles que La Moricière devait mourir ; il était réservé à de plus rudes épreuves et à de plus grands triomphes. On se souvient de son passage au ministère et de son rôle dans les assemblées. Il était partout à son aise et partout à sa place, à la tribune comme à l'armée. Il avait l'habitude des hommes et le don de leur plaire. Sa parole courait au but en mêlant à la concision militaire un air d'enjouement qui en faisait le caractère et le charme. Vivante et colorée, nerveuse et hardie, elle avait toutes les qualités qui donnent à la vérité la certitude d'être comprise et des chances de triompher. Sa manière de parler ressemblait à sa manière de combattre et se sentait de ses vingt ans d'Afrique. Il passait à travers les interruptions comme naguère à travers les irréguliers d'Abd-el-Kader, et menait des charges brillantes d'où, comme toujours, il revenait vainqueur. Heureux, applaudi, puissant, cité parmi les meilleurs et les premiers de la Rome française, il avançait dans la carrière, poussé par les souffles enivrants de la popularité.

Il ne m'appartient pas de raconter les événements qui, brisant l'épée aux mains du soldat, ravirent au citoyen la patrie et la liberté : ils sont entrés dans les jugements de l'incorruptible histoire. Le général fut brave et fort contre le malheur. Il vit, du lointain de l'exil, la France changer de maître et courir à d'autres destinées. Son fils tomba malade et mourut avant que le père proscrit pût repasser la frontière pour embrasser une dernière fois l'enfant en qui il avait espéré revivre. Dès lors, ce vaillant homme, inutile avant l'âge, comprit qu'il n'avait plus rien à demander au présent ni à attendre de l'avenir, et qu'il ne lui serait plus donné de respirer la fumée des ambitions et des gloires d'ici-bas.

Il était cependant si plein de séve et de vigueur, si jeune de cœur et d'années, si amoureux de son métier et si bien fait pour la vie militaire! Lui, habitué au mouvement et né pour l'activité, il se voyait condamné à traîner le fardeau d'une oisiveté imprévue et l'accablement de vivre en n'agissant plus; lui, dont le nom était un présage de victoire et la renommée un patrimoine de l'armée, voyait son héritage tomber en des mains moins illustres, et passer devant le front des régiments les nouveaux favoris de la fortune inconstante. On se battait sans qu'il fût de la fête, on mourait sans qu'il fût du péril; prêtant l'oreille au bruit des canons alliés qui tonnaient contre Sébastopol, il ne regrettait de nos triomphes que l'honneur de ne pouvoir les conduire, et, du fond de sa retraite, envoyait à ses compagnons d'armes ses vœux qui combattaient pour eux.

Peu d'années après, la guerre éclate en Italie. Le petit Piémont s'enfle de nos victoires et s'arrondit par l'intrigue; il viole les traités, dépouille ses voisins, convoite le patrimoine de Saint-Pierre, et le pontife-roi, menacé de la pourpre dérisoire et du sceptre de roseau, fait appel à La Moricière pour commander à la phalange héroïque accourue sous ses drapeaux sacrés. Le général ne pouvait faillir à cette œuvre de chrétien et de soldat. Il n'ignorait pas qu'il compromettait sa popularité militaire et sa renommée d'invincible;

mais il trouvait noble de devenir le défenseur du faible et le soutien d'une juste cause. Il savait en outre que certaines défaites sont si belles que non-seulement on y sauve, mais encore qu'on y agrandit l'honneur.

Ce fut alors qu'une armée piémontaise envahit les États pontificaux devant l'Europe indifférente ou complice. Ni la sainteté du droit ni la majesté d'un autre Léon ne purent arrêter les barbares marchant sur le chemin de la ville éternelle. Le sang français coula dans une lutte inégale, et sous le poids du nombre succomba le vaillant homme qui défendait le saint-siége. Il était vaincu, mais c'est l'honneur de notre pays qu'une légion française commandée par un tel chef ait protesté les armes à la main contre les iniquités de ce triomphe.

Quand le glorieux vaincu revint en France, il se vit en butte aux railleries de tous ceux qui ne jugent les choses que par l'issue et l'homme que par sa fortune. Quel spectacle, en effet, à abattre et à décourager son âme, si Dieu n'y avait mis le sentiment de l'immuable justice et le rayon de l'espérance immortelle! Perdues les récompenses auxquelles il avait cru atteindre, désertées les causes qu'il avait servies, chancelants ou tombés les soutiens où il s'était appuyé! Il n'était déjà plus de son siècle celui qui, combattant le bon combat pour la vérité, avait préféré aux séductions de la fortune accrue et aux joies de l'ambition satisfaite l'austère volupté d'un pareil devoir accompli.

La mort le trouva préparé : il l'avait si souvent

affrontée sur les champs de bataille, qu'elle n'était pour lui ni une étrangère ni un effroi. Il fut brave et doux devant elle ; il la reçut debout comme un soldat, priant comme un chrétien. C'était la couronne d'une belle vie et l'aurore de la récompense éternelle.

Les restes de celui qui fut La Moricière n'ont reçu aucun des honneurs que l'on rend aux grands serviteurs de la chose publique.

Toutefois, l'Église s'est souvenue du défenseur de la papauté temporelle et a répandu sur ce cercueil à peine fermé ses chants, ses prières et ses larmes. Aujourd'hui, l'illustre évêque d'Orléans, parlant aux fidèles assemblés dans la cathédrale de Nantes, élève à cette grande mémoire un monument aussi durable qu'elle. Quiconque n'a pas invinciblement donné son âme aux choses d'ici-bas comprend qu'il est bon d'opposer aux défaillances et aux lâchetés de ce temps l'exemple de cette vie intrépide et de cette mort sereine. Et moi-même, encore que ma voix doive se perdre dans le concert des voix autorisées qui retentissent, je n'ai pu m'empêcher d'apporter mon humble offrande au pied de cette tombe dont le temps a déjà vieilli la pierre, où repose pour jamais un de ces hommes d'élite qui nous rappellent le plus visiblement notre divine ressemblance et notre divine origine.

XI

Un des plus grands agitateurs des choses humaines,

un de ceux qui ont laissé au siècle la plus profonde empreinte, vient de passer du temps dans l'éternité. Lord Palmerston n'est plus. Naguère, en s'adressant aux électeurs de Tiverton, il se comparaît à Antée, reprenant au contact de la terre natale une vigueur nouvelle et des forces renaissantes. La mort a couché le vieil Antée sur le sol originel et lui a ouvert les portes de la nuit sans aurore et du sommeil sans fin.

De tels hommes marquent dans la vie du peuple qui les voit naître. Semblables à ces plantes des pays chauds qui ne s'accommodent pas de notre climat rigoureux, ils ont besoin du soleil de la liberté pour leur maturité hâtive et leurs abondantes floraisons. Ils se développent dans les nations maîtresses d'elles-mêmes, et se fortifient aux exercices de la vie publique et aux luttes d'un pouvoir qu'il faut savoir garder après l'avoir su conquérir. La récompense leur vient après les services ; et, portés au premier rang par les courants de l'opinion populaire, ils saisissent d'une main ferme le gouvernail des vaisseaux anglais, et passent en laissant leur souvenir aux matelots et leur sillon sur les mers.

Henri John Temple, troisième vicomte Palmerston, était de naissance illustre et comptait parmi ses aïeux le célèbre William Temple, négociateur de la triple alliance et de la paix d'Aix-la-Chapelle. Il naquit en 1784. Sa vie embrasse une période de quatre-vingts ans, dont soixante consacrés à la gestion des charges de la couronne et des intérêts publics. Sa jeunesse se forma à d'illustres modèles : il vit Pitt et Fox grandir et décliner tour à tour, et le Parlement hésiter entre leurs renommées rivales ; il assista aux luttes mémorables dont le monde retentissait alors, et suivit les phases émouvantes de ce duel aux fortunes diverses qui eut Waterloo pour dénoûment et Sainte-Hélène pour épilogue.

Depuis 1807, l'astre de Palmerston brilla sans cesse au ciel du pouvoir, obscurci de loin en loin par les éclipses d'une opposition passagère. C'est en jouant les seconds rôles qu'il apprit à tenir les premiers. Dans un pays où les partis se font un perpétuel contre-poids et habillent de noms disparates des idées presque semblables, il suivit le goût du jour et arbora les couleurs à la mode. Naviguant tantôt sous la bannière conservatrice, tantôt sous le pavillon whig, il jetait son ancre dans le port du ministère, et si l'on cite ses nombreuses métamorphoses, c'est moins pour blâmer son inconstance que pour admirer sa sagesse. Volontaire recherché des deux camps, il ne s'engageait que pour une campagne et ne servait que le vainqueur. Mais bientôt il devint chef à son tour et prit l'habitude de faire des enrôlements pour son compte. Quand ses prédécesseurs, ses maîtres et ses émules, Pitt et Fox, Canning et Robert Peel eurent disparu de la scène pour aller reposer dans les caveaux de l'abbaye royale, il recueillit l'héritage de ces illustres morts et concentra sur lui seul tous les rayons épars de leur gloire expirée.

Il n'avait rien de grand, à vrai dire, mais rien de négligé ou d'incomplet, et il brillait par une réunion de qualités assorties dont aucune ne dépassait les autres. Jamais Automédon politique ne tint les rênes d'une main plus savante et n'évita mieux les bornes où pouvait se briser le char qui portait sa fortune. Nul ne fut plus habile à ménager les intérêts, à prévenir les divisions et à profiter des hasards. Tacticien rompu aux batailles parlementaires, il possédait la science des manœuvres, le génie des attaques et le secret des retraites. Il ne souffrait pas qu'un seul de ses partisans se perdît en chemin, et de temps en temps il courait au camp ennemi pour y provoquer les désertions ou en ramener des prisonniers. Il tenait les siens dans l'abondance de toutes choses, et, en général consommé, il savait qu'il n'y a pas de bonne armée sans salaire, sans récompense et sans guerre. C'est pourquoi il avait appris à donner, à promettre et à triompher.

C'était un Anglais de vieille race et de vieille roche. Dire d'un Français qu'il aime d'un amour ardent son souverain, sa patrie, et la liberté, c'est lui faire honneur; le dire d'un Anglais, c'est lui rendre justice. Je dois reconnaître toutefois que lord Palmerston gouverna son pays plutôt en banquier qui cherche la fortune qu'en ministre qui court les hasards. Il fit de la politique à intérêts composés et lança dans la vieille Europe quelques affaires véreuses, mais lucratives. Avant de rien entreprendre, il se demandait si le revenu probable répondait à l'importance du capital engagé, et, tout en sachant que l'Angleterre était assez riche pour payer sa gloire, il ne se souciait pas de l'induire en dépenses. Il tendit, pour les œuvres de la paix, l'argent, ce nerf de la guerre. S'il cuirassa les vaisseaux et s'il arma une légion de volontaires, ce fut au profit de sa popularité et pour calmer les terreurs d'un peuple qui se croit d'autant plus exposé qu'il se sait plus riche. Il ne répondit pas, dans les derniers temps, à quelques provocations un peu vives, mais la faute en fut à son âge, qui l'avait rendu trop prudent pour rien exposer, et trop sourd pour rien entendre. Mais il favorisa l'industrie, et, à défaut de traités de paix, signa des traités de commerce; il ouvrit des débouchés, créa des ports, et fraya des routes sur les mers. On vit sous son règne hausser le niveau de la fortune publique, et des milliers de navires, ouvrant leurs ailes au vent comme des oiseaux en voyage et trafiquant des produits des trois royaumes dans tous les comptoirs du globe, sont revenus vers la vieille Angleterre, chargés de l'or des deux mondes pacifiquement conquis.

Il possédait la confiance de la nation, qui le jugeait par ses œuvres et savait qu'il mettait une habileté sans bornes au service d'un dévouement complet. Il avait cela de commun avec le juste d'Horace, qu'il était tenace dans ses desseins et constant dans ses affections. Il oubliait facilement les injures, mais jamais les services. Tout lui était commun avec ses alliés, la fortune et le danger. Plus d'une fois, il vint au secours de ses collègues menacés, et les dégagea par des charges hardies, où il paya de sa personne. On se souvient du cas de M. Stansfeld, un lord de l'amirauté, choisi parmi les sommités de la brasserie. Le ministre prit en main la cause du brasseur, que l'opposition voulait renvoyer à ses tonneaux, et lui servit jusqu'à la fin de défenseur et de bouclier. La fidélité est une vertu qui n'a guère cours en politique, et la charité des ministres commence ordinairement par eux-mêmes. Les hommes d'État tiennent que l'égoïsme est le père de la sûreté, et se conduisent en conséquence. Quand le jeu se brouille, ils ne demandent qu'à en tirer leur épingle, quitte à l'enfoncer un peu dans l'épiderme de leurs collègues.

Lord Palmerston est resté jeune jusqu'à son dernier jour, et l'âge l'a mûri sans le vieillir. Il avait conservé la santé de l'esprit et la vigueur du corps, et portait droite sa tête blanche, que n'avait pu faire fléchir le poids du travail, de la fatigue et des ans. Il était le ministre populaire, le favori de toutes les classes et des deux sexes. Soit qu'il défendît devant la Chambre des communes la politique du gouvernement, soit qu'il pérorât dans les bruyants meetings et les cercles populaires, il était partout à son aise et toujours maître des autres et de lui. Il se mettait au ton voulu et prenait tous les niveaux. Son éloquence ressemblait à ces bières anglaises, troubles à l'œil, fortes au goût, mais qui désaltèrent et qui nourrissent. Son fin bon sens assaisonnait sa gaieté familière, et sa verve intarissable était toujours prête à couler en public. Il aimait le bruit, l'entrain, les assemblées nombreuses et les figures jeunes et réjouies. Alors, salué par des hourras joyeux, et cédant plus librement au courant qui l'emportait, le Nestor britannique haranguait les générations nouvelles et parait des agréments de son esprit les leçons de l'expérience et les conseils de la sagesse.

Il trouvait du temps pour tout et savait mener de front les affaires et les plaisirs. Il savait du grec autant qu'homme du monde, l'ayant appris à l'université de Cambridge; et si, comme lord Derby, son éloquent rival, il ne traduisit pas l'*Iliade* en vers anglais, il pouvait du moins la lire et la comprendre. Il administrait à la fois sa fortune privée et la fortune publique, donnait audience, parlait aux communes, correspondait avec les académiciens, les diplomates et les ministres, veillait à tous les services, lisait les livres nouveaux, suivait les progrès des sciences, se montrait aux fêtes, mangeait de bon appétit et dormait dans les intervalles. Il avait toutes les passions anglaises : celle des chevaux, de la chasse et du monde; il gagna des courses et força des renards, et, quoique excellent cavalier, fit autant de chutes qu'il convient à un Anglais qui sait vivre. Adroit à tous les exercices du corps comme a tous les jeux de l'esprit, et aussi regardé sur le parquet des salons que sur la pelouse des hippodromes, il laissait ses concitoyens non moins charmés de la politique du ministre que des façons du gentleman. Obéissant à toutes les impulsions du jour et à tous les caprices de la mode, il se montrait le jour à Hyde-Park et le soir au théâtre. Bien souvent, aux premières représentations de Drury-Lane ou de Covent-Garden, il vit parader des acteurs qui ne le valaient pas Et, s'il faut tout dire sur ce sujet, je pense qu'un opéra bien joué ne lui déplaisait pas, et qu'entendre chanter l'italien le reposait d'entendre chanter l'anglais.

Il était en Angleterre *primus inter pares*, le premier parmi les communes et le premier parmi les pairs. Ce qui le rend supérieur à plusieurs de ses contemporains, auxquels il fut souvent comparé, ce n'est pas l'éclat du talent, mais la vigueur du tempérament déployé. Il montra, en acceptant l'épreuve du gouvernement continu, ce qu'il avait d'aptitude pour conduire et de force pour résister. Or, le critérium des hommes politiques, c'est le pouvoir; s'y maintenir est un signe de puissance, le refuser est une preuve de faiblesse. C'est là qu'on éprouve sa valeur et qu'on mesure son génie, là enfin que l'on prend sur soi-même et qu'on exerce sur les autres un salutaire et légitime empire. Un ministre est jugé par ses actes, qui, fructueux ou stériles, se passent en pleine lumière et reçoivent le choc incessant des contradictions humaines. Je ne parle bien entendu que des pays libres, où le pouvoir, tempéré par les lois, n'est qu'un dépôt passager remis aux mains du plus digne, et non des contrées moins heureuses qui, changeant violemment leurs institutions temporaires, ne savent plus travailler pour l'avenir et garder de sages milieux entre la liberté sans frein et l'autorité sans contrôle.

Lord Palmerston n'a connu ni les défaillances de l'âge ni les trahisons de la fortune. Il fut constamment porté par la faveur populaire et royale; et, parvenu à la limite extrême des années, il meurt, certain de se survivre à lui-même et de laisser un long souvenir de son passage ici-bas. Il a conduit l'Angleterre en des temps difficiles et il la quitte aux jours prospères; le présent est sans crainte, l'avenir sans danger, et la moderne Carthage voit expirer sur ses paisibles rivages les agitations du vieux monde et les flots de l'Océan. Rien n'est venu assombrir les derniers regards du vieux Palm, et il a pu prévoir qu'on lui ferait de belles funérailles. Sa mort fut un deuil public, et le jour de ses obsèques la Bourse a chômé comme au jour du Derby. Derrière le char funèbre se pressait le peuple entier, et pour faire place au nouveau venu se sont serrés les morts illustres qui dorment sous les pavés de Westminster.

Ainsi, suivant le dire du poëte, s'en vont à Dieu les gloires d'autrefois, généraux, ministres, orateurs, et la pensée attristée se demande dans quelles mains vaillantes ou habiles va tomber l'héritage de nos pères. Les générations nouvelles semblent porter la peine de la fertilité du passé, et le siècle où passent quelques médiocrités parasites ressemble à une forêt épuisée sans ancêtres et sans rejetons.

Chez nous, chaque jour amène un regret. C'est une tombe qui se creuse, un nom qui s'éteint, une mémoire qui disparaît. Je revoyais, l'autre jour, le livre où le comte de Bessas de la Mégie a inscrit les cris de guerre et les devises de plus de six mille familles nobles. Combien de ces emblèmes sont aujourd'hui fanés et que de vieilles races mortes faute de sève et de rameaux! La chaîne qui nous rattachait au passé se brise en maint endroit, et ceux-là se retirent peu à peu qui représentaient parmi nous les traditions des vieux âges et les souvenirs de l'histoire.

M. le duc de Caderousse Grammont était le dernier représentant d'une ancienne famille originaire du comtat Venaissin. Son nom s'éteint avec lui. Quoiqu'il n'eût qu'une parenté lointaine avec les autres Grammont, d'où sont les Guiche et les Lesparre, il n'en était pas moins parfaitement duc et parfaitement bon. Sa taille et sa figure lui permettaient de passer partout. Il pouvait choisir entre toutes les routes, prétendre à tout, s'il était ambitieux; se contenter de son sort, s'il était sage. Nul n'eut, dès ses débuts, à désirer moins et à espérer plus : il avait une grande naissance, une belle fortune, et assez d'esprit pour faire valoir l'une et convenablement dépenser l'autre.

Il eut, ce me semble, en commençant, une sorte de fièvre diplomatique, et il se fût accommodé d'une ambassade en pays sortable. Chez son oncle le préfet, il attrapa d'emblée le style officiel et noircit agréablement quelques cahiers de papier blanc; mais bientôt, las des affaires sérieuses, il prit son vol pour d'autres sphères. Il trôna dans les clubs, se fit citer pour ses attelages et renommer pour ses folies; il prit le haut du pavé, donna le ton à la mode, exerça le principat de la jeunesse, mangea ses revenus et une partie de ses fonds, fit parler de lui dans tous les mondes, et acquit sans marchander une réputation qu'il paya peut-être un peu au-dessus de sa valeur.

Beau joueur et bon cavalier, habitué des courses et du tapis vert, il perdit ou gagna brillamment ses parties de cheval ou de lansquenet. Brave autant que hardi, et doué d'un tempérament de gentilhomme qui résista à tous les excès, il eut le bonheur de se tirer sans avaries des aventures scabreuses où il se lança sans prudence. Prodigue de sa personne et de sa fortune, il entrait à la façon d'un Dieu d'autrefois chez les Danaés d'aujourd'hui, et fit rebondir quelques filles complaisantes de la boue du macadam sur les coussins d'un carrosse. Don Juan, acceptant le service des dames petites ou grandes, et ayant toujours en main sa bourse, sa cravache ou son épée, il fit retentir le monde inoccupé du tapage de ses duels et du bruit de ses amours.

Pendant plusieurs années, il vécut ainsi, héros de mainte équipée, acteur dans plusieurs procès, défrayant l'oisiveté des salons et des tribunaux. Grâce à un conseil judiciaire, sous lequel il regimba vainement, il put conserver un joli débris de son patrimoine entamé, mais sa santé se brisa vite aux fatigues d'une existence si vide et si remplie. C'est en vain qu'il crut aux mensonges d'un ciel plus doux et à la vertu de la jeunesse; il n'avait plus de ressort pour résister et de séve pour reverdir; il succombait non à la peine, mais aux plaisirs; et après avoir dépensé en quelques jours de folie toute la somme d'une longue vie, il sortit de ce monde avant le temps voulu et la trentième année commencée.

Chose rare et digne d'envie, il laisse après lui des amitiés dévouées qui ont consolé et entouré sa fin. Il avait bonté, noblesse et courage, toute une semence de qualités qui n'avaient pas pu croître et n'avaient pas pu périr. Il est difficile de lui être sévère, car s'il avait beaucoup abusé, il pouvait beaucoup réparer. Dans ses erreurs, que, du reste, il paya cher, il y eut de sa faute et de celle de son temps. Il valait mieux que beaucoup de ses contemporains qui ont fait ou font leur chemin; seulement il aima mieux s'afficher que se cacher, et il eut les vices bruyants au lieu de les avoir discrets. Il est plus digne de pitié que de blâme, car il se présente à nous marqué du signe de l'expiation et portant sur son front pâli l'auréole de ceux qui meurent jeunes.

Au moment où j'écris ces lignes, j'entends la cloche du village qui sonne la fête des Morts. L'Église prie aujourd'hui pour les innombrables tribus humaines qui, depuis le commencement du monde, sont retournées à la poussière d'où Dieu les avait tirées. Elle implore pour ceux qui ne sont plus le séjour de l'éternelle clarté et les joies inconnues du ciel où vont les âmes!

Pauvres morts, que l'oubli gagne à mesure que le temps s'éloigne et que les regrets s'enfuient, si vous avez conservé la mémoire de la patrie et des affections perdues, et si Dieu permet à vos âmes de revenir où sont vos corps, comme vos invisibles légions doivent errer dans le jardin des sépultures! Vous entendez le bruit des pas des vivants dans l'herbe épaisse des cimetières, et, de temps en temps, vous voyez que les genoux se posent et que les larmes coulent sur la pierre de vos tombes un instant consolées.

Qui de nous n'a besoin en ce jour de prier et de pleurer? Je songe à ceux que l'inexorable mort a retranchés de moi! Les cœurs qui m'étaient si tendres ont cessé de battre, et les yeux que j'aimais tant se sont éteints pour jamais. Il me semble qu'autour de moi flottent comme des ombres légères les soutiens de mon enfance et les amis de ma jeunesse; ils me comprennent, me voient et m'entendent. Je leur parle des temps passés, où nous marchions côte à côte, heureux de vivre ensemble et de rire à l'espérance; ils me parlent du temps futur où nous serons à jamais réunis dans la joie des amours sans fin et la paix des cieux sans orages.

XII

Tous les principaux acteurs de la comédie humaine disparaissent l'un après l'autre, et je ne sais quand nous sortirons des oraisons funèbres. Pareille au fils de **Tarquin**, la mort se promène dans notre jardin en abattant les hautes cimes des pavots. Après le général illustre qui ne défendit qu'un drapeau, nous perdons un soldat de toutes les causes, un vétéran de tous les partis. M. Dupin meurt en laissant trois places vacantes : une au Sénat, une à la Cour et l'autre à l'Institut; car il était de tout, et même de l'Académie.

Il cumulait, comme on le voit, et était sans contredit le mieux renté de tous les beaux esprits. Comme sénateur, il touchait trente mille francs et ceignait un glaive à pommeau doré. Quand il se costumait en magistrat, il émargeait trente-cinq mille francs et son épée le cédait à la toge. Comme académicien, il était peu rétribué ; mais il brodait son habit de la couleur de l'espérance. Or un de ses grands mérites fut toujours d'espérer devenir un peu plus qu'il n'était et toucher un peu plus qu'il n'avait.

Il avait un esprit de premier ordre renfermé dans un corps bien portant. Ennemi des émotions vives et incapable d'affections immodérées pour les personnes ou pour les choses, il observa les lois de l'hygiène et s'arrangea pour vieillir. Immobile et toujours en place au milieu du monde renouvelé, il bâtit toute sa vie et planta jusqu'à son dernier jour. Les orages qui déracinaient les chênes n'eurent pas de prise sur ce roseau pensant et pliant, et seul peut-être entre tous les hommes politiques il eut la fortune et le talent de se conserver lucide et de rendre des oracles jusqu'à quatre-vingt-deux ans.

M. Dupin naquit dans la Nièvre, à la fin du siècle dernier ; c'était déjà un jeune homme à l'époque du Consulat, et un si studieux élève qu'à vingt ans il pouvait se promener sans guide dans le labyrinthe des Pandectes, et qu'il connaissait les détours du Code civil récemment promulgué. Il ne prit part à aucune bataille, et ne lutta qu'avec la plume et la parole. Avocat de naissance et de vocation, il fit son chemin au barreau, plaida souvent, apprit beaucoup, gagna plus de causes qu'il n'en perdit et plus d'argent qu'il n'en dépensa. Il vécut, tant que dura l'Empire, non dans le silence, mais dans le tumulte d'un cabinet bien achalandé ; et quand vint 1814, il passait, à bon droit, pour un avocat exercé, un légiste consommé et un jurisconsulte aux grands pieds.

Ce fut alors que les bons électeurs de Château-Chinon, devant lesquels il avait plaidé cinq années auparavant, le choisirent pour leur représentant. Ce qui prouve qu'une bonne plaidoirie ne se perd pas aussi facilement qu'on le croit. Le jeune Dupin n'avait pas parlé pour des sourds, *non canebat surdis*. L'avocat crut de son devoir d'accepter cette mission toute de confiance, et, comme il le dit lui-même dans des mémoires d'une modestie charmante, « il considéra seulement qu'il aurait une cause de plus à défendre, celle de son pays. » « J'étais, continue-t-il, complétement étranger aux partis, à leurs regrets et à leurs espérances, à leurs coteries et à leur tactique, et fort peu en garde contre leurs passions, leurs intrigues et leurs perfidies. » Depuis, M. Dupin, ce me semble, a appris à se mettre en garde. « J'étais mû seulement, poursuit-il, par le sentiment de l'intérêt public, et je n'avais pour guide que la morale et le droit, croyant bien sincèrement que cela suffisait : *Stultus ego*. » Ici l'auteur se traite de niais dans deux mots de ce latin qui brave l'honnêteté. Je n'ai pas besoin de dire combien, les années et l'expérience aidant, il a su se déniaiser ; mais ces réflexions prouvent son bon naturel et éclairent d'un jour favorable sa période d'innocence et la manière de son âge d'or.

Le nouveau député commença par s'étonner de ce que l'Empereur exigeait le serment des deux chambres, non pas en vertu d'une loi, mais par un simple acte de sa toute-puissante volonté. « A moi naïf, dit-il, cela parut inconstitutionnel ; » et il protesta bel et bien en arguant de la sainteté du serment. C'était son serment d'essai, et il avait la naïveté d'y tenir. Depuis, il s'est un peu blasé sur les prestations de cette nature ; mais il avait alors le charmant défaut de la jeunesse, qui croit à l'éternité des choses passagères, des printemps qui s'enfuient, des amours qui s'oublient et des serments qu'on renouvelle.

Je laisse pour un instant l'homme politique et je reviens à l'avocat. M. Dupin plaida presque toutes les affaires retentissantes de la Restauration et les plaida bien. C'était un des plus rudes jouteurs et un des meilleurs acteurs du barreau ; il mettait tout en œuvre pour le succès ; les ressources de la science, l'effort de la logique et les finesses de l'esprit. Discuteur puissant, il tirait de sa besace un amas de textes fourbis à neuf, et jouait avec les cinq codes comme un jongleur chinois avec ses couteaux pointus. Toujours à l'aise et toujours prêt, il livrait au ministère public de brillants assauts, où il faisait admirer la souplesse de son jeu, l'habileté de ses attaques et la précision de ses parades. Disert plutôt qu'éloquent, et plus habile que beau parleur, il donnait au Palais de justice des représentations suivies et lucratives. L'habitude de la parole lui donnait sur ses adversaires un avantage décisif : eux, écrivaient à loisir des harangues fleuries, qu'ils récitaient aux audiences; lui, improvisait à volonté une réplique réussie et efficace. Il gardait ses mouvements libres et ne s'embarrassait pas pour le combat de tout ce qui aurait pu retarder sa marche et gêner ses allures. Leste, vif, hardi, et se portant partout où il croyait devoir aller et pouvoir atteindre, il harcelait les avocats généraux suant sous leurs pesantes armures. Aussi difficile à éviter qu'à poursuivre, il choisissait la place où porter ses coups de langue et ses coups de dent, mettait les rieurs de son côté, et gagnait devant le public les rares procès qu'il perdait devant les juges. Puis, sa tâche remplie et sa robe ôtée, il rentrait chez lui fier du bon emploi de sa journée et enchanté de faire de plus en plus partager aux autres la bonne opinion qu'il commençait à avoir de lui.

Il fut nommé bâtonnier de son ordre, et, comme on dit au Palais, ce fut justice. Son talent était connu, sa réputation faite, et, en outre, il avait au plus haut point le sentiment et l'amour du droit et de la liberté. Ces deux passions, depuis contrariées, lui inspirèrent de belles pensées traduites en beau langage. Il ne laissa échapper aucune occasion publique de parler en faveur de la liberté de la presse et de la liberté individuelle. Dans l'affaire Isambert, requérant la magistrature d'affirmer son indépendance par ses arrêts, il lui promettait en retour « la bénédiction des contemporains et le suffrage des âges futurs. » L'auditoire tout entier applaudissait à cette éloquente adjuration, et M. Dupin s'était acquis la renommée d'un véritable orateur, c'est-à-dire d'un homme de bien sachant parler.

En ce temps-là, un acrobate de première force, M. Bertin aîné, exécuta un saut périlleux sur le tremplin des *Débats*. M. Dupin, chargé de le défendre, termina sa plaidoirie par ces paroles, que j'extrais du premier volume de ces Mémoires : « Messieurs, ne faisons point de prétoriens... c'est un mauvais jeu que d'employer les soldats à faire un coup d'État. Les coups d'État, qui sont les séditions du pouvoir, ne lui réussissent pas mieux contre les lois que les séditions du peuple contre la royauté. » La phrase était bien faite, mais ne portait pas. Je raconte ici la partie la plus pure et la plus belle de cette longue carrière, et j'admire cette ardeur juvénile qu'il déployait pour la défense des libertés et l'intégrité des lois. Il mérita ses succès, et son talent fut à la hauteur de sa fortune : il eut, il est vrai, comme avocat, le rare privilége de rencontrer des clients illustres et des magistrats intègres, et, ainsi que le dit un poëte latin dans un vers que j'arrange un peu, il plaida des causes difficiles devant des juges équitables :

Difficiles tenuit sub justo judice causas.

Il se retira du barreau vers 1830 ; mais il y laissait un continuateur et un héritier, son frère Philippe Dupin, l'avocat le plus complet et le mieux doué dont on ait gardé le souvenir. Quant à lui, il resta attaché à la grande famille judiciaire, et, en acceptant l'éminente fonction qu'il occupa jusqu'à la fin dans la magistrature, il ne fit que changer de robe et de titre. Il fut nommé procureur général à la Cour de cassation, et il était difficile de trouver un chef qui convînt mieux à l'emploi. Docteur dans tous les droits, versé dans les coutumes et les usages antiques, et répertoire vivant de toutes les jurisprudences, il joignait à un savoir presque universel le goût qui sait choisir et la raison qui persuade. Législateur aux décisions promptes et à la vue pénétrante, il ne disait rien que d'utile, ne conseillait rien que de juste ou de prudent, et sa parole avait l'autorité de la loi sans en avoir la sécheresse. Chose rare, à l'entendre on s'instruisait sans ennui. Il aimait les digressions, se plaisait aux apologues, et dans le courant des plus graves discussions se laissait aller à des pointes de malice et à des éclairs de gaîté. Souvent, pendant qu'il parlait, le rire vint aux lèvres des conseillers austères, et ses collègues pouvaient se répéter le mot de Caton écoutant une harangue de Cicéron : « Nous avons pour procureur général un homme bien amusant. » Mais on l'aimait ainsi, et les choses n'en allaient pas plus mal. Sans doute ce n'était plus l'avocat de 1819, demandant aux magistrats de rendre des arrêts désagréables au pouvoir; mais s'il fût resté assez fou pour solliciter de la Cour des actes d'opposition, on peut affirmer que la Cour se serait montrée assez sage pour les lui refuser.

Il se démit, après 1852, des fonctions qu'il exerçait; mais des motifs particuliers lui inspirèrent cette démission, sur laquelle du reste il revint; et cette phrase me sert de transition pour parler du rôle politique qu'il fut appelé à tenir et des événements auxquels il se trouva mêlé. Depuis 1814 jusqu'en 1852, il fit partie de toutes les chambres, tantôt dans l'opposition, tantôt au ministère, tantôt à la présidence. Pensionné de chaque gouvernement et toujours mécontent de ses gages, il éleva d'année en année et de régime en régime le tarif de son dévouement. Chaleureux partisan de la Restauration, qui débutait, il jugea bon, quelque temps après, de pousser d'une main brouillonne à la roue de la Révolution.

Quand paraissent les ordonnances, il y adhère en compagnie de son frère Charles et de l'incorruptible Bertin de Vaux. Quand l'émeute éclata, il disparut, et se remontra dès qu'elle eut triomphé : semblable à ces oiseaux qui cachent au moindre bruit leur tête peureuse sous les roseaux des étangs, nagent entre deux eaux et ne reparaissent que longtemps après, hors de portée de la vue et des atteintes du plomb.

M. Dupin connaissait de longue date le nouveau roi dont il plaidait les procès et administrait la fortune moyennant la bagatelle de quinze mille livres par an. Il fut même un utile auxiliaire de Mme de Feuchères dans l'histoire du testament de Condé. Il se rallia avec enthousiasme au régime nouveau, et comme Louis-Philippe, « pour renouer la chaîne des temps, voulait prendre le nom de Philippe VII et le titre de roi de France, » il l'en dissuada, en alléguant des considérations qui prévalurent. Si donc le nouvel élu se résigna à s'appeler Louis-Philippe Ier, roi des Français, c'est à M. Dupin que nous en sommes redevables, et il est bon que notre reconnaissance sache qui remercier du bienfait. M. Dupin, sans cesser d'être un des admirateurs rétribués du domaine privé, accepta immédiatement deux places : celle de procureur général et celle de ministre. Il professait déjà cet axiome d'une aimable jurisprudence, à savoir qu'un bon citoyen ne doit jamais en être réduit à vivre de ses propres deniers, et, sans le moindre scrupule, il cumulait, cumulait, cumulait.

Le ministère dont il faisait partie dura peu, et fut remplacé par celui qui eut Casimir Périer pour chef. M. Dupin lui prêta à la Chambre l'appui de son réel talent et de son impopularité croissante. Il soutint des luttes oratoires contre M. Mauguin, le grand interrupteur, le banquier Laffitte et M. Garnier-Pagès, dont il trace le portrait suivant : « Jeune homme d'une figure enfantine, délicate, à l'air souffrant, une de ces figures qui déplaisaient à César. » Il occupa pendant huit sessions, de 1833 à 1839, le poste de président de la Chambre. Enfin, s'il faut l'en croire, il aurait joué un rôle important dans les événements qui ont signalé les dernières années du règne de Louis-Philippe : car le quatrième volume de ses Mémoires, consacré à les raconter, porte sur sa couverture cette superbe épigraphe : « *Pro virili parte.* » Frondeur par nature et conservateur par intérêt, il trouva moyen de concilier les extrêmes et de ménager tout le monde. Je croirais volontiers que c'est parce qu'il sut à la fois satisfaire les besoins de son esprit, qui se plaisait à l'opposition, et les exigences de sa raison, qui lui conseillait de rester en place, qu'il s'attribue une virilité qui ne paraît pas suffisamment démontrée.

La révolution de 48 l'abattit un instant, mais il se releva sans blessures. Son adhésion à la République fut spontanée, et non-seulement ne lui coûta rien, mais encore lui rapporta quelque chose. Il aurait fallu être bien incrédule pour ne pas le croire sincère, car si, par tempérament, il n'était nullement porté à devancer la justice des révolutions, il était, par intérêt, très-disposé à la suivre. Il resta donc procureur général, homme d'affaires du roi exilé, et eut l'honneur d'être choisi pour président des Assemblées législative et constituante. Quelle place était plus enviable et quelle fonction plus belle! Être le chef d'une assemblée souveraine et le premier parmi ses égaux; parler au nom du pays représenté devant lui, devenir le gardien des lois et de la liberté d'un peuple, et donner au monde nouveau le grand spectacle d'un Caton ressuscité! La tentation était forte, mais M. Dupin eut le courage de n'y pas succomber.

La République prit fin en 1852. L'Empire naissait. Après les décrets du 22 janvier relatifs aux biens de la famille d'Orléans, M. Dupin donna sa démission de procureur général; mais il a soin d'écrire « que sa résolution n'emprunte rien à la politique, et qu'il adhère franchement au pouvoir immense sorti du jugement populaire. Il se retira à Raffigny, dans la Nièvre, pour y écrire ses Mémoires, auxquels j'ai emprunté de nombreuses citations. Il en sortit pour reprendre ses fonctions de procureur général et accepter un siége au Sénat. Son dernier discours fut un réquisitoire contre le luxe des femmes, et il est mort en laissant six millions.

Je ne dirai rien de ses opinions religieuses, car il a fait une fin chrétienne; rien non plus de ses titres littéraires, car il est mort en état d'académicien; mais, après l'avoir raconté, il me reste à le dépeindre : Son portrait est dans la mémoire de tous et doit cette popularité au crayon de Cham, qui l'a dessiné jadis à des millions d'exemplaires. Figure rouge et vulgaire, un nez spacieux, de petits yeux, des cheveux rares, rien de fin, d'expressif ou d'élevé; des mains de bouvier, un pied de roi; un Thersite morvandiot et un paysan élevé à la dignité de bourgeois. Ses souliers, devenus légendaires et ferrés comme le sabot d'un cheval, laissaient aux parquets gémissants la marque de leurs clous; il semblait, à le voir entrer dans la Chambre, qu'il eût déposé au vestiaire sa blouse et son bâton, et qu'il vînt d'être dételé de quelque charrue nivernaise.

C'était un des présidents les plus joyeux qu'on eût encore vus dans les assemblées délibérantes, et il réussissait également bien dans le genre pédagogue et le genre amuseur. C'était un habile conducteur des discussions engagées, et il fit preuve d'une suffisante impartialité, encore qu'il fût par nature enclin aux majorités, et porté à admettre comme les meilleures les raisons des plus nombreux. Mais il eut le tort, grave à mon sens, de prendre le fauteuil présidentiel pour le tréteau d'un théâtre forain; il interrompait à tout propos, comme le plus simple des députés, et produisait sans fatigue des calembours énormes qu'il eut le soin pieux de recueillir après émission. Incapable de retenir un mot qu'il croyait bon, il avait toujours à fleur de lèvres une plaisanterie prête à partir, et lançait ses gros lazzis dans les ailes de l'éloquence.

Son abord n'avait rien d'avenant, mais il n'avait de rude que l'écorce, et dès qu'on le grattait du bout du doigt il se hâtait de dépouiller le Cosaque. C'était, comme l'a dit quelque part un grand poëte, « un courtisan du Danube et un flatteur bourru. » Il ressemblait à son Morvan natal, lequel paraît de loin une chaîne de montagnes, et de près n'est qu'une plaine ondulée. Ses aspérités se fondaient à la chaleur du soleil souverain, et il justifiait la parole de l'Écriture affirmant que sous l'effort d'une volonté puissante les chemins tortueux se redressent et les collines s'humilient.

On pourrait écrire le *varium et mutabile semper* sur le socle de la statue que lui veulent élever ses compatriotes du Nivernais. Sa vie fut un long plaidoyer, et il meurt en laissant la réputation d'un avocat hors ligne et d'un jurisconsulte sans rival, ce qui n'est pas assez pour quiconque a trempé dans le gouvernement et joué les rôles politiques. Le droit, à ses yeux, était le fait accompli, et toutes les révolutions lui semblèrent légitimes dès qu'elles eurent réussi. Il tenait à ce que la violence fût légalisée par le succès et ne soulevait au passage des triomphateurs aucune objection juridique. Pour lui, la majorité faisait loi, et il était l'esclave et l'interprète des lois. Il chercha toujours à caresser l'opinion et eut le malheur de n'y réussir jamais. Aussi sa mort n'est qu'un événement et n'est pas un deuil; et l'on trouverait peu de gens qui voulussent acheter son talent au prix de son caractère. Il est encore parmi nous de généreux instincts qu'il ne faut pas heurter; et moins on se sent capable des fortes vertus, plus peut-être on les admire. Ceux-là sont rares, je le sais, qui, dans notre siècle changeant, s'obstinent à la défense et au regret d'une noble cause vaincue ; mais l'estime publique les berce et les récompense, et quand ils meurent, la patrie tressaille en se sentant frappée dans ses plus nobles enfants.

On doit la vérité à ceux qui ne sont plus ; mais il est difficile de payer toute sa dette, et de ne pas se sentir ému devant la majesté des tombeaux. Celui que j'ai essayé de raconter ne relève plus de nous et est sorti du cercle étroit des agitations humaines. Il est allé recevoir la récompense ou le châtiment de sa vie, et subir les immuables arrêts du Juge qui ne rend pas de services.

XIII

Il y a eu un congrès à Liége, et je n'y étais pas! Je le regrette pour mille raisons dont voici les quatre premières : D'abord, comme dit le poëte,

J'aime les jeunes gens, en étant moi-même un.

Ensuite, congrès est un bien joli mot, qui éveille des souvenirs et des idées graves. Quand on fait tant que de se donner le luxe d'un congrès, ce doit être pour remanier la carte de l'Europe, comme les plénipotentiaires de Vienne, ou pour planter des poteaux sur la route de l'avenir, comme les philosophes de Berne. Puis, dans notre pays, où le plus majestueux des édifices manque encore de couronnement, les occasions sont vraiment si rares de monter à la tribune aux harangues, qu'on est tenté de franchir le réseau des douanes pour aller faire à l'étranger un peu de contrebande oratoire. Enfin Liége est une belle et grande ville, avantageusement connue par ses malheurs, ses fusils et ses almanachs. Elle possède, à ce que je me suis laissé dire, dix faubourgs, dix-sept ponts et un évêque. Son premier pasteur fut saint Hubert, mon glorieux patron, ce qui fait qu'il m'eût été doux de pouvoir lui payer, dans sa ville épiscopale, le cierge de première grandeur que je reconnais lui devoir.

. A cette petite fête furent conviés le ban et l'arrière-ban des écoliers. Le chemin de fer embarqua nos légistes en herbe et nos apprentis médecins, et la compagnie eut la cruauté de faire payer place entière à cette nuée de congressistes, ne pouvant, vu leur taille, les prendre pour des enfants au-dessous de trois ans, et, vu leur air, pour des chevaux de course. D'ailleurs plusieurs barbons s'étaient glissés dans le troupeau des imberbes, et quelques étudiants au crâne dénudé ne frisaient que la cinquantaine. Il est des jeunesses éternelles; on a oublié l'époque où elles commencèrent et on ne peut prévoir le jour où elles finiront. On est décoré, père de famille, mais toujours jeune, et l'on reste volontiers enfant tant que l'on possède la faculté d'en avoir.

A peine débarqués, ces étudiants ont voulu se poser en maîtres, et ils n'ont pris le bonnet de professeur que pour le jeter par-dessus les moulins de la ville aux dix-sept ponts. Il paraît que nous avons envoyé là-bas une fournée de libres-penseurs et d'orateurs très-gênés, et qu'il serait fâcheux pour la jeunesse que toute sa marchandise fût conforme à ses échantillons. Nous nous sommes laissé battre par de simples natifs de Bruxelles en Bruxellois, et de cette rencontre entre Français et étrangers, il appert que :

Le plus *Belge* des deux n'est pas celui qu'on pense.

Il faut convenir qu'il s'est dit à ce congrès d'étranges choses en politique, et que Dieu s'y est vu maltraiter de main d'écolier. Les bacheliers d'aujourd'hui se croiraient indignes d'aspirer à la licence s'ils ne faisaient retentir de leurs professions d'incrédulité les cours de l'École de droit et les vitres des cafés circonvoisins. Les disciples de Galien vont plus vite encore en besogne et blasphèment le Créateur avant d'avoir acquis le droit de purger la créature. C'est en suivant leurs cours qu'ils contractent une impiété chronique, et ils se sentent assez médecins pour affirmer hardiment qu'ils n'en guériront jamais.

Toutes ces exagérations ne me font pas peur, et je sais ce qu'en vaut l'aune. C'est une fièvre de croissance qui disparaît dès que l'on a conquis toutes ses dents, toute sa barbe et toute sa taille. J'ai vu plus d'un bon petit diable tourner assez vite à l'ermite, et plus d'un Brutus repentant quêter une sous-préfecture. Toutefois, cet exposé de doctrine a retenti comme un coup de tonnerre dans un ciel pur, et les bourgeois ont frémi à ce récit de spectres rouges apparaissant à l'horizon belge. On est tellement rassuré en pensant que de solides gaillards sont assis sur le couvercle des chaudières, que l'on frissonne à ces explosions d'une vapeur longtemps comprimée. Nous ressemblons à ces enfants auxquels on donnerait une belle boîte hermétiquement fermée et qui, ne redoutant aucune trahison de la part d'un jouet d'une si honnête apparence, pressent un ressort et font jaillir au grand air un diable ennuyé d'une trop longue captivité. L'enfant pleure; mais donnez-lui le rassurant spectacle du diable en perpétuelle liberté, il séchera ses larmes et reprendra confiance en s'apercevant que le vilain bonhomme est moins noir qu'il n'en a l'air et moins méchant qu'il ne semble.

Il faut bien qu'on se dédommage à Liége du silence de Paris, et que la parole longtemps muette fasse explosion quelque part. Ces déclamations ampoulées effrayent nos oreilles déshabituées de les entendre, et se prolongent, répercutées par les nombreux échos de la solitude et du silence. Tous ces mensonges hardis que le bon sens réfute et dont la conscience s'indigne s'évanouiraient au grand jour et mourraient à la liberté.

Les fantômes qui nous troublent ne tiennent pas devant la lumière et ne reçoivent que de l'ombre seule la puissance d'effrayer et l'apparence de vivre. La liberté fait justice de ses propres excès et se purifie des impuretés qui la souillent. Fleuve incessamment élargi et à l'irrésistible courant, elle rejette sur ses rivages les obstacles qui l'entravent, et fertilise au lieu de dévaster, enrichit au lieu d'appauvrir. Réfléchissant dans ses eaux limpides l'azur du ciel, la silhoutte des arbres et l'image des cités, elle emporte à des horizons inconnus et à des ports encore lointains les vaisseaux qui ne redoutent ni ses tempêtes ni ses lenteurs.

Après cette consolante digression, j'en reviens à ces moutons révoltés dont s'est composé le congrès de Liége. A quoi songe la jeunesse d'aujourd'hui et que fait-elle de ses vingt ans, si tant est qu'elle en fasse quelque chose? Quels sont les songes dont elle se berce, les chimères qu'elle évoque et les espoirs qu'elle caresse? Veut-elle s'ouvrir des routes nouvelles ou suivre les chemins battus qu'ont frayés ses devanciers? La question vaut qu'on y songe. Toute une légion de députés, de magistrats et de sénateurs futurs est en quête de ses diplômes, et nos destinées reposent dans ces jeunes têtes qui essuient de leurs antipodes les bancs poudreux des écoles, et trempent leurs lèvres aux flots de science qui découlent des fontaines antiques.

A ne considérer que les pères, je me méfie de l'éducation que reçoivent les enfants, et en regardant la génération dont je fais moi-même partie, j'ai peur des exemples que les anciens donnent aux nouveaux. Mes contemporains se jettent dans la mer humaine par cinq branches, comme le Danube : les politiques, — les employés, — les oisifs, — les niais et les inutiles. Je ne parlerai pas de la seconde branche, et je suis une des gouttes d'eau de la dernière.

Charles, — puisqu'il faut l'appeler par un nom, — a cueilli ses vingt-huit ans avec les cerises du dernier été; il est de petite taille, comme presque tous les grands hommes ; il se sait du talent, il se croit de la beauté, et on devine en le voyant combien il est satisfait du logement dans lequel est réparti son génie. Il a les traits fins, les lèvres minces, un nez droit aux ailes mobiles et des yeux étincelants, dont les rayons se brisent aux vitrages d'un lorgnon perpétuel. Il est doué d'une végétation hors ligne, et sa toison a l'épaisseur, sinon la dorure des blés. On sent qu'il ne redoute pas un parallèle avec le lion, que, pour se conformer à ses principes républicains, il appelle non pas le roi, mais le président des bêtes. Il a les vêtements de ses opinions, et quelque chose de Saint-Just dans la tournure de son gilet. C'est un tribun mâtiné de journaliste : tout vinaigre quand il pérore, et moitié sucre quand il écrit.

Cœur honnête, esprit faussé, il agite dans sa tête chevelue les destinées du monde et les problèmes de l'avenir. Son plan est conçu, son siége est fait, il veut arriver à la liberté par le chemin de la violence, et il est persuadé qu'il arrivera. Il est si sensible qu'il pleurerait la mort d'un chien, mais il se résignerait à offrir en holocauste à ses idées quelques douzaines de ses petits camarades. C'est une belle âme. Fontaine d'éloquence au robinet toujours ouvert, il recommence pour qui veut l'entendre son apologie de la Montagne, et a fini par convertir deux Parisiens, dont un vient de le quitter. Dans le camp d'Agramant, où il y a autant d'opinions que de soldats, autant de nuances que de cocardes, il passe pour un orgueilleux et un buveur de vin pur. C'est un gaillard qui vit en 93 et qui possède à fond la théorie de la Révolution. L'histoire de la Convention n'a pas de secret pour lui, et il sait par cœur les moindres discours de l'incorruptible Maximilien. Il n'est que creux et passe pour profond, parle bien et n'a pas de tribune, écrit mal et se fait payer cher. Il est riche, mais il n'oblige qu'à bon escient et ne prête que sur hypothèque.

A ces êtres si pleins de vanité qu'il semble qu'une piqûre d'épingle suffirait pour crever leur ballon gonflé, combien je préfère ceux qui, s'abandonnant tout entiers à la fatigue de ne rien faire, ne demandent pour vivre heureux que des amours passagères et des amitiés sans racines. Je connais plusieurs de ces égoïstes charmants, un surtout, frais comme une rose et joufflu comme un triton. Sa santé se devine à son embonpoint, sa belle humeur à ses lèvres riantes; il est né paresseux et vit comme il est né. Il se laisse gaiement entraîner au cours des années heureuses, et suit à travers les flocons blancs de son cigare toujours en feu les formes fuyantes de ses rêveries; il ne se mêle ni de politique, ni d'élections, ne s'occupe ni de l'Allemagne et de ses duchés, ni de l'Italie et de son roi; son médecin lui défend les émotions et sa gaieté répugne aux controverses. Il ne connaît le monde que pour le voir passer des fenêtres du café où il se gorge de vie, de bière et de fumée. Heureux des loisirs qui lui sont faits et de la paix dont il jouit, il ne laisse derrière lui ni un chagrin ni un regret, et ne demande au lendemain que de ressembler à la veille. Il n'a qu'un amour, celui de la musique, et qu'un défaut, celui d'en faire.

Je pourrais multiplier ces peintures à l'infini et essayer la copie d'un grand nombre d'originaux, mais le personnage que je vais avoir l'honneur de vous présenter n'est pas de ceux qu'on puisse faire longtemps attendre, étant un des rois de la mode, un des princes de la jeunesse, lion à tous crins et vicomte à trente-deux quartiers.

Le vicomte Agénor est, vous n'en sauriez douter, de race pure et sans mélange. Les merlettes de son écusson indiquent que ses ancêtres ont eu le goût des voyages, et ses armes sont supportées par un lion majestueux à voir et une licorne d'un grand air. Tout en lui dégage une flore aristocratique et sent son gentilhomme, tout, depuis le front jusqu'aux bottes. Pour peu qu'on ait quelque goût, on le démêlera dans le camp des bourgeois aussi facilement qu'un flacon de chambertin égaré dans la vendange de Suresnes.

On dit qu'il a beaucoup d'esprit; mais comme il cessera de passer pour spirituel le jour où il sera ruiné, le temps de sa bêtise approche. Il est du Jockey, il est de l'Agricole, il est même du Sporting-Club; il conduit et monte ses chevaux et aurait droit au titre de Centaure, s'il n'advenait parfois entre lui et sa monture des séparations regrettables. L'autre jour, au dernier *steeple*, sa jument *Thérésa* ayant jugé convenable de placer sa queue où d'ordinaire elle a la tête, il traversa l'espace avec une grâce inimitable et se releva sans avarie; mais cet accident lui fit perdre la course, et il ne put arriver qu'à une encolure de *Boule-de-Neige*, beau cheval noir auquel il rendait six livres.

A midi, il est chez lui; à quatre heures, au bois; le soir, au théâtre, et la nuit, un peu partout. Ni soupers ni fêtes sans lui. Il a loué, pour la saison des bals, une des loges du foyer de l'Opéra, et est un des plus forts actionnaires de la compagnie qui exploite le cœur de Blanche, ayant racheté la part d'un gros banquier décavé. Il est l'invité naturel de toutes les déités du monde galant qui tiennent un état de maison; il assistait l'an dernier à la fameuse fête donnée par l'incomparable Julia, fête où les fils de famille et les parcelles d'agent de change se pressaient aussi nombreux que les perles et les diamants sur le cou charmant de l'hôtesse.

Dirai-je avec quel art infini il compose sa toilette, et de quelle ardeur il étudia l'art de plaire? Ses cheveux, séparés par une raie intermédiaire, s'étendent en boucles superposées, et, formant dans leurs parcours clochetons, voûtes et tourelles, rappellent les plus jolis échantillons de l'architecture chinoise. Sa barbe, frisée et soyeuse comme la toison d'un Havanais, est d'un moelleux indescriptible et d'une suavité sans égale. Sa main, armée de pinceaux, dessine l'arc délié des sourcils et jette la pourpre sur ses lèvres et les roses sur ses joues. Son cou, d'une blancheur lactée, se dégage des plis de la chemise au col rabaissé et semble la colonne élégante dont sa tête est le chapiteau. Est-il nécessaire d'ajouter qu'il gante sept un quart, et chausserait la pantoufle de Cendrillon? Ainsi paré, l'heureux Agénor est du dernier irrésistible, et, pour comble de félicités, il relève d'un tailleur de génie qui jamais ne lui a manqué ni le dessin d'un gilet ni la coupe d'un pantalon.

Il est choyé dans les deux mondes, et il en doit être ainsi. Il n'a rien d'embarrassant sur lui, ni talent, ni convictions, ni préjugés, et il a droit de cité partout où la vanité triomphe et la nullité s'étale. C'est un garçon qui est bien de son époque et qui comprend le prestige du luxe déployé et le charme des vices élégamment portés. Il ne jette pas sa poudre aux moineaux, mais à des yeux qu'elle éblouit; aussi, s'il veut une place, il l'obtiendra; s'il cherche femme, il trouvera. Il sait que le veau qu'on immolera au jour de sa conversion s'engraisse dans de plantureuses étables, et comme il pense, avec le sage Vespasien, que l'argent n'a pas d'odeur, peu lui importe que le million qu'il finira par épouser sente le vin, le sucre ou la cannelle.

A Dieu ne plaise que je fasse de ces trois figures les types uniques de la jeunesse contemporaine! Mais ce que je veux dire en manière de conclusion, c'est que la génération qui entre aujourd'hui dans la période virile est frappée de stérilité et ne sait plus se réchauffer au grand soleil de la vie publique. Elle s'est fanée dans sa fleur, et n'a porté que des fruits rares à ses branches amaigries. Il lui a manqué ce qui vivifie les racines des plantes et le talent des hommes, l'air, la chaleur et la lumière. Comme le taillis qui ne peut croître aux forêts si l'on n'abat largement les grands arbres qui meurent en cime et se pourrissent au tronc, elle a grandi à la captivité de l'ombre, sans pouvoir abreuver de séve ses rameaux alanguis et chercher dans les hauteurs le souffle des vents contraires et les luttes de la liberté féconde.

Combien, hélas! combien, parmi ceux qu'il me fut donné de connaître et d'aimer, ont vu leurs élans se briser à d'invincibles obstacles? Combien, qui avaient reçu en partage le talent et la foi, pleurent ces dons stériles et la jeunesse avortée? car, sans la liberté, le talent sert de peu et la foi ne sauve personne. La pensée se traîne sur ses ailes blessées et ne rencontre, au lieu du ciel sans limites, qu'un sol sillonné de barrières. Combien, en se frappant le front, comme le poëte mourant, peuvent dire que, eux aussi, ils avaient là quelque chose, et regardent de leurs yeux lassés le Chanaan défendu où ils ne pourront récolter.

J'aurais tout dit sur ce sujet, si un journal n'annonçait aujourd'hui même que la décadence de la jeunesse a pour cause les préceptes et l'enseignement de l'Église. Encore que la sottise humaine n'ait pas de frontières définies, il est au moins étrange qu'on ose affirmer que la mère aux flancs féconds, dont les bras ont bercé l'humanité rajeunie, ne nourrit que pour le mal et n'enfante que pour la mort. C'est l'Église, entendez-vous, l'Église qui a élevé les seuls jeunes gens, oui, les seuls, qui dans nos temps énervés aient donné des signes éclatants d'une foi virile et active. Ils avaient sucé le lait de ses mamelles, ceux-là qui, atteints de la sainte folie de la croix, et croyant triompher à l'aide du signe sacré, ont opposé au torrent qui les emporta le rempart de leurs poitrines et la pointe de leurs épées.

Je m'aperçois que j'ai suivi si longtemps le chemin des écoliers qu'il ne me reste plus que quelques lignes à consacrer aux homélies des vieillards. L'autre jour, la Cour de cassation, réunie en audience solennelle, procédait à la réception de son nouveau procureur général. M. Troplong présidait la séance, et le nouvel élu, M. Delangle, brillait sur le siége et dans la pourpre du défunt. Le récipient et le récipiendaire avaient chacun un discours prêt, et ces deux grands personnages, confondant leurs regrets et leurs espérances, ont saisi l'occasion de se consoler entre eux.

M. le premier président a commencé par payer à la mémoire du défunt un juste tribut d'éloges; il a comparé M. Dupin aux plus grands magistrats d'autrefois, et a prié Merlin et d'Aguesseau de se serrer pour lui faire place; puis, après avoir déposé sur une tombe à peine fermée une couronne d'immortelles, il a déclaré que ce grand héritage vacant ne pouvait tomber en des mains plus illustres et plus dignes. En lisant ce discours, dont la forme n'est peut-être pas aussi irréprochable que le fond, je me disais que les grandes pensées qui viennent du cœur gagneraient à être rendues dans un langage aussi pur et aussi correct qu'elles. Songeant combien le fauteuil académique laissé vacant par la mort de M. Dupin semblait fait à la mesure du premier président, je me prenais à regretter qu'un si illustre magistrat manquât aussi souvent à parler Vaugelas, et pût croire les arrêts de la grammaire moins obligatoires et plus complaisants que ceux de la Cour suprême.

M. Delangle, prenant la parole à son tour, a prononcé son discours de réception. Le récipiendaire, compulsant ses états de service, a parlé de lui-même avec une modestie touchante et bien rare chez un homme en place. Il a prouvé que la vérité lui était plus chère que toute chose au monde, puisqu'il a eu le courage de se la dire tout entière, quelque flatteuse qu'elle fût à prononcer. Sans doute il lui fut pénible de se rappeler combien il fut intelligent, ferme et dévoué; mais il a compris qu'il ne pouvait pas se taire et ne devait pas mentir. Chacun se sentait ému en songeant à ce que son humilité notoire devait souffrir de ce perpétuel éloge, et il semblait, en l'entendant, que la grande salle se remplît du charmant parfum des violettes écrasées.

XIV

Depuis le dernier discours de Me Dupin, les déclamations contre le luxe sont aussi à la mode que le luxe lui-même. Tout le monde médit du luxe et personne ne s'en passe. Un auteur en renom dirige contre lui ce qu'il appelle une comédie, mais il se préoccupe bien moins de flageller un ridicule que de toucher des droits d'auteur, et il doit son succès, non pas au mérite de sa pièce, mais aux robes de ses interprètes. On se souvient du bon Sénèque écrivant avec une plume d'or son livre sur le mépris des richesses, et les femmes, ces anges aux ailes coûteuses, avant de partir en guerre contre l'ennemi commun, revêtent leur costume de combat et s'environnent de toilettes dont le détail m'échappe, mais dont le total m'effraye.

Je connais les bruits intéressés que font courir à ce sujet les marchands de soieries, les fabricants de voitures et les garçons préposés au service des cabinets particuliers. Ceux qui dépensent font vivre ceux qui travaillent, et l'argent qu'on jette par les fenêtres ne séjourne pas sur les trottoirs; j'en conviens, et je condamne encore plus l'avarice des riches que la prodigalité des pauvres. Je trouve qu'un millionnaire a bonne grâce à donner la volée aux cinquante mille petits qui naissent annuellement d'un million, et j'estime à deux mille cinq cents francs par mois la dépense d'un sénateur qui n'a de fortune que sa place.

Si une princesse qui se marie éprouve la fantaisie d'orner sa corbeille d'un collier de perles à douze rangs, je partage l'allégresse du joaillier chargé de la fourniture, car je sais que la famille de la fiancée a le moyen d'ouvrir les huîtres et de payer les plongeurs. Si une chanteuse retraitée charge un artiste célèbre de peindre un vol d'amours sur le plafond d'une chambre qui en a vu bien d'autres, j'applaudis, car j'aime les arts, et j'en ris, tant je suis bon garçon.

Mais ce que je ne puis comprendre, c'est notre besoin de paraître et notre désir de briller. Aujourd'hui l'homme ne vaut que par le plumage, et le plumage est bien vite arraché. On part comme une fusée, et on retombe comme elle. Il nous faut, dès notre jeune âge, des pages comme aux marquis, et des femmes comme aux Turcs. Or le diable, qui profite de nos vices, qu'il connaît, lance les fils d'Adam à la recherche de la côte perdue par leur père endormi. Voilà comment le monde s'appauvrit et pourquoi l'enfer se repeuple. On peut se ruiner au jeu, mais on risque de s'y enrichir; les chevaux coûtent des sommes folles, mais on s'en sert et on les revend; la bonne chère, si dispendieuse parfois, nourrit toujours et engraisse parfois. La femme seule ne rapporte rien, et, de tous les goûts coûteux, elle est incontestablement le plus cher. « Mariez-vous, vous ferez bien; restez garçon, vous ferez mieux, » disait autrefois saint Paul aux Éphésiens, qu'il voulait convertir; et les Éphésiens n'avaient garde de se convertir, convaincus que le mieux était l'ennemi du bien, auquel ils désiraient se tenir.

C'est Noé qui, sans songer à mal, planta le premier vêtement auquel on ait eu recours; mais l'antique simplicité n'a duré que bien peu de siècles et s'est envolée sans retour depuis que les mûriers ont fait concurrence à la vigne. Aujourd'hui les feuilles du pampre primitif se sont tellement transfigurées qu'elles ne seraient plus reconnues du planteur. Enjolivées par les couturières aux mains agiles, étendues au gré des modes flottantes, recouvertes du fin réseau des broderies, elles varient à chaque saison, se colorent de toutes les nuances et atteignent à tous les prix; les plus chères sont les plus demandées. On voit sortir d'un flot de gaze et de dentelles un cou de neige, une tête blonde, et il semble que les femmes aient conservé la séduction puissante et les merveilleux reflets du serpent qui les tenta.

Jadis un grand personnage, dont j'ai oublié le nom et les torts, fut exilé d'Athènes et se réfugia en Asie. Le grand roi, qui le savait dépensier, chargea sept de ses bonnes villes de pourvoir à son entretien. Les femmes à l'état libre ressemblent à cet Athénien de distinction et confient volontiers chacun des chapitres de leur budget à la garde d'un adorateur spécial. Elles divisent pour régner, et leurs chevaliers se réunissent pour être forts. Mais le mariage est une œuvre de solitude et, partant, une cause de faiblesse. *Væ soli!* Oh! que c'est peu, un mari, même à son aise, pour une femme qui court le monde en dépensant! Il faut payer ses dettes, n'importe de quelle façon, et M. Dupin a parlé en bien bons termes de ces échéances souvent fatales à la vertu. Le serpent veille toujours, et, pas plus aujourd'hui qu'autrefois, il n'a longtemps à attaquer à l'ombre des pommiers en fleurs.

Quand un jeune homme, arrivé à l'âge de trente ans moins quelques lunes, rêve l'annexion d'une compagne et les joies de la paternité, il s'adresse le discours suivant, qui témoigne de son bon sens précoce :

« J'ai déjà beaucoup vécu et convenablement dépensé ; je connais par expérience, par les vers d'Homère et la musique d'Offenbach, les inconvénients de l'amour qui perdit Troie, et je touche au moment précis où il convient de faire une fin et d'assurer l'avenir. J'ai atteint le maximum de ma valeur vénale, et il convient de profiter de la hausse pour arborer mon pavillon et placer ma marchandise. Or le mariage est, suivant moi, l'union de deux êtres absolument inégaux de condition, d'âge, de taille et de fortune. J'ai assez d'esprit et de naissance pour deux, il ne me reste plus qu'à trouver une femme qui ait autant de fortune que je me sens d'intelligence, et cette idée n'a rien de déplaisant.

« Quand on négocie les affaires sérieuses, il faut consulter non pas son cœur, mais sa raison. Peu m'importe que ma fiancée manque absolument de la grâce qui rehaussait Rachel aux yeux du patient Jacob, pourvu qu'elle ait ce que j'appellerai *panem et circenses*, c'est-à-dire une dot et des espérances. Les charmes et les vertus ne sont pas des valeurs à insérer sur le papier des contrats, et la beauté ne se prélasse pas d'ordinaire sur les coussins des voitures armoriées ou sur les divans des salons bien tenus. Elle se promène à pied et court les rues comme l'esprit; je le sais bien, car plus d'une fois je l'ai suivie.

« D'ailleurs la beauté est un riche diamant qui coûte cher de monture; il est vrai que la laideur s'ignore généralement, ce qui fait qu'un mari n'y gagne rien. Une jolie femme dépense autant pour se faire valoir qu'une femme disgraciée pour tâcher de s'embellir; mais l'une attire les papillons de nuit, tandis que l'autre les écarte. Depuis que j'ai entendu la *Belle Hélène*, je songe souvent à ce pauvre Ménélas, que j'avais un peu perdu de vue depuis le collége ; et puis, si séduisante que puisse être ma future compagne, j'aurais, en cherchant bien, à lui opposer des souvenirs devant lesquels elle pâlirait, et je sens que je chercherais. Allons, décidément, j'ai passé le temps d'aimer. Mais j'a gaiement passé ce temps-là.

« J'ai fait l'autre jour le compte de ce que coûte, année commune, une femme à son retour de l'église, et j'avoue que l'addition me chagrine. Les temps et les propriétaires sont si durs, que je ne puis évaluer à moins de huit mille francs le loyer d'un appartement situé dans un quartier et à un étage convenables. Si heureux que l'on soit, on ne peut élever son bonheur dans le voisinage des astres, et, en cas d'accident, il est consolant de ne pas choir de trop haut. Je ne puis, à moins de pareille somme, entretenir une voiture, deux chevaux et un cocher portant dignement la poudre et la perruque. Madame, étant jeune fille, dépensait pour sa toilette la bagatelle de cinq cents francs par mois ; une fois mariée, elle dépensera le double, sous prétexte de se montrer digne de l'avancement qu'elle vient d'obtenir. Elle aura des conférences suivies avec le célèbre Worth, donnera de la besogne aux vers à soie et traînera dans des flots de velours ses pieds qu'il ne me déplaît pas de supposer très-petits.

« J'estime à douze autres billets de mille le loyer de ses plaisirs, les gages de ses serviteurs et le peu de nourriture qu'elle daignera prendre pour prouver qu'elle appartient encore à la terre ; je pose zéro, je retiens deux, et j'arrive à la quarantaine. Vous remarquerez que j'ai mis jusqu'ici un louable empressement à m'effacer; mais il est temps que j'entre en ligne, et je ne crois pas faire preuve d'un orgueil exagéré en m'évaluant pour les dépenses à la moitié de ma moitié. Il en coûte donc soixante mille livres par an pour que e mari et la femme puissent traverser honorablement notre vallée de misères et tenir un juste milieu entre Job et Crésus.

« Il faut donc absolument que le banquier ou le vigneron que je choisirai pour beau-père me disc en termes bienveillants : « Mon cher monsieur, je donne « à ma fille une dot de douze cent mille francs, libres « de charges et purs de dettes, et je regrette infini- « ment de ne pouvoir lui donner davantage. » Je prendrai son argent, et je me connais assez pour savoir que je partagerai ses regrets. »

Sont-ce là des sentiments et des travers communs à tous? Évidemment et heureusement non. Si le luxe est contagieux, tout le monde n'en souffre pas; la simplicité est la règle dont peu de gens s'écartent encore; mais cette règle est confirmée par des exceptions qui sautent aux yeux. Les poëtes comiques perdent leur temps à flageller nos ridicules; mais ceux qu'ils tuent se portent à merveille, et ceux qu'ils font rire n'ont guère envie de désarmer. La foule de leurs victimes se rend en grande toilette à leurs représentations; les petites dames et les petits messieurs assistent, en se lorgnant avec une bienveillance mutuelle, au spectacle dont ils font le succès et les frais, et sont assez oublieux des injures pour remplir de leurs deniers la caisse de l'auteur et lui rendre, sans marchander, toute la monnaie de sa pièce.

Au surplus le théâtre peut chômer; la police correctionnelle est là qui châtie plus rudement et fait moins souvent rire. Toutes les fictions de la scène pâlissent devant les enseignements de la réalité, comme les feux de la rampe devant la lumière du jour. Nos vices proviennent de nos mœurs et dureront autant qu'eux. Pour nous corriger il faudrait nous refaire, ce qui me semble une rude besogne et un vilain métier.

Avez-vous lu le dernier procès qui a défrayé les loisirs des tribunaux? Comparée à ce drame, la *Famille Benoiton* n'est qu'un proverbe anodin à l'usage des pensionnaires. Un jeune homme s'éprend d'une lorette : il voit, vient et triomphe. Il ne manquait pas de cet esprit d'entreprise qui a fait la grosse fortune de son père. Il est aimé pour lui-même et pour deux cent mille francs; car si l'amitié modeste s'entretient de petits cadeaux, l'amour, plus exigeant, veut obtenir davantage; il s'endette et dit à ses créanciers : « Je suis mineur, voyez mon acte de naissance; mais je suis riche, voyez mon père. Le père se fâche, ne paye pas, et porte plainte; on poursuit la demoiselle, on l'interroge, on la juge, et on la condamne à six mois de prison et vingt-cinq francs d'amende pour avoir détourné un mineur, — bien émancipé, à tout prendre.
— Trop de prison, trop peu d'amende.

La jeune personne est restée fidèle à son rôle et n'est pas sortie de son emploi. Elle accueille un fils de famille, le juge sur les apparences et ne lui trouve pas la mine d'un mineur. Dans le monde galant, on ne détourne pas les mineurs, on s'en détourne, et ces dames ont assez d'expérience pour savoir que les enfants sont forcément ingrats. Quoi qu'il en soit, la délinquante s'y trompa, et quand elle fut revenue de son erreur, elle s'y obstina généreusement. Elle profita de l'opulence de son adorateur, et plus tard soulagea sa misère. Elle poussa même la charité jusqu'à vendre un de ses diamants, et un des plus beaux, pour lui acheter un remplaçant et l'empêcher d'entreprendre un autre service que le sien.

Si cette affaire eût été appelée devant un tribunal anglais, le juge se fût étonné souvent et indigné quelquefois. Il n'eût pas manqué d'adresser à ses auditeurs une allocution morale dont chacun eût pris sa part. Chez nous, le magistrat c'est la loi vivante ; là-bas, c'est un philosophe en activité et un juré plutôt qu'un juge. Il se préoccupe davantage de la faute que du coupable, et si son devoir est de punir, son désir est de corriger. Si j'avais été le président du tribunal qui a examiné le procès que je viens de raconter, j'aurais dit à l'enfant prodigue : « Que la leçon vous profite ; » à la vierge folle : « Allumez mieux votre lampe; et au père de famille :

« Monsieur, on prétend que vous avez gagné quinze millions dans la libre pratique d'une maçonnerie bien comprise. Je suis loin de m'en étonner, car dans notre siècle intelligent on consacre à démolir tout le temps qu'on n'emploie pas à construire. Vous étiez trop à même de constater l'utilité de la ligne droite pour souffrir que votre fils s'en écartât un instant. Il fallait lui aplanir le chemin et bâtir sur un terrain solide l'édifice de son bonheur futur. Vous auriez pu lui dire que l'argent se gagne trop difficilement pour qu'il soit permis de le dépenser sans raison, et que la prodigalité renverse les fortunes que le travail a fondées, comme le marteau des démolisseurs a raison des édifices construits pour un plus long avenir. Vous auriez dû encore fortifier vos leçons paternelles des conseils de la religion ; car, vous êtes mieux que personne en position de le savoir, si le Seigneur ne bâtit pas la maison, c'est en vain que les maçons travaillent.

« On se plaint des entraînements du luxe et des folies de la jeunesse ; mais à nos maux il n'est qu'un remède, à nos vices il n'est qu'un refuge, la famille, ce lieu d'asile et cette école de respect ; c'est là que l'enfant se fortifie aux exemples et aux vertus des siens, là seulement que, coupable, il est pardonné ; malheureux, il est plaint ; prodigue, il est reçu. » Voilà ce que j'aurais dit, ou à peu près, si j'étais... ce que je n'ai pas l'honneur d'être.

Mais c'est assez moraliser pour une fois, et il est grandement temps de parler d'autre chose. De quoi causer ? Depuis quinze grands jours je n'ai rien vu, rien lu, rien appris. Le choléra nous quitte, Paris se repeuple, l'hiver retarde ; on meurt moins, on s'amuse plus, on se marie davantage. M. Hugo vient de chanter, M. Quinet vient d'écrire ; on défigure la façade de l'Hôtel-de-Ville et on a décrété la mutilation du Luxembourg : oh! messieurs les édiles,

Soyez plutôt maçons si c'est votre métier,

mais ne vous mêlez ni d'architecture ni de jardinage!

Pauvre Luxembourg! Avions-nous besoin de convertir en lingots ces terrains et ces futaies, et sommes-nous devenus assez pauvres pour nous refuser le luxe d'un peu de verdure et d'ombrage? Laissez-nous ces grands arbres qui ont étendu leurs rameaux sur tant de générations et qui ont abrité sous leurs branches les petits des oiseaux et les enfants des hommes. Ces allées que vous voulez détruire ont vu passer depuis des siècles les écoliers turbulents, les rêveurs solitaires et les amoureux marchant à pas lents. Ne nous enviez pas ces jardins où les vieillards et les jeunes gens viennent chercher au printemps nouveau les rayons du soleil, le parfum des fleurs et la chanson des nids. N'éprouvez-vous pas la lassitude des boulevards, l'ennui des maisons neuves et des mornes perspectives, et ne laisserez-vous jamais tomber de vos mains le mètre à mesurer et la truelle à bâtir? Dans cet enclos condamné, tout nous connaît, nous sourit et nous aime ; le vent nous apporte les échos du passé, et le long des grands marronniers flottent encore les fantômes de la jeunesse morte et des amours perdues. Ces arbres, ces bassins, ces fontaines, sont les témoins de nos premiers jeux et les amis de nos premiers jours, et il nous semble qu'avec eux disparaissent nos plus vieux et nos meilleurs souvenirs.

Je finirais bien tristement ma lettre si je n'avais à applaudir les *Commentaires de César*, revue de fin d'année, dont la cour eut la primeur et la ville le regain. L'auteur, M. le marquis de Massa, est coutumier du fait et n'en est pas à son premier couplet; il y a deux ans, si je ne me trompe, il avait composé une revue qui n'a pas beaucoup vieilli et qui s'appelait *les Cascades de Mouchy*. Après les *Cascades*, les *Commentaires*. Cela va de soi. M. de Massa court de succès en succès, et, pour lui emprunter un de ses plus heureux traits :

    Et son chemin s'appelle le progrès.

Les *Commentaires* ont été représentés sur le théâtre de Compiègne, devant les invités de la deuxième série, et ils ont été aux nues ou peu s'en faut. La pièce fourmille d'allusions délicates saisies au passage et de couplets bien tournés applaudis sitôt qu'envolés. Si quelques vers sont nés avec un pied de moins, cet accident ne les empêche pas de rejoindre en boitant leurs camarades plus ingambes et de disparaître avec eux dans le tournant du chemin. Une des nobles actrices, Mme de Metternich a eu un double succès sous le manteau du cocher de fiacre et sous les traits de la Chanson. Elle a réussi comme l'emprunt autrichien, qui aurait pu lui fournir un couplet de plus à chanter, M. de Sacy, qui assistait à la représentation et qui en rendra compte, s'est amusé comme un sénateur.

Ma pensée, malgré moi, me reporte aux temps qui ne sont plus, et je revois dans la magie du rêve passer les ombres d'autrefois : Versailles éclatant de lumières, les dieux et les déesses, les héros et les vainqueurs, les nymphes des eaux et des bois, tous les rayons du roi-soleil :

> Et dans un grand ballet de forme singulière,
> La cour du dieu Phœbus ou la cour du dieu Pan,
> Du nom d'Amaryllis enivrant Montespan.

Voici les grands hommes mêlés aux courtisans : d'Antin, qui cherche le maître; Condé, lassé par la victoire; et le sévère Bossuet près de Dangeau, qu'il veut convertir. Plus loin le groupe des souverains et l'essaim des femmes en fleurs; Molière et Racine, Lebrun et Lulli tiennent le pinceau, la lyre et la plume. Ils vont peindre, écrire et chanter.

XV

Les conférences de Notre-Dame jouissent depuis leur origine du privilége d'attirer la foule Le grand homme de bien qui les fonda voulut que la jeunesse, à laquelle il les destinait, y trouvât un enseignement et un attrait. Monseigneur de Quélen savait que les meilleures choses gagnent à être les plus belles, et que l'éloquence peuple le désert où la vérité prêche. En conséquence, il résolut de n'ouvrir la porte de la chaire nouvelle qu'à des prêtres dont le talent égalât la vertu; et, à défaut de Bossuet, qu'il ne pouvait ressusciter, il pria l'évêque d'Hermopolis d'utiliser les restes d'une voix qui tombait.

Ce qui fit le succès de ces conférences, c'est qu'elles répondaient à un besoin des esprits et des temps. Il s'agissait, non pas de croyants à raffermir, mais d'incrédules à ramener. Partout ailleurs le prédicateur affirme la vérité révélée, sans discuter avec ceux qui la nient, et proclame les lois immuables, sans les démontrer à ceux qui les transgressent. A Notre-Dame, un élément nouveau fut introduit, — la controverse. L'orateur, entré dans le courant du siècle, et prenant corps à corps toutes les variétés de l'erreur, rejeta à ses adversaires leurs systèmes vaincus et leurs préjugés brisés. Du sein des contradictions dissipées il fit jaillir la lumière éternelle et ramena les brebis dispersées au troupeau qui n'a qu'un pasteur. A l'exemple de saint Paul, il s'arma pour les bons combats du bouclier de la foi et du glaive de la parole, et s'avança parmi les Gentils comme le champion de la vérité et le soldat du Dieu vivant.

L'abbé de Ravignan succéda à l'évêque d'Hermopolis. On savait que, découragé du monde, où il n'avait brillé qu'un jour, il s'était voué tout entier au service de celui qui paye au centuple là-haut tous les renoncements d'ici-bas. Tel qu'il était devenu, le monde l'aimait et le suivait encore. Il avait des élans d'apôtre et des cris victorieux ; la foule, émue, sentait déborder de ses lèvres éloquentes comme un torrent d'irrésistible charité. Sur sa figure pâlie des veilles et des jeûnes se lisait cette immatérielle et idéale beauté qui n'est que le rayonnement de l'âme sur un visage humain. Je le revois, tel qu'il est resté dans ma mémoire après une longue fuite d'années, debout, joignant ses mains amaigries d'un mouvement naturel et sublime, et levant les yeux au ciel comme pour chercher plus haut que les voûtes du temple le Dieu invisible et présent.

Bientôt vint se joindre à lui Henri Lacordaire, vainqueur enfin du joug de Lamennais révolté. Qui ne se souvient de cette tête expressive et de ce large front, ceint d'une auréole de cheveux noirs? Apôtre cher à la jeunesse, dont il avait partagé les passions et conservé les ardeurs, il réfléchissait dans sa parole colorée les tempêtes et les agitations du siècle. Orateur aux yeux de flamme, aux gestes puissants, à l'incomparable attitude! Sa voix, stridente et grêle, avait la vibration du clairon et sonnait comme la fanfare du matin au milieu des camps endormis! Ses auditeurs frissonnaient sous sa parole comme des roseaux au vent; et lui, hardi, nerveux, emporté, remuant la cendre des souvenirs et le monde des idées, précipitant les phrases qui se pressaient sur ses lèvres frangées d'écume, et jetant au hasard ses bras nus sous la laine flottante, parcourait la chaire avec des élans puissants et des bonds de lion révolté. Il y avait en lui du patriote et du prêtre, du citoyen et du moine, et il empruntait à cette double nature un charme plus pénétrant et une séduction plus active. Généreux dans ses erreurs et dans ses excès mêmes, Français jusqu'au bout des ongles, il confondait sa terre natale et sa patrie future dans un égal amour, et présentait sa robe blanche, dont il agitait les plis, comme l'éblouissant drapeau de la liberté sans souillures.

Dimanche dernier, à Notre-Dame, j'écoutais au dedans de moi-même l'écho de ces grandes voix, hélas! à jamais muettes. Comme autrefois, dans la grande nef, ondulait le peuple pressé des fidèles. Comme autrefois le bruit des chaises remuées, et, dans les intervalles des chants religieux, le murmure confus de l'attente! Comme autrefois des députations de tous les camps, des représentants de tous les âges, des incrédules et des croyants, des sceptiques et des chercheurs, des têtes blondes et des têtes blanches, les délégués de la presse, les jeunes gens des écoles et les vieillards de l'Académie! J'avais deux immortels au bout de mon horizon, M. Dufaure et M. Cousin, une contrefaçon d'Isocrate et un diminutif de Platon.

A une heure, la canne du suisse, frappant les dalles à coups réguliers, annonça la venue de l'archevêque; et sitôt que le prélat et son clergé eurent pris leurs places au banc d'œuvre, dans la chaire, jusqu'alors vide, apparut un moine à la tête rasée, aux vêtements blancs, et la conférence commença.

Le Père Hyacinthe appartient à l'ordre des Carmes, introduit en France par saint Louis, et réformé par Jean de la Croix sous l'inspiration de sainte Thérèse. A cette réforme, les Carmes gagnèrent infiniment, mais ils perdirent leurs souliers : de là leur nom de « déchaussés ».

On m'avait parlé du Père Hyacinthe de façon à me donner le désir de l'entendre. Les uns le portaient aux nues, les autres l'élevaient moins haut. D'aucuns en disaient et même en écrivaient de pauvres choses; mais ceux-là étaient des dévots qui soulageaient leur âme du fiel qui y était entré. Je savais que le R. P. était jeune encore, et je pense, avec le proverbe, que les meilleurs sermons sont faits par les jeunes curés. Enfin, on disait de lui qu'il prêchait la tolérance et qu'il aimait la liberté.

Le Père Hyacinthe est, de tous les héritiers de Lacordaire, celui qui a recueilli la meilleure part. Sa figure ne se détache pas du cadre comme celle de ses illustres prédécesseurs, mais elle séduit par une expression de calme intelligent et de confiante sérénité. Ses premières paroles trahissent l'orateur. Sa voix, harmonieuse et forte, mais qu'il lâche ou retient sans mesure, est un instrument puissant dont il jouera mieux dès qu'il en connaîtra plus à fond les ressources et la portée; son geste, toujours juste, force parfois l'ampleur ou la simplicité, et, à certains moments, on dirait le prédicateur gêné aux entournures des vêtements sacrés. C'est un orateur à sa source, qui n'a pas reçu tous les tributaires qui grandiront son cours et accéléreront sa marche. Il lui manque les qualités qui viennent du temps ou s'augmentent avec lui, et cette chaleur des derniers soleils qui change les fleurs en fruits et mûrit la moisson complète du talent.

Il a le mérite de tenir à son temps par de nombreuses et profondes racines. Il connaît les maux dont nous souffrons et s'est voué au salut des âmes en détresse. Il sait que des courants ennemis entraînent l'humanité loin de son Dieu, comme un vaisseau loin du port, et que, jouets d'un immense orgueil qui nous fait croire que nous isoler c'est nous grandir, nous allons à l'adoration de la matière et au culte du néant. L'homme arborant le drapeau de la morale indépendante se proclame le juge unique de ses destinées et se déclare soumis à la loi de progression et de décadence des êtres. Persuadé que son âme et son corps s'évanouissent dans la destruction commune, il répudie la révélation comme un mythe et l'immortalité comme un rêve. C'est au progrès de cette erreur que l'orateur s'oppose. Sa charité n'exclut personne, et sa foi veut nous sauver tous. Il tend par-dessus les abîmes une main amie à tous ses auxiliaires des religions dissidentes, et convie aux mêmes combats tous ceux qui ne bornent pas leurs désirs à la terre et leurs espérances à la tombe.

Le Père Hyacinthe a le respect de ses adversaires, ce qui est toujours une force; il réfute l'erreur, mais en rendant hommage soit à la sincérité, soit au talent des novateurs; c'est un discuteur puissant qui a lu ce dont il parle, et qui sait ce dont il traite. Il expose toutes les faces des questions et les éclaire tour à tour d'un lumineux reflet. Il suit l'ennemi dans toutes ses fuites, le pénètre dans toutes ses ruses, l'attaque sur tous les terrains. Il est actuel et efficace, persuasif et convaincu; parfois il omet, rarement il outre, jamais il n'offense. Je ne lui reproche qu'une phrase de trop, celle où il traite le congrès de Liége de ridicule et d'odieux. Non. mon révérend Père, la jeunesse n'est jamais odieuse, car elle garde jusque dans ses folies une exubérance de séve qui la fait excuser, et jusque dans ses maux une richesse de vie qui triomphe de la mort.

L'orateur traduit ses idées dans un beau langage, et sa phrase fait à sa pensée un vêtement où elle se meut à l'aise et ne se sent pas captive. Son style grandit avec le sujet et s'élève du naturel au sublime. Souvent, dans ces transitions brusques, il ramasse un lieu commun pompeux ou éclate en fusées romantiques, mais jamais il ne sacrifie la clarté à une métaphore. C'est au moment où il s'échauffe et cherche les hauts sommets de l'éloquence que le prédicateur a besoin de corriger son débit et de corriger son jeu. J'oserais lui conseiller de soutenir la fin de ces longues périodes d'une plus grande ampleur de geste et de voix, afin de rendre l'effet produit plus égal à l'effort tenté et de faire courir dans les rangs de ses auditeurs ces frissons involontaires, contre-coups des émotions puissantes, qui sont les applaudissements muets des foules pressées dans un lieu sacré.

Cette part faite à la critique, je me sens plus libre pour avouer l'admiration que je ressens pour un beau caractère rehaussé d'un beau talent. Le révérend Père est l'ouvrier d'une œuvre féconde. Il a obtenu en partie la seule récompense qu'il ambitionne, c'est-à-dire un long cortége d'âmes sauvées par lui, et une gerbe opulente recueillie dans la moisson divine.

XVI

Il y a trente-quatre ans, — bien longtemps avant ma naissance, — les diplomates se mirent en travail, et la Belgique vint au monde. Les parrains, réunis autour d'un berceau qui ne devait pas grandir, donnèrent à leur création chétive la liberté pour tutrice et la neutralité pour dot. « Cette enfant-là, disait le prince de ***, une des plus vilaines et des plus fortes têtes qui se soient jamais penchées sur la table des congrès, ne manquera pas de prétendants ; elle a assez de bon sens pour s'apercevoir qu'elle n'aura jamais d'esprit, et trop de fortune pour être jamais sûre d'être aimée pour elle-même. »

Les diplomates, fiers, et non sans raison, de cette œuvre terminée, commandèrent à un géographe distingué le portrait-carte de leur filleule. L'artiste obéissant traça ses frontières mal définies et peignit des plus riantes couleurs ses contours vaporeux. Puis on fit passer l'image sous les yeux des princes disponibles, comme jadis on envoyait aux rois célibataires le portrait des infantes nubiles.

Plusieurs principicules allemands lui firent les doux yeux, la trouvant une perfection réduite, une miniature aimable. Sans doute ils regrettaient de la voir serrée de près par de puissants voisins sans qu'elle portât, pour se défendre d'eux, chaîne de montagnes et ceinture de forteresses. Mais, en calculant les revenus de ses fabriques et de ses pêcheries, de ses mines et de ses forêts, et à force de l'admirer sous son armure de Liége recouverte de dentelles de Malines, ils lui pardonnaient l'exiguïté de sa taille et le vice de son accent flamand.

Beaucoup la demandaient, mais un seul l'obtint. Le duc de Saxe-Cobourg méritait son bonheur. C'était un homme d'un mérite reconnu, un prince de la seconde jeunesse, assez mur pour inspirer confiance, assez vert pour plaire encore. Il avait servi dans l'armée russe et s'était bravement comporté dans les guerres qui amenèrent la chute du premier Empire. Allemand de naissance, général russe, Anglais d'adoption, il avait eu trois patries, ce qui lui faisait trouver tout simple d'en accepter une quatrième. Veuf depuis 1817 d'une princesse anglaise qu'il avait trop peu connue pour pouvoir la regretter longtemps, il se sentait d'humeur à contracter un second mariage et d'âge à le rendre efficace. Il n'en était pas d'ailleurs à sa première couronne offerte et refusée : il avait déjà dédaigné le titre de roi des Grecs, titre beaucoup plus recherché autrefois qu'à présent, et gagné à cette preuve de méfiance une juste réputation de prudence et de bon sens. On le comparait volontiers à Salomon, des vertus et des goûts duquel il semblait avoir hérité, et s'il se fût montré plus prodigue en ses dépenses et plus luxueux dans ses costumes, il eût fait revivre, aussi complétement que possible, le brillant fils de Bethsabée.

Léopold de Saxe-Cobourg, prince sans patrie, sans

attache et sans préjugés, convenait admirablement à ce peuple sans passé, sans grands hommes et sans langue. Ce roi mixte faisait l'affaire de ce pays neutre. A peine installé dans ses nouvelles fonctions, il se mit en devoir de fonder une dynastie et de se créer une postérité. De son mariage avec une fille de Louis-Philippe naquirent deux princes, dont l'aîné lui succède, et une princesse, pour laquelle nos soldats viennent de conquérir l'héritage de Montézuma (1). Le monarque trouva des imitateurs parmi ses fidèles sujets, et les quatre millions de Belges qu'il reçut à son avènement se sont augmentés d'un cinquième, suivant la douce loi qui veut qu'on multiplie.

Ce fut la perle des rois constitutionnels, et il joua à merveille son rôle de pilote et de modérateur. Il avait tous les talents utiles et les qualités secondaires qui sont la petite monnaie du génie. Doué d'un jugement droit, d'un esprit sain et d'une prudence mère de sa sûreté, content de son sort, qu'il ne rêva point d'améliorer, et de ses États, qu'il n'essaya pas d'agrandir, il se montra aussi éloigné des témérités que des faiblesses, et aussi incapable d'une folie que d'une sottise. Il ne poussa jamais son autorité par delà les limites des lois, et fit de son pouvoir la garantie et non le frein des libertés publiques. Il ne se fit l'appoint d'aucun parti. Indifférent aux hommes, étranger aux querelles, et n'appuyant que du côté où penchaient les préférences décidées de la nation, il faisait de la grande

(1) Hélas!

politique dans un petit pays, et excellait à conduire et à calmer les tempêtes qui grondaient à la surface de son verre d'eau. Il ne prononçait pas de formidables *quos ego*, et faisait marcher la machine sans en découvrir le Dieu.

Ce règne heureux n'eut qu'un moment difficile. En 1848, les Belges essayèrent une contrefaçon parisienne. Sortant en tumulte des brasseries, ils se promenèrent sous les fenêtres du palais, cassant les vitres et chantant faux, signe infaillible des orages intérieurs. Le roi, qui les savait plus Belges que méchants, endossa son plus beau costume de voyage et se déclara trop ennemi des émotions pour pouvoir se charger plus longtemps des destinées de ce peuple turbulent. Cette fausse sortie, comme on dit en style de théâtre, obtint un succès mérité ; le roi fut reconduit en triomphe jusque dans sa chambre à coucher, et la révolution belge n'eût pas même la durée des roses. Ce monarque intelligent savait que les peuples sont de grands enfants, prompts à égarer et faciles à ramener. Ils n'aiment pas qu'on les conduise à la baguette des fusils, mais ils entendent la raison et même la plaisanterie, et le meilleur moyen d'en obtenir tout ce qu'on veut, c'est de leur offrir plus qu'ils n'exigent.

Il récolta vite les fruits de son incomparable habileté, et sa réputation sauta par-dessus ses frontières. Prophète non-seulement dans son pays, mais encore pour l'étranger, il sut se tailler une situation personnelle bien au-dessus de sa puissance et de sa fortune. Sa sagesse devint proverbiale, et on prit peu à peu l'habitude de jurer par sa tête. Sachant combien on perd à n'être pas curieux, il se tint au courant des événements, et, sans avoir l'air de toucher à rien, en arriva à se mêler de tout. Titulaire du cabinet le plus achalandé de l'Europe, il servait dans toute affaire grave des oracles désintéressés et des consultations gratuites. Avant d'en venir aux mains, les parties se rendaient en conciliation devant lui, et cette confiance mutuelle l'honorait infiniment et lui donnait de fausses allures de patriarche. Je laisse à penser si la Belgique était fière d'un souverain qui, gagnant en considération ce qui lui manquait en puissance, élevait son trône chétif à la hauteur d'un tribunal.

Léopold Ier fut un bon pasteur du petit troupeau belge. Affable, accessible et prévenant, il faisait de la popularité dans la rue et du despotisme en famille. Prince commode, époux gênant, père rigoureux, sec de corps, raide d'allures, assez semblable à un Anglais dépaysé, facile sans familiarité, il ne se livrait qu'à demi, s'assouplissait sans s'abaisser, et ne jouait au naturel ni la bonhomie comme Henri IV, ni la bourgeoisie comme Louis-Philippe. Il y avait en lui, à doses égales, de l'épicurien, du philosophe et du sceptique. Doué d'un égoïsme aimable et d'une santé robuste, il usa de beaucoup de choses sans abuser d'aucune, et des plaisirs permis et défendus ne voulut cueillir que la fleur. Administrateur intelligent d'un joli bien qu'il sut arrondir, et possesseur d'une nombreuse collection de valeurs honorablement cotées et de médailles à son effigie, il prenait rang comme millionnaire assez près d'un banquier juif et au niveau d'un lord anglais.

Sa succession vient de s'ouvrir, et s'il a, ce que j'ignore, avantagé l'impératrice du Mexique, ses fils auraient mauvaise grâce à s'en plaindre. Le roi Léopold disparaît de ce monde, où il a porté la couronne, après soixante-quinze années d'existence, dont trente-quatre consacrées au labeur de régner. Il laisse exposé aux hasards et aux dangers du lendemain le peuple enfant dont il fut le premier guide; mais il lui a appris l'usage de la liberté, l'amour du trône et le respect des lois. Il a reçu un territoire et des hommes; il lègue à son successeur une nation et une patrie. C'est avec lui et par lui que la Belgique s'est faite, c'est à son ombre et à ses exemples qu'elle peut marcher dans le long avenir. Il a dignement rempli sa tâche de fondateur d'empire, et il a pu répéter à ses amis pressés autour de lui les paroles d'Auguste mourant : « N'ai-je pas bien rempli le rôle de ma vie? Si vous êtes contents, applaudissez à l'acteur qui s'en va. »

Il n'est pas d'hommes nécessaires, il n'y en a que d'utiles, et ceux-là ne font jamais défaut. Nos voisins peuvent répéter avec confiance le vieux cri de nos pères : « Le roi est mort, vive le roi ! » Certes le coup est rude et l'avenir incertain. Cette mort est le deuil public et la première douleur d'une nation qui s'affirme par ses inquiétudes et ses regrets. Mais les tombes sont bonnes conseillères; après les coups qui les ont frappés, les peuples, comme les familles, rapprochent dans une seule étreinte leurs rameaux divisés, pour mieux porter le poids des tempêtes prochaines, et se consoler d'un commun malheur par de communes espérances.

J'avoue sans difficulté que je crois à la Belgique une et indivisible. Ces provinces, tour à tour espagnoles et autrichiennes, conviendraient à la France, à laquelle elles n'appartinrent qu'un jour; mais elles payeraient de leur richesse diminuée et de leur liberté réduite le bonheur d'être françaises. Mieux vaut rester Belges, *savez-vous*, et donner aux grandes puissances le spectacle d'un petit État vivant près d'elles sans leur rien demander et sans leur envier rien. La terre est riche dans les Flandres et dans le Hainaut, et peut porter sans effort une population aussi nombreuse que les épis des récoltes et les fleurs des houblons. Elle cache dans sa profondeur le fer et la houille, et voit des cités prospères se mirer aux larges eaux des fleuves qui la sillonnent. Pour vivre heureux et longtemps, les Belges n'ont qu'à jouir en paix des biens que Dieu leur donna. Plus ils sont petits, plus il leur convient d'être sages, et ils risqueraient d'éveiller par trop de bruit leurs grands voisins endormis. Qu'ils sachent se faire oublier et soient comme un ruisseau qui coule sans murmure et n'en avance pas moins. M. Thiers n'écrira pas leurs faits et gestes. Mais qu'importe? Les peuples heureux qui n'ont pas d'histoire n'ont que faire des historiens.

XVII

La question de savoir si l'insurrection espagnole doit être considérée comme le plus grand des crimes ou le plus saint des devoirs sera peut-être décidée à l'heure où paraîtront ces lignes. La victoire ou la défaite vont faire du général Prim un héros ou un traître, un ministre ou un fugitif. Si ce loyal militaire triomphe, j'ai peu de chances de le rencontrer jamais ; mais s'il échoue, j'espère qu'il parviendra à entrer en France par quelque coin des Pyrénées. Je ne serais pas fâché de rendre hommage au courage de ce malheureux et de saluer en lui un homme qui a manqué sa gloire et compromis son avancement.

Le général Prim est un caractère et même un assez mauvais caractère. Il n'en fait qu'à sa tête, et sa tête va vite. Les difficultés ne l'embarrassent guère et sa politique ne se retarde pas aux broussailles de la diplomatie. Il ne connaît pas plus d'obstacles que Guzman, et tire aussi souvent du fourreau sa bonne lame de Tolède que le Cid, son autre compatriote. Il pousse au monstre et prend le taureau par les cornes, selon la vieille mode andalouse. Il est comte de Reuss, ce qui fait bien, marquis de Castillejos, ce qui sonne mieux, et grand d'Espagne de première classe, ce qui vaut encore mieux que d'être sénateur en France, car jamais devant le souverain un sénateur, même enrhumé, ne s'est cru en droit de se couvrir, bien au contraire.

Le général a trop étudié l'histoire. Des exemples fameux l'ont évidemment égaré, et en pareille matière il convient de rendre à César ce qui appartient à César. Combien, depuis le grand Romain, ont tenu à se mouiller les pieds dans la traversée du Rubicon et ont jeté leurs défis retentissants aux puissances de la terre et du ciel? Combien d'ambitieux, mécontents de végéter au second rang ou de partager le premier, ont joué le Capitole contre la roche de Tarpée! L'Espagne est la terre classique des révoltés au petit pied et des brouillons politiques. A ceux de ses enfants qui se distinguent dans la manière de la conduire, elle décerne des titres d'honneur qui sont des noms de vertus. Elle a érigé pour l'un la Paix en principauté, pour l'autre la Victoire en duché, comme si elle voulait conserver encore l'illusion et l'image de la paix compromise et de la victoire envolée.

Tout général espagnol qui se trouve, en se regardant, plus de mérite que de récompense, montre dans sa détermination un profond mépris pour les lois qui changent et un grand respect pour les usages qui demeurent. Il s'adresse communément à la cavalerie... légère, et dès qu'il a groupé un certain nombre de chevaux et d'hommes, il ne s'en va pas par quatre chemins, mais par un seul, celui des champs. Cela s'appelle se prononcer. Le rebelle bat la campagne, grossissant sa troupe de tous les mécontents qui abondent dans un pays où personne n'est absolument satisfait. Il se sauve avec précaution, on le poursuit avec lenteur. Si une rencontre survient, la fortune favorise plus souvent celui qui combat pour s'emparer du pouvoir que celui qui lutte pour le garder. Entre eux deux, la partie est inégale et l'enjeu différent, l'un ne pouvant offrir à ses partisans que le maintien du présent, l'autre faisant briller aux yeux de siens les espérances de l'avenir. La bataille s'engage sur toute la ligne, quelques chevaux sont blessés, quelques autres faits prisonniers; le vainqueur entre triomphalement dans la capitale : on immole en son honneur quelques paires de taureaux sauvages, et rien n'est changé en Espagne, si ce n'est le ministère.

Le général Primm a la figure et le caractère de son emploi; il est aventureux et brave, et brille parmi les héros castillans qui ont rajeuni la gloire un peu démodée des Palafox et des Mina. Le premier de ses exploits l'a fait comte, le second, marquis. Il cherche maintenant le titre de duc, qui dépend de l'issue de son troisième exploit. Il fut un des chefs de cette brillante expédition que l'Espagne dirigea naguère contre le Maroc, et qui, ayant mieux aimé débarquer à Ceuta qu'à Tétouan, mit trois mois à franchir les sept lieues qui séparent ces deux villes. Prim activa autant qu'il put cette sage lenteur, et déploya tant de valeur dans les combats livrés, qu'il reçut, entre autres récompenses, le surnom de Murat espagnol. En effet, et toutes proportions gardées, il y a de la ressemblance.

Ce qui est singulier, c'est le rôle que joue l'armée dans les agitations de l'Espagne. C'est dans ses rangs indisciplinés que tout mécontent recrute les éléments d'une rébellion. En France, un maréchal, désireux de se donner le luxe d'un *pronunciamento*, n'entraînerait pas même son brosseur : par delà les Pyrénées, qui existent encore, malgré le mot de Louis XIV, il y a toujours de la cavalerie prête à galoper dans la compagnie d'un rebelle. Les fantassins sont moins demandés, ce qui s'explique facilement, si l'on veut réfléchir. En Espagne, comme partout, le temps vaut de l'argent, et les chevaux aussi. C'est pourquoi tout général comprend que se prononcer avec de la cavalerie lui donne le triple avantage de prendre de l'avance, de gagner du temps, et d'emporter un capital.

On dit que l'affaire est grave cette fois, et que Prim, plus exigeant que jadis O'Donnel, ne s'attaque pas au ministère, mais à la dynastie. On prétend que le général est progressite et qu'il compte prouver son amour pour le progrès en priant le roi de Portugal de traiter l'Espagne comme son beau-père de Piémont vient d'accommoder l'Italie. J'ai entendu dire aux uns que Prim s'était déclaré le champion du prince des Asturies ; aux autres, qu'il songeait à jouer le rôle de Monck en faveur du duc de Montpensier, et, s'il faut en croire une troisième opinion, il n'aurait pas l'âme vulgaire, mais républicaine. Tout est possible, de même que tout peut arriver. Mon sentiment est que Prim travaille surtout pour lui-même, et que la charité bien ordonnée du comte de Reuss commence par le marquis de Castillejos.

C'est dans un intérêt plus particulier que patriotique

que ce singulier agitateur, millionnaire par son alliance et marquis par sa victoire, parcourt sa patrie de Figuères à Setuval, et essaye de retrouver en Espagne les châteaux royaux qu'il avait rêvé de se bâtir au Mexique. La reine tremble et le ministre favori pâlit devant cette imitation de son passé et cette inquiétante parodie de Vicalvaro. Les généraux lancés de toutes parts à la poursuite du révolté écrivent, pour s'excuser de ne l'avoir pas atteint, qu'ils l'ont perdu dans l'épaisseur du brouillard, ou manqué dans les gorges des Sierras. En même temps que les Cortès et le Sénat protestent de leur dévouement à la couronne, Saragosse et Barcelone s'insurgent ; le sang coule, la presse est muette et la loi suspendue ; les augures interrogent vainement le ciel menaçant, et personne ne peut dire encore si l'orage qui s'amasse au-dessus de la monarchie espagnole recèle ou non dans ses nuages épais le tonnerre qui foudroie ou le vent qui disperse.

Comme l'Espagne apparaît riante à quiconque la regarde à travers les voiles de la poésie et l'illusion des souvenirs ! Placée entre la France et l'Afrique, qui l'ont possédée tour à tour, elle s'est enrichie et embellie sous le règne de ses vainqueurs passagers. Elle se conquiert, se fonde et s'agrandit ; plus tard, maîtresse du nouvel univers découvert par ses matelots, et de l'ancien monde presque entièrement soumis à ses armes, elle s'enorgueillit de ce que le soleil, tributaire de ses princes, ne décline sur ses domaines d'Europe que pour se lever radieux sur ses possessions d'outre-mer. Puis, lasse de sa puissance et fatiguée de son essor, elle laisse d'autres mains ramasser ses sceptres épars, d'autres fronts se parer de ses couronnes perdues. Enfin, jouet des nations après en avoir été la reine, elle n'inspire plus que le respect des tombes et ne garde de ses splendeurs éteintes que l'ombre d'un grand nom et les ruines d'un grand passé.

Elle s'étend des montagnes à la mer sous un ciel plus bleu que le ciel d'Italie. Chacune des villes qui s'épanouissent sur son sein fertile porte un nom qu'ont illustré les arts ou la victoire. Sur aucune terre le sang français n'a plus souvent coulé, depuis les temps héroïques jusqu'aux temps qui sont les nôtres ! Voici Roncevaux et ses gorges où périrent les preux du vieux Charlemagne ! Voici, sur les flancs de la Sierra-Morena, Baylen, où, onze siècles après, succomba l'armée du nouveau César ! A chaque pas, on entend chanter les vieilles ballades du Romancero, ou l'on voit se dresser les souvenirs des épopées modernes. Et toutes ces merveilleuses fleurs de l'art que la main des artistes maures et chrétiens a semées et cultivées sur ce sol privilégié : églises encore debout, mosquées à demi détruites, palais mutilés, tours couronnées de lierre, témoins d'une grandeur déchue et tombeaux peuplés d'ombres, mais où le voyageur pensif peut relire l'histoire, retrouver la vision et respirer le parfum des temps qui ne sont plus !

Les siècles ont emporté ce qu'ils avaient élevé ; nous ne sommes plus aux époques des peintres et des poëtes, ni au jour où Charles-Quint ramassait les pinceaux tombés du Titien. Toutes ces villes découronnées dorment d'un sommeil qui ressemble à la mort. Malgré tout, l'Espagne est riche encore. Elle se couvre de plus d'orangers qu'il n'en faut à ses femmes, dont le soleil dore et ne brunit pas les traits. Comme la Grèce et l'Italie, ces contrées favorisées du ciel, elle produit les types les plus purs et les modèles les plus achevés de la pauvre race humaine, et se fleurit de femmes d'une si rayonnante beauté, que pour plus d'une on regrette que le cercle d'or d'une couronne vienne en dérober quelque chose.

Nul commerce, nulle industrie : tout vient sans soins et sans culture, les fleurs, la vigne et la moisson. Des arbres qui n'atteignent pas à la hauteur d'un homme s'espacent sur les pentes des montagnes ou dans la solitude des plaines. Sur le lit des torrents desséchés se traîne péniblement un mince filet d'argent, et les canaux dont la main des Maures a sillonné les campagnes de Murcie et de Valence suffisent encore aux besoins des habitants et à la conduite des eaux. De maigres troupeaux paissent des herbes rares, et la population, sobre et indolente, ne demande au Dieu dont elle a gardé la foi, que l'eau, les olives et les tomates de chaque jour. Un réseau de fer relie les villes entre elles, et les locomotives qui passent sont comme l'image fugitive de la vie dans le désert et du mouvement dans l'immobilité.

Ce peuple enfant se passionne éperdument pour les loteries et les taureaux. Il aime tout ce qui reluit, même quand ce n'est pas de l'or, et sa fierté pauvre s'accommode des feutres râpés et des manteaux troués.

Les Espagnols ont gardé le respect de leur pays et leur foi dans sa suprématie. Ce noble amour est leur dernière vertu, et, pour défendre le sol menacé, ils se serreraient encore, comme en 1809, autour de leur drapeau relevé. Si déchue que soit l'Espagne, aucun de ses enfants ne voudrait en médire, et il semble que leur orgueil ait grandi de tout l'abaissement de la patrie.

Je me promenais hier sur les boulevards, cherchant pour cet article une conclusion satisfaisante. Elle me vint de deux messieurs qui marchaient devant moi ; l'un disait, poursuivant une causerie commencée : « A-t-on des nouvelles d'Espagne? J'ai cru longtemps aux chemins de fer de ce pays-là ; j'ai acheté une action de Saragosse pour tenter la fortune, puis une seconde pour désennuyer la première, et enfin une troisième pour réjouir les dieux, qui se plaisent au nombre impair. Ce que je redoute, ce n'est pas le triomphe de Prim, c'est la défaite du Saragosse. » *O tempora, ô mores!* comme dirait un académicien. Dans notre siècle, les intérêts ont tué la foi, et la morale est en actions.

XVIII

J'aurais voulu parler des choses du jour qui valent la peine d'être écoutées, commentées et redites. Les sujets abondent, et, pour m'éviter l'embarras du choix, j'invoquerai le bénéfice du silence. Le Corps législatif vient de préluder, par des escarmouches inoffensives, à la grande bataille de l'adresse. M° Larrabure, modeste comme une violette et voyageur comme un pigeon, s'est esquivé par la porte d'Orthez, pour rentrer par la porte de Pau. M. Darimon, ce Narcisse impolitique, regarde dans son miroir le joyeux spectacle de sa culotte à peine défraîchie. M. Émile Ollivier, pareil à Vichnou, jouant le rôle de conservateur et s'incarnant sans cesse pour le bonheur de l'humanité, s'adore dans ses œuvres et contemple sur son nombril divin l'épanouissement du lotos sacré. M. de Girardin, donnant à lui-même et aux autres la comédie de la mort, partage avec saint Bonaventure le privilége agréable d'écrire des articles d'outre-tombe.

Je pourrais prolonger indéfiniment cette revue du passé, mais j'ai voué la meilleure part de mon article d'aujourd'hui à un livre et à un auteur nouveaux. Le livre, édité par Michel Lévy avec un luxe inouï et un soin particulier, a pour titre : *De la Femme dans l'antiquité*. Il est imprimé en caractères d'une merveilleuse netteté, et le papier qui le compose est fait de la fine fleur du panier des chiffons. L'auteur, M. Joseph de Rainneville, est du petit nombre de ceux qui, porteurs d'un beau nom et possesseurs d'une grande fortune, se sentent obligés deux fois. Naguère il partageait avec Lamoricière l'honneur d'une glorieuse défaite, et maintenant il vient demander aux lettres humaines les pures jouissances et les nobles contentements de l'esprit. De plus, il est jeune comme il convient à quiconque veut étudier les femmes, beaucoup dans le passé et quelque peu dans le présent.

Le livre est bien écrit, ce qui vaut encore mieux que d'être bien imprimé. Il intéresse, il instruit, il plaît, et on sent à chaque ligne la double préoccupation de la forme et du fond. L'auteur a beaucoup travaillé et beaucoup recherché. Il a lu avec le plus grand soin Platon, l'élève de Socrate, Aristote, le maître d'Alexandre, et le miel qu'il nous offre est extrait des plus jolies fleurs de l'Hymette. M. de Rainneville n'est pas marié, cette certitude s'acquiert à la lecture de son livre. Il poursuit et retrace un idéal, preuve évidente qu'il ne l'a encore ni rencontré ni atteint. C'est le propre des célibataires de s'occuper de la généralité des femmes; l'homme marié ne parle que d'une femme, la sienne, ou ne parle pas du tout.

Une chose incontestable, c'est que M. de Rainneville et moi, nous appartenons à la même catégorie d'individus, nous partageons les mêmes regrets, les mêmes espérances, et, tous deux, nous chassons dans le désert cet insaisissable fantôme qui s'appelle une femme accomplie. Afin de faire voyager l'imagination d'un bon nombre de lectrices de la *Gazette*, je vais leur tracer un léger croquis de nos sentiments communs. Nous souhaitons à la femme que poursuivent nos chimères caressantes la vigueur élancée des vierges d'Athènes et de Lacédémone, l'esprit d'Aspasie, qui conseillait Périclès, la beauté de Cléopâtre, qui séduisit César, et, pour couronnement, la chasteté virile et la sagesse intelligente de Minerve-Pallas.

Nous la voulons modeste sans affectation, savante sans pédanterie, éprise de l'honneur, prête au sacrifice, réunissant dans un heureux mélange la force de l'âme à la faiblesse du corps, et parant toutes les vertus chrétiennes de toutes les grâces antiques. Voilà tout... Sans être le moins du monde prophète, sibylle, sorcier ou devin, je prédis que si nous ne retranchons pas quelques chapitres intéressants du livre de nos prétentions, nous courrons risque de mourir dans l'impénitence du célibat final.

Cet avis donné aux lectrices, je continue mon chemin. M. de Rainneville soutient qu'avant le christianisme, il existait des femmes parfaites de tout point, appréciées de tout le monde, et joignant, ainsi que le désire Horace, le bonheur d'être agréables à la ressource d'être utiles. Je ne sais si cette proposition brille par une orthodoxie à l'épreuve des conciles. Je crois qu'ils n'absoudraient pas Phryné par les mêmes raisons que l'aréopage athénien, et qu'ils n'auraient point pour Cléopâtre les yeux de César ou d'Antoine. L'Église propose à notre admiration de plus vertueux exemples et de plus parfaits modèles : Sarah, honorée au déclin des années de la visite d'un archange; Ruth, qui glanait les épis et consola la vieillesse du charitable Booz; et Rachel, que le tendre Jacob n'obtint qu'après quatorze années de stage. Ce qui prouve que le bonheur est un fruit qui mûrit lentement, et que la fugitive espérance est une vertu théologale qui ne se laisse atteindre que par ceux qui possèdent les deux autres, la foi toujours active et l'amour toujours jeune.

Si M. de Rainneville se bornait à décrire les mérites et à célébrer les vertus des femmes d'autrefois, je n'aurais rien à objecter; mais il va jusqu'à prétendre que la civilisation antique suffisait à l'épanouissement et à la floraison de la femme, et que le christianisme n'a en rien contribué à améliorer son sort et à purifier son âme. Il ne prouve rien en voulant trop prouver. Certes, j'approuve les règlements de Lycurgue et de Solon; je m'attendris au souvenir d'Aristide exilé et de Socrate mourant; j'admire ces temps prodigieux où les grands hommes s'élevaient comme les fleurs naturelles d'un sol privilégié, où les divinités charmées, commandant à Phidias et à Praxitèle de reproduire leurs traits dans l'ivoire et dans l'or, préféraient au tumulte de l'Olympe la solitude du Parthénon.

Jamais l'esprit humain ne fut plus entièrement ravi dans la splendeur et dans l'amour du beau, jamais plus étroite union ne mêla le ciel à la terre. L'art fleurit, la liberté règne, les poëtes et les guerriers se doivent une mutuelle immortalité; les vaisseaux d'Athènes s'élancent sur la mer tributaire et reviennent au port, rapportant l'or de la Perse et le corps de Cimon. Les nymphes dansent entrelacées sur le sommet des montagnes, et les chants du vieil Homère redisent les exploits des héros nés de l'union passagère des dieux exilés et des nymphes poursuivies.

Que Jupiter, punisseur du mensonge, me préserve de douter de la sagesse d'Andromaque, si constamment fidèle à la mémoire d'Hector, et de méconnaître la beauté de cette Hélène que les vieillards à cheveux blancs admiraient du haut des remparts de Troie. La femme de Phocion me semble digne d'estime, et les matrones de Sparte recommandant à leurs fils de revenir avec ou sur leurs boucliers me rappellent, comme à M. de Rainneville, Blanche de Castille suppliant saint Louis de préférer la mort au péché. Aristote et Platon, ces sages qui ont bâti leurs temples sur des hauteurs sereines, ont émis sur le mariage des idées honnêtes et d'admirables maximes; le dernier nommé surtout, qui a donné son nom à une sorte d'amour qui réunit les âmes en distançant les corps. Ah! j'en atteste le dernier disciple de Platon, l'aimable M. Cousin, la philosophie ainsi comprise est aussi belle à exposer que difficile à pratiquer.

M. de Rainneville, passant d'Athènes à Rome, trouve que, dans la grande république, la femme était l'égale de l'homme par la condition, l'héroïsme et la vertu. Il retrace ces figures touchantes du passé que caresse encore l'adoration du présent : Lucrèce faisant naître la liberté d'un peuple des flots de son sang répandu; Cornélie, mère heureuse, s'entourant, comme d'un collier, des bras caressants de ses fils. Il nous redit l'héroïsme de Porcia, le dévouement d'Octavie, et célèbre dans toutes ces femmes, dont l'antiquité nous a laissé le souvenir et les noms, le courage dédaigneux de la mort et la vertu contente du sacrifice. L'auteur, et ici je glisse sans appuyer, l'auteur nous entretient encore des courtisanes fameuses et du rôle élégant qu'elles furent appelées à jouer. Il veut nous prouver sans doute que la beauté toute seule fut toujours adorée, et que notre cœur fut de tout temps le jouet des passions souveraines. J'imagine que si, comme le berger du mont Ida, il eût été mis en demeure d'opter entre les déesses, il eût offert à Minerve une pomme qu'elle n'eût certes pas mangée, sans pouvoir toutefois s'empêcher de jeter un long regard sur la ceinture dénouée de la déesse éternellement jeune.

Je dois à M. de Rainneville quelques heures d'un plaisir vif et délicat; mais le charme de lire n'enlève rien au droit de juger, et je dois m'efforcer d'être vrai sans craindre de passer pour un ingrat. Pendant l'antiquité païenne, la femme n'exerça aucune influence et ne joua aucun rôle. Vouée à l'ombre des gynécées ou au service des dieux immortels, elle n'entrait dans la maison conjugale qu'à titre d'esclave ennoblie par le contact du maître. Placée dans une perpétuelle dépendance, elle ne pouvait ni disposer de sa personne, ni léguer ses biens, ni conférer un droit. Rien ne lui appartenait en propre, ni sa vie, ni ses fils; la parenté établie par elle n'avait point d'effets civils; elle enfantait sans être mère et se mariait sans être épouse. Toutes ses affections sont réfrénées, tous ses penchants comprimés par des lois inflexibles. Caton le Censeur renvoie sa compagne coupable de lui avoir volé la clef de sa cave et d'en avoir abusé. Inférieure à l'homme, dont elle ne possède ni la confiance ni l'amour, la femme n'est considérée que comme un vase de reproduction ou un instrument de plaisir. Mais, si elle se voue tout entière au culte de Vénus indulgente, l'élite de la jeunesse ancienne accourt vers elle comme les abeilles aux fleurs, et elle redevient la maîtresse et la reine de l'humanité vaincue. Elle offre la plus séduisante image de la beauté sur la terre et attire les plus fiers et les meilleurs d'un regard de ses yeux ou d'un signe de ses mains. C'est pour elle que les guerriers combattent et que chantent les poëtes. Aspasie règne sur Périclès, Laïs sur Alcibiade ; plus tard Horace, Tibulle et Properce célèbrent le doux parler et le doux sourire de Délie, Corinne et Lalagé.

Le christianisme renverse les religions anciennes et le monde se sent parcouru d'un souffle de justice et de liberté. Les barrières s'abaissent, les chaînes tombent, et les fils du même Dieu se réunissent dans la foi d'une même origine et d'une destinée commune. Nul être n'est inférieur ou asservi, et Dieu bénit pour l'éternité l'alliance de l'homme et de la femme à jamais enlacés et mêlés l'un à l'autre. On se souvient qu'Ève aux blonds cheveux sortit des flancs du premier homme endormi, pour être la surprise de son réveil et l'enchantement de sa vie.

Dès lors, la femme, appuyée au bras de son mari, devient sa compagne et son égale. Elle partage ses joies et ses douleurs et joue le rôle de conseillère et de consolatrice. C'est la source de la famille, la gardienne de l'honneur, l'inspiratrice des volontés humaines et le charme universel de la terre rajeunie. L'amour accroît son empire, mais ce n'est plus l'Éros antique, le dieu aveugle et enfant, lançant ses flèches inévitables dans le troupeau confondu des hommes et des dieux.

Partout se trouve la main de la femme, invisible ou présente. Elle a, comme autrefois, la grâce à la ceinture et le charme au sourire. Elle est le symbole de l'innocence et l'image de la pudeur. Si parfois elle roule de chute en chute dans les profondeurs du vice, elle peut se relever en demandant au Dieu qui la rachète le don des larmes et la grâce du repentir. Plus prompte que nous au dévouement et plus éprise du sacrifice, elle s'assied au chevet du lit où gisent les douleurs humaines, et semble un bel ange aux ailes repliées dont la voix console et dont le doigt montre les cieux.

O toi — qu'on me pardonne cet excès de lyrisme involontaire — type de souveraine beauté, source d'éternel amour, nourrice de l'humanité sans cesse renouvelée dans tes flancs, ton sein nous allaita, tes bras nous ont bercé! Fille, sœur, mère, amante, épouse, toujours chérie et toujours invoquée, tu satisfais à toutes les passions, tu guéris toutes les souffrances, et tu portes les plus doux noms des langues d'ici-bas!

C'est par toi et pour toi que naissent les œuvres immortelles et les sublimes efforts. Tu es la récompense de nos travaux et la couronne de notre vie. Rien ne console qui t'a perdue, rien n'attriste qui te possède. Tu as des rayons comme le bonheur, des ailes comme l'espérance. C'est en vain qu'un roi chanta ton inconstance et un poëte ta perfidie, tu es le but où l'on tend et la rive où l'on vogue. C'est un besoin de te chercher, une joie de te rêver, une gloire de te conquérir!

On dit que les âmes fiancées par Dieu se cherchent à travers le monde et s'appellent à travers l'espace. Elles ont pour voix les chants, les prières et les larmes, mais rarement il leur est donné de se fondre ici-bas comme deux gouttes de rosée qui forment une perle unique. Et quel meilleur et plus doux songe que celui de la passion partagée et de l'amour fidèle! Heureux ceux qui descendent côte à côte le courant de la vie, pareils à deux cygnes accouplés qui n'ouvrent leurs blanches ailes que pour franchir ensemble le passage de la vie à la mort, du temps à l'éternité!

Et s'il nous arrive d'être frappés par la mort ou l'abandon d'un être tendrement aimé, comme nous sentons la solitude s'accroître et l'ombre grandir autour de nous! Nous cherchons encore à nos côtés notre compagne absente, et nous nous retournons sur la route pour revoir à l'horizon l'ombre charmante du bonheur envolé! Il nous semble que tout s'est éteint dans le ciel et s'est évanoui sur la terre. Le temps n'a plus d'oubli, la vie plus d'espérances, et, pareils aux héros des combats légendaires, nous nous abreuvons du sang de nos blessures pour retrouver la force de souffrir et le courage de combattre encore.

Me voilà bien loin du livre de M. de Rainneville; mais j'y reviens pour le recommander comme un remède à tous ceux qui s'ennuient, comme un plaisir de plus à tous ceux qui s'amusent. Le sujet est fertile en rêveries et en souvenirs, et fournit à chacun un joli thème de discussions. Les objections naissent d'elles-mêmes, mais quelle satisfaction pour le lecteur de penser plus juste, sinon de parler mieux que le livre qu'il lit ! Les auteurs sont rares qui nous donnent une occasion sérieuse de critique et de réflexion. Il faut les remercier du travail d'esprit qu'ils nous ont forcé de faire, et de la faculté de juger qu'ils ont réveillée en nous. A leur tour, ils doivent nous pardonner le mouvement de sot orgueil qui nous a porté à croire que nous avions plus de bon sens que nous ne leur reconnaissions d'esprit fin et de réel talent.

Puisqu'il me reste encore du papier blanc à noircir et du temps à utiliser, je ne vois pas pourquoi je tairais les réflexions que m'a inspirées le récit de la mort d'un grand coupable : un assassin dont il est inutile de redire le nom vient d'expier son crime et de payer sa dette. A l'annonce de sa fin prochaine, il demande un cigare et un verre. Il ne témoigne ni crainte du supplice ni repentir de son crime. Arrivé devant l'échafaud, il y monte d'un pied leste, puis parcourt d'un dernier regard et salue d'un dernier sourire la foule avide du sanglant spectacle. Il se livre aux bourreaux, le couteau tombe, et cet être tout à l'heure si plein de force et de vie n'est plus qu'une chose coupée en deux qu'on enfouit dans quelque sillon ignoré du champ des sépultures.

Je ne viens pas refaire contre la peine de mort la protestation de Beccaria, et je n'examine pas la moralité du supplice, mais l'attitude du coupable. Dans quelque sentiment vil que soit puisé ce courage de la dernière heure, en est-ce moins du courage? D'où vient que ce criminel meurt comme un innocent voudrait mourir? L'homme désigné pour le sacrifice sait qu'aucune sympathie ne l'entoure, qu'aucune pitié ne l'accompagne, et cependant il porte fièrement jusqu'au bout sa tête qui va rouler. Il sait encore que s'il demandait grâce comme le gladiateur tombant dans le cirque romain, aucun des spectateurs ne lèverait le pouce en signe de clémence, et, retrouvant dans son cœur la vanité du combattant vaincu, il s'efforce de s'acquitter gaiement et il oppose, par un saisissant contraste, la lâcheté de son crime à la bravoure de sa mort.

Pour lui la vie n'a de prix que par les tentations qu'elle excite et les jouissances qu'elle procure. Il conquiert à main armée les ressources que ne peuvent lui donner le travail, dont il est déshabitué, et la charité, dont il est indigne. S'il est découvert, il nie, selon l'usage, et proteste pour la forme, mais il sait qu'il a perdu et se laisse exécuter. Si ces réprouvés déployaient dans leur vie le quart de l'énergie qu'ils retrouvent dans la mort, ils accompliraient des prodiges d'audace et gagneraient des coups de fortune. Quels intrépides lutteurs, quels intrépides soldats à jeter sur les redoutes et les canons ennemis à l'heure où la victoire perdue ne peut plus être rattrapée que par des efforts surhumains et des élans désespérés!

Nous entrons dans la saison joyeuse. La folie agite ses grelots et le plaisir ses ailes; la déesse du bœuf gras va prendre place sur le char traditionnel. Nous allons revoir le Temps, Vénus et l'Amour, les licteurs et les municipaux escortant le vieil Apis sur le chemin qui va du Capitole à la Roche Tarpéienne. Nous sommes toujours le peuple le plus spirituel de la terre. Efforçons-nous d'être gais et tâchons de sourire. Assistons sans mélancolie au défilé de cet Olympe en haillons, recruté je ne sais où. Tout passe, et aux jours gras du carnaval vont succéder les jours maigres du carême.

XIX

Les grandes discussions politiques viennent de s'ouvrir au sein du corps vénérable que la Constitution a commis à la garde de nos lois et de nos institutions. A tout sénateur, tout honneur. Seulement le Luxembourg est une enceinte privilégiée où n'entre pas le profane vulgaire. Il semble que le mélange du public enlèverait à la haute assemblée quelque chose de son prestige, de son calme et de sa majesté. Le Sénat n'est pas une arène bordée d'un double rang de spectateurs passionnés; c'est un paisible sanctuaire, réservé aux seuls lévites. La foule qui encombre, aux jours fériés, les abords du temple, ne peut assister qu'à l'entrée et à la sortie de ces représentants de l'intelligence et de ces vétérans blanchis sous le harnais. La porte se referme sur eux : ils discutent les questions pendantes avec la sérénité de la sagesse et l'autorité de l'expérience. Mais le lendemain le *Moniteur* nous apporte, dans ses colonnes gonflées, le texte des discours qu'il ne nous fut pas donné d'entendre, comme le vent, qui soulève au printemps nos rideaux entr'ouverts, nous envoie le parfum des fleurs que nous ne pouvons contempler.

Errant du côté de la rue de Tournon, le *Moniteur* à la main, et plein d'une juste admiration pour les sénateurs de l'empire, je me plaisais à lire leurs discours et je m'efforçais de voir leurs personnes. Tant de piété ne fut pas perdue. J'ai reconnu le maréchal Canrobert à sa tournure martiale, le cardinal de Bonnechose à son grand air, et le marquis de Boissy à sa taille.

Celui-là, c'est le dernier que je veux dire, est un type étourdissant de verve, de rancunes et d'aplomp. C'est un Français de la vieille roche, tout farci de préjugés centenaires et de passions modernes. Petit, vif, remuant, belliqueux, il a la légèreté d'un oiseau et les turbulences d'un enfant. Il a le secret d'être original et le charme d'être naturel, et il n'a laissé sur la longue route qu'il a déjà parcourue ni une pièce de son armure ni un colis de son bagage. C'est un vieillard conservé jeune (1), et, comme une bouteille de champagne frappée sous les premières neiges d'hiver, sa tête fermente et pétille sous une couronne de cheveux qui... pourraient être blancs.

---

(1) M. le marquis de Boissy est mort depuis que ces lignes ont paru; je les ai écrites à titre d'éloge, je les laisse à titre de souvenir.

Ce Gaulois, né malin, créa le vaudeville au Sénat. Ses discours sont des encyclopédies où il traite toutes les questions, aborde tous les sujets et divulgue tous les mystères. Il parle souvent à tort, parfois à travers, et paye en un seul jour sa dette d'une année de silence. Intarissable et universel, il crie tout haut les vérités qui ne se murmurent que sous le manteau de la cheminée, et, au gré de ses collègues, il ne dore pas assez les pilules qu'il distribue. Les murmures ne le découragent pas plus que les interruptions ne l'arrêtent; il est patient parce qu'il a beaucoup à dire, et si brave qu'il ne redoute ni les foudres du ministère ni la férule du président. Ce n'est pas un orateur assermenté, c'est un causeur déterminé. Aussi à l'aise au Sénat que dans son salon, il se sent tellement en famille qu'il ne se gêne pas pour y laver son linge. Il expose sans prétentions à son grave auditoire ses vues politiques, ses idées commerciales, ses espérances religieuses. Il raconte tant de choses secrètes, qu'on le prendrait pour un des roseaux honorés des confidences du roi Midas. Un sénateur n'est pas un journaliste, et sa dignité s'oppose à ce qu'il puisse être, même accidentellement, suspendu. Fort de son inamovibilité, le noble marquis s'en donne à cœur joie et montre volontiers sous le frac brodé du dignitaire le sayon grossier du paysan de Danube. Persuadé que ses incartades sont le signe de son dévouement, il dit leur fait aux puissants du jour, et s'exprime en leur présence avec la rude franchise de saint Éloi devant Dagobert.

Le très-haut et très-puissant seigneur auquel je consacre ces lignes a une noblesse et un passé qui l'obligent. Le Luxembourg est une résidence qu'il revoit avec plaisir, mais où il a déjà vécu. Les noms changent, mais les choses restent. Élevé par le gouvernement de Louis-Philippe à la dignité de pair de France, M. le marquis de Boissy se fit bientôt remarquer par l'originalité de ses allures et la note un peu aiguë de son dévouement sincère. La haute assemblée a su bien vite à quel ennemi déclaré du silence et du repos elle avait donné asile, et le noble pair apparaissait tantôt comme l'ange des interruptions, tantôt comme le dieu des rappels au règlement. Il luttait contre les rappels à l'ordre et les demandes de clôture, comme Démosthènes avec le bruit des flots, et sa voix rivalisait d'harmonie avec le timbre argenté de la sonnette présidentielle. Le président de la chambre, le vénérable M. Pasquier, ne se sentait pas de force contre un aussi rude jouteur, et, offrant M. de Boissy au Seigneur miséricordieux, il se résignait à lui comme un malade à sa souffrance. S'il n'eût pas été chargé de régenter l'incorrigible marquis, le chancelier vivrait peut-être encore. Débarrassé plus tôt d'un semblable adversaire, l'illustre académicien se fût senti rajeunir, et, prenant au sérieux son titre d'immortel, il ne se fût pas laissé faucher par la Parque dans la fleur à peine éclose de sa quatre-vingt-dix-septième année.

M. le président Troplong a recueilli les bénéfices et les inconvénients de la succession de M. Pasquier, et ses collègues et lui refusent, avec une louable obstination, d'accepter le banquet chez Pluton dont M. de

Boissy offrait dernièrement de leur faire les honneurs. Mais chassons ces lamentables augures. En perdant M. de Boissy, le Sénat perdrait beaucoup. Le noble marquis joue dans la vénérable assemblée un rôle dont on ne saurait méconnaître l'importance et l'utilité : il la divertit, la passionne et l'irrite.

Chacun sait que la santé des jeunes gens et des vieillards a besoin d'un exercice modéré et d'une excitation salutaire ; or le rire et la colère, contenus dans de sages limites, sont à la fois une récréation de l'esprit et une nécessité de l'hygiène.

M. de Boissy a de l'esprit jusqu'au bout des ongles, il abonde en réparties incisives et en saillies imprévues ; mais c'est grand dommage que toutes ces bonnes qualités soient gâtées par l'abus ou détruites par la passion. Il nourrit une haine féroce contre le peuple pervers qui a brûlé Jeanne d'Arc et enchaîné Napoléon, et ne sera pleinement heureux que le jour où l'Angleterre descendra de quelques brasses au-dessous du niveau des mers. Nouveau Pierre l'Ermite, il prêche une croisade contre la perfide Albion, et, le jour où une armée française traversera la Manche, il offre de s'enrôler comme en qualité de tambour et de battre sur sa caisse des variations désespérées. Je me représente difficilement l'honorable sénateur sous ce déguisement militaire et dans cette tenue conquérante, et je lui conseillerai chrétiennement d'arracher sa grande âme aux pénibles souvenirs de Crécy, d'Azincourt et de Poitiers. Qu'il y réfléchisse, et il reconnaîtra que l'Angleterre est un pays riche, libre et prospère. Elle

11.

a, comme toute nation, plus d'un crime à se reprocher; mais Dieu, qui fait bien toutes choses, l'en a punie en l'enveloppant d'un perpétuel brouillard et en lui refusant le vin, qui réjouit le cœur de l'homme.

Ces réserves faites, je me sens plus à l'aise pour remercier M. de Boissy de ses tentatives, hélas! stériles en faveur des libertés perdues. Que M. de Sacy, redevable à la presse seule du très-peu de renom dont il jouit, ait oublié sa bienfaitrice et n'ait réclamé pour elle que la liberté du silence; que tous les orateurs du Sénat, contents de leur sort et rassurés sur l'avenir, aient entonné l'un après l'autre un cantique d'actions de grâces, je trouve qu'il serait inutile de s'en étonner et dangereux de s'en plaindre. M. de Boissy a trouvé que rien n'était absolument parfait, puisque tout avait été jugé perfectible. Il est le seul des tuteurs de la Constitution qui ait pensé que sa pupille gagnerait à se parer de la couronne promise, et que la jeune personne avait l'âge voulu pour se montrer moins sévère envers ceux qui l'offensent sans le vouloir ou la connaissent sans l'admirer.

Paris s'amuse et s'occupe comme toujours de procès, de scandales et de fêtes. Qui de nous n'a frémi au récit des aventures de la bouquetière du Jockey-Club? Un soir, elle s'éloignait, emportant avec elle le produit de sa vente du jour, lorsqu'elle se sentit poursuivie par un monsieur convaincu, mais à tort, que tout audacieux qui se promène un peu tard doit rencontrer une bonne fortune. Isabelle ne savait pas si ce noctambule en voulait à sa recette ou à sa vertu, et, dans le doute, elle se mit à fuir avec la vitesse de *Vermout* ou de *Vertugadin;* mais son persécuteur, aidé des ailes de l'amour, eût devancé un cheval dix fois victorieux. La bouquetière, rejointe, se retourne, pousse au monstre, et, d'une clef maniée d'une main sûre, elle lui fit voir que du côté de la barbe n'est pas toujours la toute-puissance. Le séducteur a comparu devant la police correctionnelle, et là il a pleuré sa faute et reconnu son erreur. Il avait cru — la passion est aveugle, — il avait cru sa victime moins vertueuse et plus jeune, car il est avéré que la naissance d'Isabelle a précédé celle des courses. La bouquetière compte dix fois à peu près l'heureux âge de l'illustre *Gladiateur*, et, rose, elle a vécu plus de matins que les roses de sa corbeille.

Les ministres ont donné leurs bals annuels. Il faudrait emprunter la lyre du député-poëte Belmontet pour chanter dignement ces merveilles officielles. Je ne décrirai donc ni la splendeur des lieux, ni la toilette des invités, ni l'affabilité des maîtres. On sait, du reste, ce que la circonférence d'une femme à la mode use de dentelles et d'étoffe, et ce que son opulente poitrine peut supporter de rivières. Seulement j'ai entendu dire que jamais le luxe des costumes et la pompe du spectacle n'avaient été poussés si loin. Des dames, dont on répète les noms, ont été vues traînées sur des palanquins, déguisées en cocottes, ou montées sur des chameaux. Au bal du ministère de la marine, quatre femmes charmantes, personnifiant les quatre parties du monde, ont fait leur entrée dans des chars merveilleusement décorés. C'était à donner aux plus sédentaires le goût des voyages et l'envie des explorations. Dieu, que l'Amérique est belle! disait un personnage ayant quelque peu couru le monde et ses diverses parties; mais, quoi qu'ait pu faire Christophe Colomb, elle ne me semble pas suffisamment découverte.

XX

Février nous a ramené le carême, et nous vivons dans un temps de pénitence, de jeûne et d'abstinence. Chacun de nous doit s'efforcer et s'efforce de mortifier sa chair et de purifier son âme. En ce qui touche la mortification de notre chair coupable, nous pourrions nous couvrir de cendres, endosser un cilice en guise de flanelle et nous frotter les épaules à coups de discipline, comme firent tant de saints illustres dont la gloire m'éblouit, mais dont le nom m'échappe. Nous le pourrions, mais nous n'avons garde. Ces procédés violents ne sont plus dans nos mœurs, et nous rejetons loin de nous tous les instruments de pénitence, tels que cailloux, cannes et disciplines, persuadés à juste titre que, si le repentir est un grand bien, la douleur est un mal plus grand. De tous nos membres et de tous nos organes, nous ne contrarions que l'estomac, en ne lui donnant plus en pâture la dépouille des ruminants et l'aile ou le foie des volailles. Nous nous contentons, quarante jours durant, de laitage et d'œufs frais, de racines et de coquillages. Nous demandons des poissons à l'Océan, des truffes au Périgord, des vins à la Bourgogne ; après quoi nous digérons en paix, convaincus que le Seigneur est aussi satisfait de notre sobriété que nous le sommes de sa tolérance. Nous croyons de bonne foi que nous surpassons en frugalité l'anachorète Jérôme, et nous nous trouvons dignes de nous asseoir à la table du légumiste Pythagore.

Quant au second point, c'est au moyen des œuvres pies, des sermons de charité et des concerts spirituels, que l'âme se perfectionne et s'épure. Un prédicateur à la mode est un remède efficace aux maladies morales, et sa parole inspirée germe dans nos cœurs comme la semence dans le sillon. En ce moment, le Père Félix brille parmi les autres prédicateurs comme la lune dans la foule des astres inférieurs. Nul ne lance aux yeux de plus d'auditeurs éblouis la gerbe des comparaisons et le bouquet des saintes métaphores.

Le Père Félix, comme autrefois l'abbé de Ravignan, appartient à la compagnie de Jésus. C'est un docteur en droit canon, un théologien consommé, et il mériterait le titre d'ange de l'école, qui fut décerné jadis à saint Thomas, si nous pouvions supposer sur les épaules d'un ange une tête qui ne ravisse pas les enthousiastes de la beauté et les chercheurs de l'idéal. Le révérend Père possède un remarquable talent d'écrivain, et le seul reproche que je ferai à ses harangues sévères, c'est de sentir la lampe et de trahir l'effort. J'applaudis à son génie et je reconnais ses succès. On l'écoute, on le vénère, on l'aime. Pendant qu'il parle, les cous sont tendus, les regards fixes, un soupir d'admiration s'échappe des poitrines oppressées, et le silence est si complet qu'on entendrait le vol d'un foulard!

L'éloquence, qui élève les âmes, a pour sœur jumelle la musique, qui les charme. L'une, interprète sublime de la raison qui éclaire et de la vérité qui s'impose, s'adresse à la fois à l'esprit qu'elle persuade et au cœur qu'elle entraîne. L'autre, écho du ciel que la terre répète, fait éclore sous le voile soulevé de l'harmonie le monde confus des sensations et des rêves. Ce n'est ni un langage précis ni une voix distincte, mais un mélodieux murmure où se peignent les plaintes intimes, les joies sans nom, et tout ce qui dans la nature et en nous se trahit par un soupir, par une caresse ou par un chant. Elle accompagne jusqu'au trône de Dieu nos prières et nos larmes, et dans la patrie promise elle est la récréation éternelle des élus et des anges.

Eh bien! soit par esprit de pénitence, soit par dépravation du goût, nous ne témoignons pour les œuvres des maîtres qu'un respectueux ennui, et il faut à nos oreilles blasées cette musique de carrefour qui accompagne la danse des masques et le choc des verres. Offenbach a détrôné Mozart, et, semblables à ces buveurs déterminés qui préfèrent au parfum des vins odorants les chaudes vapeurs de l'alcool, nous délaissons les roulades de la Patti pour les rugissements de Thérésa. Nous transportons la prima-donna du comptoir de l'Alcazar sur les tables de nos salons en fête, et à ses refrains grivois se pâment l'élite des délicats et la fleur des raffinés. Elle a joué, comme Talma, devant un parterre de rois, et a reçu des éloges à griser un sénateur à son retour de l'adresse. Elle chante, comme le soleil luit, pour tout le monde ; elle lance sous n'importe quel plafond ses couplets, qu'applaudissent les mains rudes des ouvriers et les mains gantées des duchesses. La diva a le don de séduire toutes les foules et de plaire à tous les âges. En l'entendant, les commis et les grisettes vident leur verre d'un cœur plus content, et les vieux faunes du grand monde se souviennent de leur jeunesse et trépignent sur leurs pieds de chèvre.

La déesse du bœuf gras mérite jusqu'à un certain point sa fortune : elle a du talent si l'on veut, du chien, si l'on préfère. En elle tout est vulgaire, mais tout porte. A travers la trivialité de sa voix, de la pose et du geste, l'art se trahit comme un soleil voilé qui se devine sous un brouillard. Elle a des clins d'yeux, des torsions de lèvres et des tours de reins à faire frémir le sapeur qui ne respecte rien ; mais dans ces exagérations même se révèle la présence du feu sacré, entretenu par une main qui n'a rien de virginal. Elle me rappelle ces antiques prêtresses qui, traînées sur des chariots de village, hurlaient des hymnes à Bacchus, toutes barbouillées de la liqueur du dieu :

> Je ne sais comment ça se fait,
> On la reçoit dans les familles.
> Allez, allez, ô jeunes filles,
> Entendre Camille Doucet.

Car c'est aujourd'hui, à l'heure où j'écris ces lignes, que l'aimable auteur du *Fruit défendu* prononce son discours de réception à l'Académie française. M. Doucet a écrit des comédies en vers pour lesquelles on ne saurait lui refuser le bénéfice des circonstances atténuantes, et on le prendrait à son style pour la lune effacée de ce soleil un peu terne qui s'appelle Colin d'Harleville. Esprit juste, cœur honnête, fonctionnaire teinté de poésie, il n'a jamais franchi les bornes d'une médiocrité dorée et a constamment navigué sur la rivière paisible des succès d'estime. Fidèle aux principes d'une sage neutralité, il a limité au fauteuil académique ses ambitions modérées, et, pareil aux arbres de nos boulevards, jamais il ne donna d'ombrage à personne.

Parmi les immortels qui parlent ou qui font parler d'eux, je ne saurais sans injustice oublier M. Legouvé, qui fait la joie des salons littéraires en leur offrant tantôt une répétition des *Deux Reines*, tantôt la primeur d'une comédie nouvelle. M Legouvé possède le rare talent de bien dire. Ses vers sortent de sa bouche avec des ailes aux chevilles et s'envolent dans le désert avec la légèreté de Galathée s'enfuyant vers les saules. C'est merveille de l'ouïr. Mais bientôt le charme tombe, le lecteur se tait, et l'œuvre reste. Si la fantaisie nous prend d'ouvrir le bagage de l'académicien et de comparer les produits de sa collaboration aux fruits de sa solitude, on s'aperçoit bien vite qu'il convient de rendre à Scribe ce qui n'appartient pas à M. Legouvé. Cet immortel, livré à ses propres ressources et privé du compagnon de ses premiers succès, ressemble à une plante sans tuteur ou à une colombe dépareillée. Et comme le dit Joseph Delorme dans des vers charmants dont M. Sainte-Beuve paraît avoir perdu le souvenir :

> La colombe gémissante
> Nous demande par pitié
>   Sa moitié,
> Sa moitié loin d'elle absente.

Laissant de côté le *Vrai courage* de M. Glais-Bizoin et plusieurs livres anciens et nouveaux dont j'aurai à parler bientôt, je me propose de terminer cette lettre par quelques réflexions sur la mort d'un homme de bien. M. le duc de Blacas a justifié le dire de nos pères, qui voulaient que la fin couronnât l'œuvre : son œuvre fut d'un gentilhomme et sa fin d'un chrétien.

Sa devise était : *Pro Deo, pro Rege*, et il lui resta fidèle. Il s'obstina dans le respect des serments et le culte des proscrits, et, suivant ses rois errants dans ces stations douloureuses qui marquent la route de leur calvaire, il apporta à ces grandes infortunes, dont il avait fait les siennes, la sereine flatterie d'un dévouement sans bornes comme le malheur, et sans terme comme l'exil.

« Oh! n'exilons personne! oh! l'exil est impie! » s'écriait jadis un grand poëte, aujourd'hui proscrit volontaire. Veut-on savoir en quels termes navrants un prince, qui s'y connaissait alors, décrivait le long martyre de l'exilé? « Exilé, vrai paria des sociétés mo-
« dernes..., c'est un crime aux yeux des grands du jour
« que d'être lié avec toi. Vois-tu dans le lointain ce
« drapeau aux couleurs si belles? Entends-tu retentir
« ces chants guerriers? Malheureux, ne cours pas re-

« joindre tes frères ; fais-toi attacher comme Ulysse au
« mât du vaisseau, car si tu allais partager leurs dan-
« gers, ils te diraient : Nous n'avons que faire de ton
« sang.

« Si une calamité publique afflige tes concitoyens,
« si l'on reçoit, pour soulager l'infortune, l'offrande
« du riche comme celle du pauvre, n'envoie pas le
« fruit de tes épargnes, car on te dirait : Nous n'avons
« que faire de l'obole de l'exilé.

« Si l'on te calomnie, ne réponds pas ; si l'on t'offense,
« garde le silence, car les organes de la publicité sont
« fermés pour toi, ils n'accueillent pas les réclama-
« tions des hommes qui sont bannis. L'exilé doit être
« calomnié sans répondre, il doit souffrir sans se
« plaindre. La justice n'existe pas pour lui (1). »

Nous demandons au signataire de ces lignes la permission d'être sur ce point, comme sur plusieurs autres, d'un avis différent du sien. La peinture est fidèle : eh bien, qu'importe ? La douleur est une épreuve où l'homme s'agrandit, se retrempe et s'épure. Ne les plaignez pas ; enviez-les, ceux qui, se dévouant pour une généreuse croyance ou pour un noble rêve, se font les courtisans des vaincus et les compagnons des proscrits ; ceux qui, sans connaître la lâcheté des apostasies ou l'amertume du désespoir, se cramponnent d'une main fière aux débris d'un trône écroulé, comme le matelot battu par la tempête aux

---

(1) *OEuvres de Napoléon III*, tome Ier, p. 401 et suivantes. Edition de Plon, 1856.

épaves de son vaisseau perdu. Quant aux exilés, ah! sans doute la terre natale a tant de charmes qu'elle est un éternel regret pour qui n'y peut pas vivre et n'y doit pas mourir. Ceux-là sont malheureux qui n'ont dû leur bannissement qu'à la rigueur des temps, à l'injustice des hommes, ou à la grandeur de leur nom. Ils ne prennent qu'une part lointaine à nos joies comme à nos douleurs, et, retranchés de la famille, du territoire et des lois, ils expient chèrement le crime d'une naissance trop illustre ou d'une vie trop austère. Cependant qu'importe encore? La patrie reste toujours. Tant qu'ils vivent, ils ont le souvenir de l'avoir connue, et, quand ils meurent, la conscience d'avoir bien mérité d'elle.

XXI

Au temps où nous vivons, chaque jour apporte sa nouvelle, et jamais l'imprévu ne joua un si grand rôle dans les affaires de notre pauvre monde. On s'endort sur la foi des traités, fixes comme les étoiles; on se réveille à la rumeur des catastrophes, soudaines comme les orages. De tous les gens que je ne connais pas, les diplomates sont certainement les plus occupés, et, pour peu qu'ils remplissent convenablement leurs devoirs, ils doivent donner au télégraphe bien des fils à retordre.

Ainsi je m'étais figuré, — et je ne saurais dire combien cette espérance m'était chère, — que le prince Couza, premier du nom, jouissant jusqu'à son dernier jour de la plénitude de sa raison et des émoluments de sa charge, s'éteindrait sur un lit de roses, pleuré, au suprême moment, par les Moldaves de tout âge et les Valaques des deux sexes. Je croyais même, tant mes illusions étaient grandes, que ce modèle des souverains, fondant une dynastie, transmettrait au premier né de ses fils le glorieux fardeau de l'hospodarat, et que le jour où un prince de la famille des Couza cesserait de régner sur les trop heureux Moldo-Valaques, on verrait le Danube refluer vers sa source et les Krapacks bondir comme des béliers. L'*Opinion nationale*, qui, comme chacun sait, n'a jamais failli, me le répétait à chaque lever de soleil, si bien que, lorsqu'à propos de liberté on me parlait des peuples qui la demandent toujours et des souverains qui la refusent encore, j'invoquais en guise de consolation la Roumanie, qui avait donné asile à ces deux ennemis réconciliés, le principat et la liberté. Rêves déçus, oracles trompeurs ! Le prince Couza a séché comme l'herbe des champs ; son règne a cessé sans qu'on ait remarqué le plus léger signe d'aliénation dans les montagnes de l'horizon ou le moindre mouvement de recul dans les eaux paisibles du Danube.

La déchéance du prince Couza me permet de payer à cet hospodar un légitime tribut de regrets et d'éloges. Je ne flatterais pas pour un empire un empereur en exercice ; mais je peux, sans encourir le reproche de courtisanerie, rendre hommage aux majestés tombées.

Le prince, pavé d'excellentes intentions, comme un enfer en miniature, n'a pu les faire comprendre ou n'a su les réaliser. Il jouait au soldat, occupait les ouvriers et connaissait les mystères du suffrage universel. Il avait le génie de l'administration, le goût des finances, et tous les nobles instincts qui naissent ou grandissent avec le souverain pouvoir. Il ne fit pas la guerre, mais il ne la craignit pas, et, sagement ami du progrès, protégea les arts, favorisa l'industrie et construisit des casernes. Eh bien, il n'est parvenu à contenter personne, excepté lui. Le peuple ne l'a point aimé, l'armée ne l'a point défendu, les poëtes ne l'ont point chanté. Le prince Couza, chassé de la terre ingrate où il a régné, veut, dit-on, se fixer dans cette bonne ville de Paris, qui fait plus de cas d'un épicier enrichi que d'un hospodar déconfit. Mais quand on a occupé une place où il était facile de faire beaucoup de bien et quelques économies, quand on était payé pour se défier de l'inconstance populaire et des caprices des sots, quand on a perçu l'impôt et battu monnaie, on serait inexcusable de ne pas avoir déposé dans quelque endroit abrité une collection respectable de valeurs ayant cours et de médailles à son effigie. Quand le prince tombe, le millionnaire se relève.

Je plains beaucoup moins les souverains dépossédés que les nations orphelines Le roi Othon rit de bon cœur des embarras du roi Georges. Quand il régnait, avait-il l'humeur joyeuse? Orélie-Antoine écrit les souvenirs de ses voyages et les mémoires de sa royauté. Quand il maniait le sceptre, avait-il le goût des lettres? Décidément, il est beaucoup plus facile aux princes de vivre sans sujets qu'aux peuples de se passer de rois. Voyez les Roumains. Sitôt débarrassés d'un prince indigène, ils se mettent en quête d'un prince étranger et font passer leur couronne de second ordre sous les narines augustes des principicules disponibles. « Soyez notre hospodar, ô digne fils du roi des Belges, ont-ils dit au comte de Flandres, et gouvernez-nous selon les lois de la sagesse et les préceptes de Léopold. Vous ne nous connaissez pas, c'est pourquoi vous nous aimerez. Venez à Bucharest, vous habiterez un palais confortable, et vous régnerez sur des sujets soumis. »

Le comte de Flandres, médiocrement touché de cette preuve de confiance, paraît au balcon du Grand-Hôtel et laisse tomber ces mots sur la tête des députés roumains : « Mon père, le plus sage des hommes et le meilleur des rois, ne m'eût jamais conseillé d'accepter un trône au pied levé et d'entrer inopinément dans les pantoufles d'un autre. Je suis trop prudent pour courir les chances d'une révolution, et trop bon catholique pour subir la domination du Grand Turc. Le hasard m'a fait naître fils et frère de rois, et mon père, en mourant, m'a laissé quelque bien. J'ai donc assez de titres pour mon ambition, assez de fortune pour mes désirs. Mais, si je refuse et si je crains vos présents, bien d'autres les accepteront; un couronne vacante ressemble à Pénélope avant le retour d'Ulysse; elle rencontre plus de prétendants qu'elle n'en peut raisonnablement coiffer. » Après ce petit discours, le comte de Flandres quitte le balcon et rentre au Grand-Hôtel.

Il me serait doux maintenant d'écrire pour le roi de Prusse quelques lignes à la fois fermes et respectueuses. Ce puissant monarque (1), qui tient sous son sceptre tous les pays situés entre la Vistule et l'Eider, et qui commande à dix-huit millions d'Allemands, y compris quelques Polonais, ne saurait se contenter de la possession d'un si grand nombre de têtes et d'une si notable quantité d'hectares. Il cherche à arrondir les domaines de ses pères et voudrait réunir les Allemands en un seul troupeau dont il serait le pasteur unique. Préoccupés de cette fantaisie princière, le roi Guillaume et M. de Bismark, son ministre, ne connaissent pas d'obstacles; ils restreignent la liberté, qui les gêne, et ferment violemment la bouche aux députés indiscrets. Mazarin disait, en parlant de nos ancêtres : « Qu'ils chantent, pourvu qu'ils payent. » M. de Bismark, plus intolérant à coup sûr et moins spirituel peut-être, ne demande à ses féaux que le silence et l'impôt. Or les Allemands sont doublement mécontents de cette double exigence; car, si pour un peuple pauvre il est dûr de payer beaucoup, pour un peuple musicien il est triste de ne pouvoir chanter.

Le roi Guillaume veut donner à la Prusse un second exemplaire du grand Frédéric. Il n'a, j'en conviens, ni le goût des lettres, ni la passion de la philosophie, mais il est atteint, en revanche, de l'ardeur conquérante et de la manie guerrière. Il préfère les beaux sol-

---

(1) Ecrit avant Sadowa.

dats aux beaux vers, et trouve qu'un glaive convient mieux aux flancs d'un adulte qu'une toge à ses épaules. Les Prussiens sont encore plus éloignés d'être égaux que d'être libres, et les casernes sont des châteaux forts d'où s'élance une nuée de seigneurs féodaux chargés de démontrer au bourgeois qui les héberge, que le sabre est une arme dangereuse et que l'aigle est un oiseau de proie. Un officier d'humeur joyeuse peut répéter au cuisinier inoffensif sur la tête duquel il laisse tomber son épée les belles paroles que le héros grec adressait à un Troyen dont il allait faire le convive de Pluton : « O jeune homme, qui que tu sois, console-toi de ta destinée et remercie les dieux qui t'accordent la grâce de mourir de la main d'Achille aux pieds légers! »

La grande armée prussienne s'est illustrée par de récents exploits. Depuis qu'elle a triomphé du faible Danemark en combat singulier, et fait briller ses armes neuves au soleil de Duppel, elle se qualifie modestement d'invincible, et croit tout possible et tout permis aux enfants chéris de la victoire. Le monarque et son ministre ne songent qu'à s'annexer leurs conquêtes et à légitimer le vol audacieux des aigles bicéphales. Ils ont payé au prix d'estimation chaque tête du maigre troupeau lauenbourgeois, et ils veulent persuader aux habitants du Sleswig-Holstein que le fardeau de la Prusse est aussi léger que son joug est aimable. La voix de la nation, parlant par ses représentants, est ou dédaigneusement écoutée ou violemment éteinte. Les puissants ne prêtent plus l'oreille aux vœux des peuples et aux doléances des meuniers. M. de Bismark a tracé des plans fort beaux sur le papier, qui nous montrent la Prusse augmentée d'une Silésie nouvelle, mais où ne figure plus le pauvre moulin de Sans-Souci, qui rappelait les temps heureux où Berlin avait des juges, et où les rois ne poussaient pas leur volonté aux limites de leur puissance.

Je borne ici mes voyages en pays étranger et je reviens à la France, réveillée et attentive aux discussions de ses Chambres. La liberté, servie par d'éloquents défenseurs, regagne le terrain perdu et reparaît sur les sommets désertés. Elle ne s'éloigne que pour un temps, chassée par la tyrannie des révolutions ou par les fautes des peuples, mais elle laisse derrière elle le souvenir de ses bienfaits et l'espérance de son retour. Comme la mer, qui n'abandonne les rivages qu'elle a baignés que pour les reconquérir à l'heure de la marée montante, elle revient des extrémités de l'horizon, grossie, dans sa marche irrésistible et lente, de l'élite des penseurs et des flots populaires.

Mais je laisse de côté l'ensemble pour les détails, les théories pour les hommes. MM. Thiers et Jules Favre ont donné des premiers, et, à l'exemple de ces chefs illustres, plusieurs combattants nouveaux se sont élancés dans la mêlée, avides de gagner leurs éperons et de parcourir la France sur les ailes du *Moniteur*. Parmi ceux-là, je citerai M. Chesnelong, une réputation pyrénéenne, chargé de combler à Orthez le déficit inattendu de M. Larrabure. Je n'aurai garde d'oublier M. Pamard, maire, médecin et député d'Avignon, gardien vigilant des lois et de la santé publique, et justement fier d'une élection qu'il doit aux voix réunies des amoureux qu'il a mariés et des malades qu'il a guéris. M. Pamard, se souvenant qu'Esculape est le fils d'Apollon, veut couronner son front des plantes médicinales et des lauriers oratoires. Le bruit court que, rentré dans son département, il se promène au bord de la fontaine de Vaucluse pour demander aux ombres enlacées de Pétrarque et de Laure le don de persuader et le secret de plaire.

M. Glais-Bizoin, auquel j'arrive enfin, ne saurait, en sa double qualité d'auteur comique et de député, trouver mauvais que l'on parle de lui. C'est un Breton de la bonne école, un vieux routier parlementaire, un adversaire irritant en même temps qu'un ami dangereux. Il a l'humeur batailleuse et le tempérament guerrier. « Égayez-vous, mes gars, » disaient les chefs bretons aux chouans qu'ils menaient au combat : M. Glais-Bizoin est un gars qui s'égaye. Il n'aime ni le joug de la discipline, ni la contrainte du silence. C'est un vétéran impétueux comme un conscrit, un irrégulier de l'opposition et un tirailleur de l'aile gauche. Quoiqu'il ne marque plus et que l'âge ait dénudé sa tête, il a la gaieté turbulente et les bonds désordonnés de l'écolier qui s'échappe; il bat les buissons, sonne la charge, pousse à la roue, active l'attelage. Inquiet, remuant, agité, aussi incapable de repos que de modération, il saute sur son banc comme un poisson sur l'herbe, entre-coupe d'approbations bruyantes les discours qui ont le bonheur de lui plaire, et lance la volée de ses interruptions dans les ailes de l'éloquence ministérielle.

M. Glais-Bizoin joue les Boissy sur la scène législative, et il est juste de dire qu'il diffère en quelques points et se rapproche par quelques côtés de son aimable émule. Il laisse au noble marquis ses préjugés surannés, ses haines préconçues et sa souplesse politique, mais il n'a pu lui emprunter son élégance cavalière, sa naïveté malicieuse et sa politesse incisive. Il sait bien ce qu'il veut, et moins bien ce qu'il dit. Il a plus d'abondance que de choix, plus de vivacité que d'esprit, plus d'audace que de finesse. Il ne possède ni le secret des atténuations, ni l'art des réticences, ni le don du respect. Il n'a, heureusement pour lui, qu'un mince filet de voix, ce qui lui permet de glisser à la dérobée plus de choses que ses collègues n'en oseraient entendre et de se donner l'apparence d'un muet parlant à des sourds. Ses discours ressemblent à la semence dont il est question dans la parabole de l'Évangile : une partie se perd en route, une autre tombe sur la pierre infertile, le tiers seulement fructifie. C'est l'affaire des sténographes du *Moniteur* de disputer les germes de M. Glais-Bizoin aux oiseaux qui les dévorent et au vent qui les disperse.

M. Glais-Bizoin est à la fois le plus sympathique des hommes et le plus irritant des orateurs. Il déchaîne la tempête, sans avoir, comme Neptune, le pouvoir de l'apaiser, et casse les vitres sans manifester la moindre intention de les solder. Il s'attaque aux personnes comme aux choses et se livre, devant l'arche sainte, à une danse aussi irrespectueuse qu'interdite. Il gâte la justesse du fond par l'irrévérence de la forme et dépasse le but, ce qui est aussi inutile et plus dangereux que de manquer de force pour y arriver ou de précision pour le toucher. Sa verve est belliqueuse, sa franchise brutale, et il met à la Vérité son armure de fer et sa lance de bataille. Il joute avec des armes discourtoises, et menace ses adversaires tantôt du plat, tantôt de la pointe de ses fleurets démouchetés. Ajoutez à cela qu'il ne met ni ordre dans sa discussion, ni suite dans ses idées; qu'il n'a ni souffle, ni puissance, ni voix; qu'il manque de la modération qui s'impose et de l'indignation qui transporte, et vous arriverez à cette conclusion, qui est la mienne, qu'on n'exerce d'empire sur les autres qu'à la condition de se posséder soi-même; qu'il vaut encore mieux être silencieux qu'inutile, et que l'orateur est un soldat au service d'une idée juste, ayant mission de lutter, de combattre et de vaincre pour elle.

M. Glais-Bizoin appartient à la fois à la politique et à la littérature; il fait des discours à la Chambre et lit une pièce dans les salons. Cette comédie a dû avoir sa période d'incubation sous Louis XVIII et venir au monde sous Charles X. Le style en est aussi vieux que l'intrigue en est singulière. La pièce a autant de titres que d'actes et s'appelle indifféremment *le Vrai courage, un Duel en trois parties, une Femme pour enjeu.* Voici ce que j'ai peur d'avoir entendu et ce que je crains d'avoir compris. Tous les personnages, à l'exception d'un garde et d'un notaire, répondent au nom illustre et harmonieux de Saint-Pourçain. Le premier est amiral, le second général, le troisième capitaine;

le quatrième est un héros, et le dernier est une fille. Ce simple exposé séduit tout le monde, et l'on trouve généralement que ces braves Saint-Pourçain forment une famille intéressante et qui mérite d'être heureuse.

Comme le bonheur n'arrive qu'au dénoûment des comédies, on devine que les Saint-Pourçain ont longtemps à souffrir. Le capitaine est fiancé à sa cousine, mais la jeune personne aime l'héroïque Valentin. Battons-nous, dit le militaire à son rival. Mais Valentin a trop de vrai courage pour accepter un combat dont une femme est l'enjeu, et il fournit coup sur coup trois preuves irrésistibles de sa réelle bravoure. Au premier acte, il se montre excellent nageur; au second, il tue un chien enragé; au troisième, il arrête l'élan des révolutions. L'amour récompense la valeur, et Valentin est assez heureux pour voir son contrat de mariage rédigé par la main du notaire qu'il a arraché à une hydrophobie certaine. Tel est, en résumé, ce drame merveilleusement simple et infiniment long. Maintenant est-ce une gageure ou une allégorie? Quelle est la langue que l'on parle et le temps où l'on vit? Les plus malins s'y trompent et les grammairiens hésitent. Tout ce que je puis dire, c'est que la pièce s'achève au milieu de la stupéfaction des multitudes convoquées, et que les auditeurs se demandent comment il se fait que M. Glais-Bizoin, ayant dépensé tant d'esprit dès son jeune âge, ait pu vivre si longtemps.

Je n'ai que bien peu de place et de temps pour parler d'un livre nouveau édité par la Librairie centrale et intitulé : *les Français de la décadence*. M. Henri de Rochefort a groupé sous ce titre les articles qu'il a publiés dans le *Figaro*, et ces articles n'ont qu'un seul défaut, celui de ne former qu'un volume. M. le comte Henri de Rochefort appartient à une vieille famille du Périgord, et si je lui restitue un titre qu'il se retranche modestement, c'est qu'il me semble que dans la république des lettres, où un critique peut être fait prince, un chroniqueur peut rester comte. Autrefois un gentilhomme ne signait que du pommeau de son épée, aujourd'hui chacun tient la plume et sait écrire et compter. Jamais on ne valait que par son nom, à présent on ne vaut que par soi-même. Avant Boileau, Juvénal avait dit en latin :

> Que la seule noblesse était dans la vertu.

C'est pourquoi il y a très-peu de nobles.

M. de Rochefort, auquel je reviens, a fait un assez joli chemin, étant allé du *Charivari* au *Figaro*, et du *Figaro* au *Soleil*.

Il a un charmant esprit, vraiment jeune, naturel et français. Il est lui, et il perdrait trop à cesser de l'être. Comme dit Musset, il boit dans son verre, et si le verre n'est pas grand, il est d'une forme exquise et fait de pur cristal. Il sait écrire et il sait plaire, et il est le seul que j'aime à relire après l'avoir lu, et qui, m'attirant par mille endroits, ne me repousse par aucun. Il sent fortement ce qu'il dit, et on s'aperçoit, à l'amertume de ses plaintes et au mordant de sa satire, qu'il a la haine vigoureuse des ridicules qu'il flagelle et des vices qu'il flétrit. Sincère, hardi, provoquant même, il donne à sa plume les allures d'une épée, et semble parfois viser quelque chose ou quelqu'un. Ce livre est une mosaïque dont chaque pièce est achevée. Ces articles sont des tableaux de genre où rien n'est négligé et où le moindre détail a son prix. Le cadre n'est pas grand et la toilette est restreinte ; mais qu'importe, si la vie est en elle et si la lumière y circule ? D'ailleurs, M. de Rochefort n'avait à peindre que des diminutifs, et il a tracé d'une main si vive et d'un pinceau si fidèle la figure de nos petites dames et de nos petits messieurs, que plus d'une fois la ressemblance a fait crier les modèles.

Je veux finir en répondant à quelques observations qui m'ont été adressées ces jours derniers, soit de vive voix, soit par écrit. Une noble dame, qui porte le nom d'un grand saint, et qui me fait l'honneur de me témoigner quelque intérêt, a daigné me dire, à son retour de Bretagne, que je gagnerais davantage à parler moins souvent de moi et plus fréquemment des autres. La noble dame doit reconnaître son erreur, puisque je parle d'elle et que je la supplie de croire qu'il me faudrait plus de mille et un jours pour décrire ce qu'elle seule ignore et ce que chacun lui sait de bonté, de grâce et d'esprit. D'autre part, je reçois de Lyon une lettre où, au milieu d'un grand nombre de louanges, hélas ! imméritées, se glissent quelques reproches malheureusement trop fondés. Mon correspondant me reprend, en excellents termes, de quelques légèretés de plume auxquelles, j'en conviens, je me laisse aller trop souvent. Que veut-on? Je crois bien que j'ai passé l'âge où l'on se corrige, et je me demande si ce ne sont pas mes nombreux défauts qui font valoir mes minces qualités. Il me semble que je cesserais d'être supportable le jour où je deviendrais parfait, et, à mon avis du moins, la plus grande imperfection d'un homme vraiment homme, ce serait de n'en avoir aucune.

XXII

Les signes précurseurs du printemps nouveau apparaissent à l'horizon : déjà les rayons d'un soleil plus ardent nous apportent les riantes promesses des fleurs qui vont éclore et des feuilles qui vont poindre. Le vieux marronnier du 20 mars, une fois encore couronné de bourgeons verts, va se réjouir du vol des ramiers accouplés et du poids charmant des nids suspendus à ses branches.

Les courses ont recommencé ; depuis deux ou trois dimanches, les hippodromes repeuplés de Vincennes ou de La Marche redeviennent le rendez-vous

> De tout être créé possédant équipage.

Comme toujours, sur les coussins des voitures découvertes s'étalent les beautés blondes flambant dans leurs toilettes neuves ; mais le regretté M. Dupin n'est plus là pour écraser du fardeau de ses lourdes chaussures les fleurs et les dentelles d'un luxe mal acquis.

Les courses ressemblent au naturel : on prendrait le bon parti de les chasser qu'elles trouveraient moyen de revenir au galop. Elles ont l'avantage d'être à la fois un lieu de rendez-vous, un théâtre, une buvette, une bourse. On s'y montre, on s'y retrouve, on y boit, on y joue, et la foule indifférente se préoccupe à peine des efforts que font chevaux et cavaliers pour franchir, sans s'y briser quelque chose, une haie vive, un mur de pierre, un fossé profond. On a dit avec raison qu'on aurait quelque chance de perfectionner l'homme avec les deux millions que l'on consacre annuellement à l'amélioration de sa plus noble conquête. J'aimerais à voir plusieurs gaillards bien découplés concourir pour le prix du désintéressement ou se disputer la coupe de la fidélité. Sitôt que le signal du départ est donné, les concurrents s'élancent, jaloux de se dépasser mutuellement, et confiants dans la rapidité de leur course et la vigueur de leurs bonds. Mais l'un s'arrête aux obstacles, l'autre aux tentations du chemin. Que de chutes à déplorer sur ce rude parcours, et combien de coureurs épuisés à transporter dans ces ambulances dorées où l'on guérit, à force de bons traitements, les blessures de l'honneur et la gêne des métamorphoses!

Fêtes partout! concerts chez les grands, discussions à la Chambre, discours à l'Académie. Grande fut l'émotion parmi les curieuses des premières et les amateurs du beau langage dès qu'on apprit que M. Guizot allait souhaiter la bienvenue à M. Prévost-Paradol et que ces représentants des deux âges extrêmes devaient se tendre la main par-dessus la tombe à peine fermée d'un immortel évanoui. Les dames menaient de front la chasse aux billets et la conception de leurs toilettes futures, et plus d'un octogénaire de l'Institut, possesseur d'un droit d'entrée, se vit solliciter par des sirènes auxquelles on ne résiste guère, ni à l'âge où l'on bâtit, ni à celui où l'on plante. Le gardien des chaises du temple, l'huissier Pingard, justement fier la confiance dont l'honorent les quarante collaborateurs du Dictionnaire éternel, maniait sa baguette comme une crosse d'évêque et rayonnait sous les anneaux d'argent.

M. Prévost-Paradol fut dès son enfance un élève phénomène et servit d'enseigne et de réclame au maître de pension, qui lui donnait la meilleure part du potage et l'aile de la poule qui cuit parfois pour le jeune peuple des collèges. Il glana les lauriers universitaires, les prix du grand concours, et put montrer avec orgueil sa joue chaude encore des baisers ministériels. Il mordit au latin et brouta les feuilles classiques du jardin des racines grecques. Il entrait dans le long avenir peuplé d'espérances, et ses professeurs, branlant leur tête chauve, lui disaient avec un accent prophétique : « Tu seras Marcellus. Personne, ô mon enfant! ne pourra te résister, soit que tu veuilles composer un discours français sur des sujets latins, soit que du bec tranchant de ta plume acérée il te plaise de piquer discrètement le cuir épais de tes contradicteurs. »

Bien jeune encore, il se distingua dans les joutes académiques, et ses premiers essais laissèrent deviner un maître. Puis, las d'exploiter le sol ingrat de l'Université, il voulut ensemencer un terrain moins avare et sauta, d'un bond gracieux, d'une chaire de collége sur la plate-forme des grands journaux. On accueillit avec joie ce brillant volontaire et ce léger combattant. Il essaya tous les sujets, brilla dans tous les genres et fit vibrer toutes les cordes. Il s'attela aux premiers-Paris, s'épanouit dans les articles de fond, suivit les sentiers littéraires, et fit pleuvoir sur la tombe des morts sympathiques les fleurs de la rhétorique et les parfums du sentiment. Il ne changea jamais de note et ne se laissa pas séduire aux apostasies rétribuées des transfuges. Fin, agile, spirituel et mordant, formé avant l'âge, mûr avant le temps, connaissant à fond sa langue et sachant ce qu'elle peut offrir de ressources et de détours à qui peut galamment s'en servir, habile à vêtir une allusion mordante du manteau blanc de l'innocence, il tint brillamment la campagne, se dérobant aux coups de l'ennemi par des manœuvres sagaces, des retraites prudentes et des effacements soudains. Un jour pourtant, fait prisonnier dans un combat d'avant-garde qu'il avait imprudemment livré, il paya de la perte temporaire de sa liberté son audace, ses succès et sa brochure. A peine délivré, il reparut au premier rang des combattants, et je ne puis mieux le comparer qu'à ces cavaliers parthes pour qui la fuite n'est qu'une ruse de guerre, et qui, la main sur leurs arcs aux cordes tendues, lancent de loin des flèches inévitables dont la blessure n'est jamais mortelle, mais est toujours cuisante.

Enfin l'Académie, touchée des efforts que faisait pour lui plaire ce critique des grands journaux, lui a voté un fauteuil d'immortel et un habit brodé, sur toutes les coutures, de palmes vertes comme la feuille naissante ou l'espérance réalisée. M. Prévost-Paradol est jeune encore, et les dieux aiment la sainte jeunesse qu'ont chantée les vieux poëtes; il compte sept lustres surchargés d'un quart d'olympiade, et sur ses cheveux noirs n'est point encore descendue la neige des années refroidies. Une assemblée d'élite s'est réunie pour boire son premier discours. Et tous et toutes, femmes politiques attirées à l'Institut par l'amour de la doctrine, comédiennes plus vieilles que le récipiendaire, vierges semblables au lis pur qui ne travaille ni ne se farde encore, jeunes chevaliers du binocle perpétuel et des cheveux frisés, vieillards ayant payé la tardive expérience du prix charmant de la jeunesse envolée, joignaient, pour applaudir, leurs mains gantées ou nues et savouraient un plaisir délicat

> En entendant chanter les louanges d'Ampère,
> Ce fils un peu déchu d'un si glorieux père.

M. Guizot prit la parole dès que se furent éteints les derniers murmures soulevés par la fin du discours de son jeune collègue. Ce vieillard, retiré du monde et de ses affaires, porte toujours fièrement une des plus belles têtes que Dieu ait données pour expression à un talent qui confine au génie. Inflexible comme ceux qui n'ont jamais plié, supérieur comme ceux qui n'obéirent jamais, supérieur à ses adversaires et à ses alliés par l'estime qu'il inspire aux uns et le dédain qu'il a des autres, il a survécu à la chute de ses espérances et à la perte des siens, seul, mais debout, croyant et respecté : grand écrivain, orateur puissant, au geste heurté, à la voix ferme et nette, à l'incomparable attitude ! Il garde la majesté sévère des ruines que le temps caresse, et l'autorité des sages que rajeunit un rayon pur de gloire impérissable. Comme la sibylle, il instruit le monde et prédit l'avenir. Étranger à nos passions, indulgent à nos erreurs, il ne combat plus, mais il conseille encore. Pour juger son temps et ses contemporains, il gravit le sommet de la montagne accessible aux seuls prophètes, et là, sourd au choc des passions qui s'agitent dans la vallée, il voit le tumulte des détails se fondre dans l'harmonie de l'ensemble, les brouillards de l'horizon se dissiper aux lumières de la liberté reconquise, et se dérouler devant lui les riantes et sereines perspectives de l'avenir où nous tendons.

Si j'avais la gravité de nos législateurs, je toucherais un traître mot du libre-échange et de l'agriculture. Les meilleures mesures doivent germer longtemps dans les esprits comme le grain dans le sillon recouvert, et la reconnaissance ne suit que les bienfaits opportuns. Une enquête est ouverte sur les souffrances de l'agriculture et les moyens d'y remédier :

mais, qu'on me permette de le dire, la meilleure de toutes les enquêtes est celle qui se fera par la voie de la presse, à toute heure, en tout lieu, devant tous. C'est avec le concours de tous que doit être traitée une question qui nous intéresse tous. Le blé est la plus nécessaire des plantes qui se lèvent sur notre pauvre terre. Nous le mangeons tous en pain, et quelques-uns le mangent en herbe.

J'aurais fini, si je n'avais été prié d'élever ma faible voix en faveur d'une grande infortune. D'autres diront la gloire de la Pologne et les combats héroïques où son sang, mêlé au nôtre, fut si largement répandu. Je ne veux rappeler que les malheurs et les besoins de ses fils exilés. Et me voici m'écriant avec le poëte :

> Quis talia fando,
> Myrmidonum, Dolopumve aut duri miles Ulyssei,
> Temperet a lacrymis.

Qui donc, à de tels souvenirs, fût-il soldat du czar implacable ou ministre de ses vengeances, pourrait ne pas pleurer ?

Le comité franco-polonais fut institué pour venir en aide aux souffrances des victimes de la dernière insurrection. Après la mort du regrettable duc d'Harcourt, c'est à M. Odilon Barrot qu'est échu l'honneur de le présider. Le comité avait obtenu du gouvernement l'autorisation d'ouvrir des conférences dans la salle Barthélemy. Mais le gouvernement reprend souvent ce qu'on croit qu'il donne, et les conférences furent interdites avant même que la salle Barthélemy fût démolie. Il est toutefois plus d'une manière de faire le bien. Le comité résolut d'organiser, soit une loterie, soit une représentation théâtrale, mais il échoua dans ses généreux projets faute d'une permission demandée et refusée en haut lieu. Dieu me garde de blâmer les actes, les pensées où les omissions d'un ministre. Il a toujours, pour ne pas faire ce qu'il ne fait pas, des raisons d'autant plus décisives qu'elles sont impénétrables.

Le nerf de la guerre et de la charité, l'argent, faisait défaut. Le comité s'est alors adressé aux artistes, qui ont noblement répondu à son appel. Un nombre considérable d'esquisses, d'aquarelles, de tableaux, etc., signés des noms les plus glorieux et les plus aimés, seront vendus aux enchères, le mercredi 21 mars, à l'hôtel Drouot. Le mardi 20 mars aura lieu l'exposition préalable. L'occasion est offerte à tous d'acquérir une belle œuvre en en faisant une bonne. Donnez à ces malheureux qui, après avoir vainement combattu pour les autels et les foyers antiques, tendent à leurs frères de France leurs mains vides et désarmées. Pour ces exilés, de longs jours de fortune, d'espérance et de vie tiennent dans une pièce d'or, de même que dans ces petites toiles vendues à leur profit, et au bas desquelles se lisent les noms de Corot, d'Ingres ou d'Isabey, se déroule une immense étendue de terre fertile, d'eau profonde et de ciel radieux.

XXIII

Quand cette lettre paraîtra, bien des choses seront vieillies ou ne seront déjà plus. La pièce de M. Augier comptera huit ou dix représentations; l'hiver aura disparu; le jeune printemps achèvera son huitième soleil, et l'amendement du tiers parti s'endormira sur ses soixante et une voix, pour ne se réveiller qu'aux trompettes de la prochaine adresse.

La comédie de M. Augier a fait rouler toutes les pommes de la discorde sur les escaliers de la maison de Molière. Or, comme le prétend, ou à peu près, l'Écriture, toute maison qui se divise appartient à M. Haussmann; c'est assez dire, je pense, qu'elle doit tomber sous peu.

Oui, l'antique Discorde s'est chauffée au feu du foyer de la Comédie-Française, et elle arpente à grands pas le camp des sociétaires; la colère entre dans l'âme des comédiens comme dans celle des dévots, et l'effort des passions soulève les vagues inquiètes de cet Océan réduit et comprimé, qui s'appelle la blanche poitrine d'une actrice de quarante ans.

M. Augier voyait sa pièce retardée de deux mois par le succès du *Lion amoureux*, et il tenait à être joué avant les feuilles de mai. Décidé à prendre le chemin de l'Odéon, il demanda à la Comédie-Française de lui prêter un de ses meilleurs artistes. La Comédie n'est pas prêteuse, c'est là son moindre défaut. « Jamais, disent les sociétaires de la rue Richelieu, un des nôtres ne passera les ponts; nous avons une constitution, une tradition et une volonté bien arrêtée. Got, que vous demandez, et qui nous est inutile, ne franchira pas le fleuve redoutable qui nous sépare de l'Odéon. Il vaut mieux qu'il soit muet dans notre sérail que bavard dans un autre. Enfin, sachez-le, cher poëte, nous sommes comme les branches d'un fagot d'épines, nous nous piquons, mais nous restons ensemble. » M. Augier sourit, salua et s'en fut. Peu de temps après, un chambellan très-orné l'introduisait près d'un auguste personnage. « Sire, dit le poëte, j'ai fait une comédie dont je vous demande pardon, et je sollicite une grâce d'où dépend l'avenir de mes cinq actes. Au Théâtre-Français, tout est à vous, immeuble et locataires. Ces gens-là reconnaissent qu'ils vous appartiennent, puisqu'ils s'intitulent vos comédiens ordinaires. Prêtez-moi, je vous en supplie, le moins ordinaire de vos comédiens. »

Ce petit discours réussit à souhait, et l'amendement passa sans opposition. Got s'est enfui, et au théâtre qu'il a déserté le petit peuple des sociétaires intrigue, complote et pétitionne pour le salut de sa maison et l'intégrité de son foyer. Ces préoccupations diverses sont le secret de la comédie; mais le ministre compétent fera, quand il lui plaira, rentrer dans leurs outres rebondies tous les aquilons déchaînés, et le maréchal Vaillant verra se courber sous son bâton les têtes nues et les gros bonnets du sociétariat qui n'ont pas encore exécuté le saut joyeux des moulins.

M. Émile Augier a dû naître sous la Restauration, et je pense que, depuis qu'il se connaît, il a parcouru près de la moitié d'un siècle. Il a bien supporté les longues fatigues de ce long voyage, et, sauf les cheveux, qu'il n'a pu refuser aux quémandeuses du chemin, il s'est maintenu au grand complet et a conservé tous les détails importants qui ajoutent à l'harmonie de l'ensemble et au charme d'une façade humaine.

Figure expressive et réussie, aux lèvres fines, au front découvert; l'air demi-souriant, demi-pensif, riche d'esprit et de gaieté, et toujours prêt à se mettre en dépense; bon garçon dans la force du terme, ni méchant ni marié. Rien ne manque à son bonheur : il est riche; à sa gloire : il est académicien. Son signe particulier, c'est de descendre de Pigault-Lebrun; son tort, c'est de s'en vanter. Si j'émanais à deux degrés de l'auteur du *Baron de Felsheim*, il me semble que je reléguerais mon aïeul au fond de l'armoire aux oublis; mais je conviens qu'il ne faut disputer ni des goûts ni des grands-pères. M. Augier est décoré, distinction qu'il partage avec une infinité de Français.

M. Émile Augier n'a jamais connu les temps nuageux qui font la solitude, et il prouve la persistance de son bonheur par le nombre de ses amis. Aimable affilié de la secte d'Épicure, et bienvenu de tous les partis, il ménage le chou de juillet et la chèvre de décembre. Il ne peut oublier les souvenirs de la jeunesse qui l'attachent aux princes d'Orléans, et il croirait n'accepter que sous bénéfice d'inventaire la succession de Pigault-Lebrun, s'il ne se montrait pas le familier d'un prince dont son aïeul servit le père. Habitué des demeures royales, où rien n'est changé que la figure du maître, il compare les régimes et s'habitue aux transitions. Comme Molière chez le grand roi, il trouve des sujets de pièce en observant la nature dans la laideur de ses métamorphoses et la variété de ses accoutrements, et il voit défiler, grelots en tête et masque au visage, les personnages éternels de la comédie humaine.

M. Augier a un grand talent, et il mène souvent à bien cette œuvre du démon qui s'appelle une comédie. Il sait conduire une intrigue, trouver une situation, créer un caractère. Il fut heureux dans ses débuts, grâce peut-être aux dieux, dont il parlait la langue. Il aimait la poésie et avait le courage de ce dangereux amour. Ses alexandrins tombèrent dans l'oreille d'un public indulgent. On s'aperçut bien que, sur deux vers de lui, l'un était pour la rime, l'autre pour la raison; mais on pardonna ses négligences et ses chutes à ce nouveau dompteur de Pégase. La *Ciguë* fut applaudie; *Gabrielle* fut couronnée. A cette époque, les droits d'auteur, qui ont grandi depuis, étaient encore en enfance; mais M. Augier put s'apercevoir néanmoins que si les premiers pas coûtent toujours, ils rapportent souvent.

M. Augier quitte les vers pour la prose, et il n'a pas perdu au change. Il est doué d'une forte invention, d'un génie hardi, et de ce que les anciens appelaient la puissance comique. Il taille ses sujets dans la réalité vive, et les éclaire largement du jour factice de la rampe. Comme Dumas fils, et mieux encore peut-être, il a saisi par sa fausse natte l'occasion fugitive, et a jeté dans le cadre du drame le tableau coloré des mœurs contemporaines. Ardent aux témérités de la plume et du pinceau, voyageur revenu des deux mondes, et plus avide de ressemblance que de ménagement, il a peint la vérité au sortir de son puits fangeux, et n'a point recouvert les ivresses dénudées d'un voile bégueule ou d'un manteau pudique. Il a jugé qu'on devenait moral en se montrant exact, et que l'amour du bien jaillissait suffisamment du seul spectacle du mal. Il osa plus encore : jaloux de transporter sur la scène française les audaces athéniennes, il fit de la comédie la servante de ses colères et traîna sur les planches transformées des figures connues et des personnes vivantes. La fortune lui fut encore fidèle, et on crut voir la main du poëte agiter une des lanières du fouet d'Aristophane.

M. Augier, ce jour-là, ne recueillit point un succès d'estime. On trouva qu'il avait une singulière façon d'exploiter son privilége, et qu'il était de mauvais goût qu'un auteur protégé par l'autorité tirât par les fentes d'une citadelle théâtrale sur un journaliste exproprié de son journal. Les Aristophanes ne fleurissent que sous les républiques. C'était en plein jour, au grand soleil, devant la foule assemblée, que le célèbre agitateur comique lançait ses sarcasmes immortels. Rendez-nous la liberté sans frein, les flots mouvants du peuple agité ; montrez-nous au loin sur la colline sainte et sous le ciel bleu les frontons blancs des

Parthénon, et puis alors, attaquez, si vous l'osez, Cléon tout-puissant, le corroyeur parvenu, l'idole de la tourbe athénienne. Jusque-là mesurez vos audaces et réglez vos colères. Composez vos comédies comme l'abeille son miel. Posez-vous sur les mille fleurs humaines que notre gaz éclaire, et produisez des types vraisemblables qui, sans copier personne, nous rappellent tout le monde. Recueillez nos ridicules, nos vices, nos passions, nos mensonges, et pétrissez vos personnages de ces limons réunis et de ces boues mélangées.

Notre siècle, il faut l'avouer, est un champ fertile où la comédie peut abondamment récolter. Tous les vices que foudroient le prédicateur en chaire, l'orateur à la chambre, le poëte au théâtre, se portent à merveille, engraissent à vue d'œil et se reproduisent spontanément. Les pécheresses tiennent le haut du trottoir et les coquins fleurissent parmi les honnêtes gens comme les coquelicots dans les blés. Ce baron d'Estrigaud, créé par M. Augier, est de la famille élégante des héros de Balzac et cousine avec de Marsay. Joueur effronté, spéculateur hardi, il corrige les hasards, se mêle aux affaires véreuses, s'avance jusqu'aux frontières du Code pénal et évite la police correctionnelle, comme jadis les conducteurs de chars évitaient la borne redoutable qu'ils frôlaient de leurs roues enflammées. Du reste, il est bon gentilhomme et n'a pas les goûts vulgaires. Il aime les animaux de prix, les objets d'art, les œuvres des grands maîtres, et possède ce qu'il y a de plus rare et de plus cher en chevaux, en tableaux et en femmes. Son hôtel est un Louvre au petit pied, et il donne des rendez-vous dans son musée, pensant avec raison qu'il est du dernier ingénieux de faire éclore l'amour parmi les merveilles de l'art.

Si bas qu'il soit tombé, il n'a ni tout perdu ni tout engagé sans retour. Il a de temps en temps des retours à l'honneur et des éclairs de fierté, et il a le respect de la parole engagée. Il est capable de tout, même d'une bonne action. Il joue une enivrante partie et ne quittera la banque que millionnaire ou décavé. Plus d'un chevalier a conquis ses éperons d'or à force d'industrie, et plus d'un bâtard de la fortune a trouvé le moyen de se faire reconnaître ou adopter par sa mère :

En vérité ce siècle est un mauvais moment,

et Frère Pelletan a eu bien raison, dans son dernier sermon, de jeter un cri d'alarme et de pleurer sur les vertus qui s'en vont. On ne travaille plus, mais on jouit ; on ne pense plus, on dépense. La littérature est en friche, la liberté est loin ; la gloire des lettres, prête à suivre sa grande sœur disparue, ne rayonne plus que sur le front des nobles vieillards qui composent le Sénat de l'esprit humain, et il ne se passe pas de jours qu'on ne voie mourir un sénateur. Frère Pelletan s'indigne contre le succès croissant de Thérésa, et, à l'exemple du Révérend Dupin, mort en odeur de sainteté, il fulmine contre ce luxe exagéré qui pousse les honnêtes femmes elles-mêmes à placer un diamant là où il serait préférable de poser un mouchoir.

Les femmes honnêtes et les autres femmes répondent avec le poëte :

> Tout est nu sur la terre, hormis l'hypocrisie ;
> Les tombeaux, les enfants et les divinités,
> Tous les cœurs vraiment beaux laissent voir leurs beautés.

Et l'orateur, sans se laisser séduire à ce poétique langage, répond éloquemment que, pour faire apprécier la valeur du trésor, il n'est pas nécessaire de découvrir l'enveloppe, et que s'il est nécessaire de montrer les charmes de son cœur, il serait bienséant de dissimuler ceux de sa poitrine.

M. Pelletan a flétri en termes excellents les mœurs et les excès de la jeunesse dorée. Si les jeunes gens auxquels s'adressait son discours avaient pu l'écouter, sans doute ils eussent suivi l'exemple du débauché Polémon, fourvoyé au cours de Xénocrate enseignant la sagesse. Polémon, subitement converti par l'éloquence du maître, laissa tomber de son front à ses pieds sa couronne de roses d'Ionie et jura de renoncer pour jamais à tout ce que le beau soleil de la Grèce faisait mûrir de vins, de courtisanes et de fleurs Le plus singulier, c'est qu'il tint sa parole.

La morale publique et la presse ont eu les honneurs des dernières séances consacrées à la discussion de l'adresse. La presse a rencontré parmi les signataires des amendements du tiers parti quelques amis timides qui ont demandé que l'on allongeât un peu la chaîne de son collier. On parle d'agrandir le cercle de la captive, mais on veut qu'elle demeure sujette à caution, exposée à la chute des avertissements, et marquée au front d'un timbre rouge ou noir. De très-bons esprits se figurent qu'il n'y a rien à craindre de la presse affranchie. Ils pensent qu'une plume est un levier assez puissant pour ébranler un trône... Et ces gens-là disent qu'ils t'aiment, ô liberté ! comme si on pouvait te chérir en ayant peur de toi !

Le monopole est toujours plus redoutable que la liberté : l'un crée des priviléges, l'autre les supprime ; l'un élève des citadelles, l'autre les détruit. Les journaux sont une puissance aujourd'hui, et ils ne tiennent pas leur influence du talent de leurs rédacteurs, car les plus mal faits sont les plus répandus. Mais ils doivent à l'autorité, qui les protége contre la concurrence, d'être à la fois des tribunes, des banques et des agences. Je ne veux pas revenir ici sur certaines parties douloureuses du discours de M. Brame, et, quoique sûr de ne pas être écouté, je me borne à invoquer la liberté comme un remède souverain et un bienfait suprême. En outre, comme on l'a fait justement remarquer, tout ce qui ne peut pas s'imprimer se chuchote, et les nouvelles à la main sont remplacées par les nouvelles à l'oreille. Des calomnies irresponsables, inventées par les malveillants et recueillies par les sots, font le tour du monde en un clin d'œil et n'épargnent pas même les personnages consulaires. On ne se contente plus, comme autrefois, de soupçonner la parente de César ou l'épouse de Caton ; on répand le bruit de leur fin lamentable, et sitôt qu'un des serviteurs de Midas a ébruité un conte désagréable à son maître, le conte est à l'instant répété par les roseaux de l'étang où s'ébattent les canards.

La fin de la discussion de l'adresse fut signalée par deux mémorables discours : l'un de M. Rouher, éloquent comme Démosthènes, et, comme lui, plaidant pour la couronne; l'autre de M. Ollivier, quittant sa solitude pour s'inscrire sur les listes du tiers parti. Sitôt son manifeste prononcé, M. Ollivier est allé à la *Presse* recueillir l'héritage de M. de Girardin et tendre à l'abonné ses appâts politiques. Le député pensionnaire du vice-roi d'Égypte, conciliant des intérêts divers, pourra faire succéder à ses incantations libérales l'éloge du copieux emprunt contracté par son protecteur. Parmi les rédacteurs désignés par M. Ollivier pour marcher à son ombre et soutenir sa plume fatiguée, j'ai remarqué un démocrate ramené par transitions adoucies du rouge vif au rose tendre. M. Adalbert Philis est un de ceux qui attendent le plus impatiemment la liberté promise, et le doux nom qu'il porte lui rappelle que l'on désespère alors qu'on espère toujours.

Quand le présent nous fatigue, nous aimons à nous reporter au passé, et j'ai en ce moment sur ma table un livre charmant qui me ramène aux temps qui ne sont plus et dont je regrette la fuite. L'auteur, Mme la comtesse d'Armaillé, raconte l'histoire de Catherine de Bourbon, sœur de Henri IV, mais sœur éteinte et disparue dans la gloire fraternelle. Mme d'Armaillé dispute à l'oubli cette princesse digne d'un plus long souvenir. Elle retrace cette vie pure, semblable à un ruisseau d'été qui, après avoir senti le souffle des orages et réfléchi le tableau des agitations humaines, reprend son cours régulier et ne parvient pas à la vaste mer sans avoir répandu au loin les bienfaits et la fraîcheur de ses eaux.

Catherine de Bourbon, quoique princesse, lutta, souffrit, aima. Elle gouverna la Navarre pendant les absences et les guerres de son frère, et lui fut un auxiliaire toujours dévoué, souvent utile. Le Béarnais se servit d'elle comme d'un instrument de sa politique et engageait sa main gracieuse à tous ceux qu'il voulait détacher de la Ligue et ramener à sa cause. Jamais femme ne fut plus offerte et plus retirée. Le comte de Soissons, auquel elle fut formellement promise, était jeune, brillant et brave; il la vit et en fut aimé. Plus tard le roi reprit sa parole, mais Catherine ne reprit pas son cœur. Il faut lire dans le livre de Mme d'Armaillé l'histoire de ce malheureux amour. Longtemps les efforts du roi et les négociations de Sully échouèrent devant la résistance de la princesse. Mais le roi voulait, et la sœur dut obéir. Lorsque Catherine se décida à épouser le duc de Bar, elle touchait à la quarantaine, et elle avait perdu ce je ne sais quoi qui vaut mieux que la beauté et qui passe avec la jeunesse. Elle avait rêvé un mariage d'amour; elle fit un mariage de convenance.

Catherine de Bourbon resta obstinément fidèle à la religion protestante. Ni la raison d'État alléguée par son frère, ni les foudres du Souverain Pontife, ni les scrupules d'un mari, qui n'était pas assez épris de sa femme pour l'aimer malgré Rome, n'eurent de prise sur cette âme vaillante obstinée dans sa foi. Le Pape cassa un mariage entaché d'hérésie, et excommunia le prince coupable de l'avoir contracté; ces procédés violents n'eurent pas le don de la convertir. Le cardinal Duperron, sorti vainqueur de son duel avec Duplessis-Mornay et bien d'autres savants théologiens, se disputèrent l'honneur de la ramener à l'Église. Elle consentit à les entendre, mais non à les croire. C'est au sortir d'une de ces conférences qu'elle dit à Henri IV, impatient de savoir si la grâce l'avait enfin touchée : « Sire, ils veulent que je croie que notre mère est damnée ! »

Son affection pour son frère résista même à l'absence. Après la mort de Gabrielle d'Estrées, elle lui écrivit une lettre à laquelle Henri répondit par le billet charmant qu'on va lire. « Mon affliction est incomparable comme l'était le sujet qui me la donne. Les regrets et les plaintes m'accompagneront jusqu'au tombeau. Cependant, puisque Dieu m'a fait naître pour ce royaume et non pour moi, tous mes sens et mes soins ne seront plus employés qu'à l'avancement et conservation d'iceluy. La racine de mon amour est morte, elle ne rejettera plus; mais celle de mon amitié est toujours verte pour vous, ma chère sœur, que je baise un million de fois. »

Ce livre, consacré par une femme à la mémoire d'une femme, nous transporte par la pensée aux plus glorieux temps de notre histoire. Combien de choses pâlissent devant ces souvenirs d'autrefois! et comme l'éloignement grandit les ombres aimées de nos pères! Ce n'est qu'en remontant le cours des années écoulées que nous pouvons reconquérir la pleine possession de nous-mêmes et retrouver la liberté, qui ne fleurit que sur les ruines et les tombeaux.

XXIV

Les académiciens sont des gens heureux ; ils ne meurent presque pas et ils se survivent un peu. Ils atteignent l'âge invraisemblable des patriarches bibliques ou des corneilles à manteau, et quand, de vie lasse, ils changent leurs fauteuils numérotés contre la harpe d'or des séraphins, la meilleure partie d'eux-mêmes reste encore sur la terre, car leurs flatteurs prétendent que leurs œuvres n'oseraient les suivre — leurs flatteurs, c'est-à-dire leurs héritiers.

Tout nouvel élu, avant de ceindre sa couronne d'immortelles, en détache quelques fleurs dont il orne la tombe de son devancier. « Celui auquel je succède, dit le récépiendaire dans son discours d'apparat, fut l'ornement et la gloire de l'illustre compagnie dont je suis membre indigne. *O et presidium et dulce decus meum!* C'était un écrivain de la haute école, un poëte cher aux Muses, un moissonneur de lauriers-roses. Si la parole fameuse qui affirme que le style c'est l'homme est une parole de vérité, combien était excellent le confrère que nous avons perdu ! Quoique entré récemment dans sa jeune immortalité, les Muses le pleurent, et nous faisons comme elles. O toi dont la modestie n'avait d'égal que le génie, tu nous semblais un aigle caché dans un nuage de violettes odorantes! »

Mais jamais, au grand jamais, récipiendaire n'a tenu le langage suivant : « Mes trente-neuf collègues savent que mon regretté prédécesseur était un membre distingué de la majorité des sots. En politique, il nous rappelait Protée, bien connu par la rapidité de ses transformations; en littérature, il était de ces gens superflus qui ne sont jamais nécessaires. Ce qu'il y a de mieux en lui, c'est moi, son successeur. Car, bien que cet aveu, dépouillé d'artifice, répugne à ma timidité native, en m'admettant parmi vous, vous n'avez fait que compléter votre gloire et constater la mienne; et si les meubles ont la conscience du dépôt qui leur est commis, jamais fauteuil académique n'aura fléchi sous un plus noble poids. » Le récipiendaire ne dit jamais de semblables choses, ce qui prouve que le mensonge est une des grâces auxquelles on sacrifie, et ce qui justifie l'adage diplomatique ainsi conçu : « La parole a été donnée à l'académicien pour déguiser sa pensée. »

Celui qui recueillera la succession de M. Dupin sera un immortel chargé d'un difficile éloge. Les candidats surgissent, et il se présente plus de têtes qu'un seul fauteuil n'en peut loger. Or MM. Henri Martin et Cuvilier-Fleury sont, paraît il, les plus sérieux prétendants, et je voudrais qu'un troisième larron leur soufflât l'héritage. Plus d'un, parmi ceux qui se sont voués uniquement à l'amour des lettres, souvent ingrates, et ont vieilli, non sans gloire, dans la familiarité des Muses, regarde la maigre coupole de l'Institut de l'œil dont un soldat blessé contemple le dôme étincelant des Invalides, et recherche un titre inutile et vain, comme la couronne de sa vie et le hochet de sa seconde enfance.

M. Henri Martin ou Martin Henri, car il n'importe guère

> Que Martin soit devant ou Martin soit derrière,

a souvent couru le grand prix Gobert, qu'il remporta plusieurs fois. Il a forgé sur notre histoire de nombreux volumes dont les premiers promettaient, mais l'équité lui fit défaut en même temps que le prix Gobert. Il est renfermé dans une de ces réputations modestes qui ne sortent pas du cercle étroit des amitiés de l'auteur, et si son nom est connu, ses ouvrages ne le sont pas. Ses romans de jeunesse sont oubliés, et son histoire est de l'histoire ancienne. Attaché à la terre par la force de son poids, il ne peut ni s'élever ni planer, et reste confondu dans la foule, qui ne regarde que ceux qui la dépassent. Il tient peu de place, fait peu de bruit, et, dépourvu de l'esprit qui anime le talent comme de la vigueur qui l'impose, il ressemble à un diamant brut qui ne peut attirer ni renvoyer la lumière. Il écrit dans le *Siècle* des articles inoffensifs, tristes échantillons de la marchandise qu'il est apte à livrer, et défend la liberté d'un style véritablement trop libre. Aussi, quelque appui que M. Havin prête à son candidat préféré, m'est avis que M. Martin ne fera qu'entrevoir le pays de Chanaan, et je gagerais que, cette fois encore, les palmes vertes seront trop vertes pour lui.

M. Cuvilier-Fleury a pour entrer à l'Académie des chances plus sérieuses que ses titres. Il appartient à un journal qui est devenu le vestibule sur lequel s'ouvrent les cinq portes de l'Institut. Il a des intelligences dans la place et des voix au chapitre, et le jour de son élection il n'y aura aux *Débats* qu'un académicien de plus. En lui le fond est excellent, mais la forme laisse à désirer. Les Hottentots, qui ne s'y connaissent pas, le prendraient pour un Antinoüs ressuscité ou un Apollon sans chevelure; mais les Athéniens de Paris se piquent d'avoir plus de goût que ce peuple sauvage. D'ailleurs, qu'importe! Pour charmer les juges, Sophocle écrit, Phryné se découvre, et le talent vaut la beauté.

M. Cuvilier-Fleury est un écrivain de grand goût et un critique de seconde force. Il voit juste et il dit bien. Inférieur à M. Sainte-Beuve, dont il n'a pas l'art exquis, la vue perçante et le génie inventif, il court à peu près sur la même ligne que M. Saint-Marc-Girardin, et tous vont d'un tel train, que M. Nisard et ses pareils ne voient pas même leur poussière. C'est un des juges dont les arrêts sont le plus goûtés et le moins souvent révisés par le public, notre maître à tous. Il a, d'ailleurs, la plus grande qualité d'un juge et la plus rare, l'indépendance. Sa grâce est un peu pédante, mais elle charme; son esprit un peu cherché, mais il brille; et il a le don de formuler sa pensée dans un mot qui s'échappe et pénètre comme un trait. Il n'a manqué à ce sage aimable que la folle du logis, l'imagination souveraine. Or, ceux-là sont les moins nombreux, mais les seuls grands, qui, pareils au Dieu dont la tête féconde enfantait les Minerves tout armées, ont reçu en partage la puissance de la vie et de la création, et qui, sans cesse en travail d'une œuvre qui naît, grandit et s'épanouit en eux, produisent pour l'éternel avenir les fils vigoureux de la pensée humaine.

Je laisse de côté l'Académie et ses préférences, et je passe sans transition des princes de la critique à ceux de la finance. Voilà M. Mirès remonté sur la grosse caisse des chemins de fer et attirant le peuple des actionnaires à ses réclames dorées. M. Mirès est le seul artisan de sa tardive victoire. C'est une curieuse figure que celle de ce banquier juif, luttant pendant des années contre le vent de l'opinion et la marée judiciaire, et sortant des flots qui emportaient sa personne et sa fortune, un arrêt libérateur à la main. Aussi tenace que le héros d'Horace, quoique peut-être moins juste, engagé dans une foule de procès s'enchaînant les uns aux autres, et renaissant de leurs cendres mal éteintes, il a fatigué de ses démêlés et de ses intérêts la grande famille des robins. Plaideur irascible mais déterminé, aussi incapable de se contenir que de reculer, armé de sa solitude et de sa faiblesse, il est revenu du fatras des procédures sinon blanc comme neige, au moins libre comme l'air, et a prouvé une fois de plus ce que peuvent une volonté ferme et un esprit délié renfermés dans un corps bien portant.

L'autre jour, en voyant les affiches de l'Opéra annoncer la reprise de *Don Juan*, je songeais à ce type étrange que caressa l'imagination des musiciens et des poëtes, et qu'Hoffmann et Mozart, Byron et Musset, ont entrevu tour à tour dans d'harmonieuses et fantastiques visions :

Jeune comme l'amour, beau comme le génie,
riche comme un avare, séduisant comme le tentateur de l'Éden, il se promène librement dans le jardin du monde, sans souci des lois impuissantes et des arbres défendus. Il ne croit à rien, n'aime personne, et des femmes qui lui ont cédé, jusqu'au nombre de mille et trois, il ne se souvient pas plus que des fleurs épanouies que l'on cueille et qu'on jette. Aussi heureux dans ses duels que dans ses amours, envié, fêté, joyeux, indifférent aux larmes versées comme au sang répandu, il ressemble à un miroir changeant où tout se peint et tout s'efface. Il accueille, le verre en main, le convive de pierre, et, avant de disparaître dans les flammes divines et sous la puissance des miraculeuses étreintes, il ne regrette que les voluptés qu'il n'a pas épuisées et ne se repent que du mal qu'il n'a pas fait.

Le héros s'est brisé dans sa chute, mais je ne puis trouver bons les morceaux qui nous en restent. De pâles copies du tentateur circulent sous notre pâle soleil, et le monde fourmille de Dons Juans en miniature. Aujourd'hui, Don Juan apparaît au bois, au théâtre, au cercle; il s'habille à l'anglaise et se peint à la vénitienne. Il est bon écuyer, bon joueur et bon myope, ce qui le fait ressembler à un bâtard de l'Amour aveugle. Roué vulgaire, sceptique aux petits pieds, son incrédulité vient de la faiblesse de son esprit et non des révoltes de son orgueil. Il s'admire, il s'aime, il s'étale. A voir ses airs conquérants, à entendre ses récits pompeux, on croirait qu'il n'a pas trouvé plus de cruelles qu'un surintendant de l'ancien régime, et qu'au passage de ce papillon défraîchi toutes les femmes se sont ouvertes comme les fleurs au soleil ; mais, en fin de compte, on s'aperçoit qu'il s'est ruiné en bonnes fortunes faciles, et que ce séducteur, qui n'a plus même la beauté du diable, a bu dans la coupe commune quelques gouttes du vin populaire.

C'est dans les coulisses des théâtres et sur la pelouse de l'hippodrome que les Dons Juans modernes peuvent jeter à coup sûr leurs filets aux mailles dorées. Lundi dernier, Longchamps était moins un champ de courses qu'une foire aux vanités. Une voix secrète, mais infaillible, me le dit : Les faibles femmes qui se pressaient sur le gazon vert, déployant l'attirail des modes printanières et les ressources d'une parfumerie en progrès, n'étaient pas venues là pour applaudir, mais bien pour chercher *la Fortune* (1).

XXV

Depuis Saint-Simon, nous sommes possédés, en France, de la rage de l'auto-biographie. Ministres tombés, orateurs sans tribune, femmes de chambre sans place, biches de tous les bois, comédiens ou bourgeois, veulent naître ou renaître à la célébrité et poser

(1) *La Fortune*, pouliche alezane, par *Monarque* et *Constance*, appartient à M. le comte de Lagrange, un député qui fait courir et reste en place.

devant le public ou la populace. Tous les extrêmes se coudoient, et chacun raconte son histoire, depuis le jeune Léotard jusqu'au vieux Pasquier. Tout marquis veut écrire des pages; les petits et les grands de ce monde tiennent à ce que rien ne se perde de leurs discours et de leurs amours, et lavent leur linge sale devant la famille commune. Ils saisissent ou achètent une bonne plume de Tolède, payent les trompettes de la réclame, qui glorifient leur poussière, et se promènent en pleine lumière, regardant devant eux grandir et s'allonger leur ombre vaniteuse.

Pourquoi le nier? J'éprouve à lire les interminables *Mémoires d'un bourgeois de Paris* les sensations d'un voyageur qui s'adjoindrait un compagnon pour reprendre une route parcourue. Le voyageur et son compagnon ne peuvent s'entendre ni sur les accidents du chemin, ni sur la beauté du paysage, ni sur le choix des auberges. Mais, à leur perpétuelle dispute, le temps passe, l'ennui cède, la fatigue s'oublie; l'un rit quand l'autre pleure, l'un chante quand l'autre soupire. Celui-ci se plaint des villes qu'il traverse, des gens qu'il rencontre et des spectacles qu'il voit; celui-là loue à plein gosier le mérite des indigènes en fonctions, la splendeur des décors renouvelés et le riant visage des cités embellies. Hélas! dit le voyageur,

> Tout a disparu pour renaître,
> Le vieux logis et le vieux maître,
> Les mœurs, les hommes et les lois :
> Au murmure étouffé des voix
> Je crois comprendre que peut-être
> On est moins libre qu'autrefois.

Hurrah! répond son compagnon.

> Tout brille et tout se renouvelle,
> La liberté que l'on rappelle,
> Bientôt viendra battre de l'aile
> Sur le sommet du monument.
> Pour couronner l'œuvre, on attend
> Que tout le monde en soit content.

M. Véron est coiffé du bonnet doctoral, et il a conquis le droit de trancher dans le vif et de faire des expériences lucratives sur la guenille du prochain : *experimentum facere in anima vili*. Toujours avare du sang innocent, il ouvrit le moins de veines qu'il put et mania d'une main discrète la pompe inexpressible dont le tuyau nous rafraîchit. Je crois même que, de complicité avec un pharmacien célèbre, il mêla le sucre et la gomme dans de savantes proportions, et qu'il logea pour la première fois la fortune dans un sac de bonbons pectoraux. Mais, bientôt las d'attrister les gens malades, il songea à divertir les hommes d'esprit et troqua la lancette vétérinaire contre la plume du journaliste.

La cure du *Constitutionnel* fut la plus belle du docteur. M. Véron prodigua au journal agonisant des soins d'autant plus efficaces qu'ils furent intéressés. Actif, intelligent, prompt à passer du projet à l'exécution et de la chose conçue à la chose réalisée, il comprit la puissance qu'exerce sur les esprits faibles un roman bien charpenté, tendit ses filets dans les passes des abonnés et fit franchir aux mulets chargés d'or le pont qui le séparait des bons princes du feuilleton.

Il publia tour à tour les rêveries dangereuses et mal formulées d'Eugène Sue, les variations étincelantes que Dumas exécutait sur les thèmes de l'histoire, les fictions malsaines et nuageuses auxquelles George Sand prêtait les séductions et la puissance de sa forme, et plusieurs parties de ce monde imaginaire que Balzac porta sur ses fortes épaules. Tout réussissait alors, et la barque du *Constitutionnel*, confiée à de tels matelots, naviguait sur le lac aux poissons dorés, et rentrait, le soir, pliant sous le poids des prises du jour. La foule se groupait sur le rivage pour entendre passer dans chaque souffle du vent le bruit des rames et le chant des rameurs.

Bientôt M. Sainte-Beuve prit le sceptre de la critique et publia chaque lundi ses merveilleuses causeries. L'illustre académicien, patient comme un chercheur, coloriste comme un peintre, groupa dans ses tableaux de genre les figures littéraires et les aspects changeants des siècles qui ne sont plus. La partie politique eut aussi ses coryphées. Parmi eux je citerai M. Cauvain, consciencieux, habile et surtout honnête, et porté, soit par excès de modestie, soit par défaut d'audace, à préférer l'ombre des seconds plans à la lumière des premiers; puis M. Granier de Cassagnac, joueur incomparable de cymbales retentissantes, couvrant le vide de ses idées de la sonorité de ses phrases, et poussant à ses adversaires une plume redoutable et hardie. M. Véron, porté par le succès de son journal et entouré d'une phalange redoutable de rédacteurs grassement payés, grossit plus qu'il ne grandit, visa le pouvoir et le manqua, la fortune et la conquit, Il eut un pied dans tous les salons, une oreille à toutes les portes, et fut entouré de courtisans, de flatteurs et d'ennemis comme un Louis XIV de banlieue ou une planète contestée. Il vécut dans la familiarité et dans le conseil des grands, et reçut les cajoleries des ministres, comme une coquette surannée qui sait qu'on ne la courtise pas pour ses beaux yeux, mais pour son large crédit, et qui du jeu de l'amour retire une épingle prête à piquer les heureux ou les ingrats qu'elle a faits.

M. Véron trempa dans plus d'une affaire lucrative, et fit voir qu'il s'entendait aussi bien à diriger un théâtre qu'à lancer un journal politique ou une pâte pharmaceutique. Le Bourgeois de Paris avait tous les nobles instincts, et sacrifiait, à ses moments perdus, aux neuf Muses et aux trois Grâces. Il admin'stra l'Opéra et le corps de ballet en bon père de famille, fit représenter *Robert-le-Diable*, *la Juive* et *la Sylphide*, goûta tous les plaisirs des oreilles et des yeux, vit bondir les danseuses au son de la musique et s'enivra du vol léger de ces oiseaux féminins. Gardien assermenté d'un sérail achalandé, il en ouvrait l'entrée aux grands de la terre, et il raconte dans ses *Mémoires* que les Numas de son temps recherchaient l'entretien des Égéries court vêtues. Ce charmant indiscret nous dit encore que les ministres eux-mêmes, renvoyant les affaires sérieuses au lendemain morose, préféraient le tumulte des coulisses au silence de leur cabinet, et tenaient à s'assurer que les sirènes de l'Opéra ne cachaient pas sous les fleurs de leur jupe une conclusion qui démentît les charmes de l'exorde.

M. Véron figura gaiement en tête du troupeau d'Épicure, et s'il remporta de plus faciles triomphes que ceux de Lucullus, il donna d'aussi bons dîners à d'aussi joyeux convives. Libéral en toutes choses, sauf peut-être en politique, il offrait de si bonne grâce, que ses vassales du théâtre acceptaient ses présents autant par désir de s'en parer que par crainte de lui déplaire. A la fin d'un souper offert à des danseuses renommées, il servit à ses invitées une tournée de diamants en guise de bonbons de dessert, et les invita à se partager les deux cent mille francs de pierreries qui frétillaient dans un bassin d'argent. De telles façons sont irrésistibles, et bien des femmes seraient séduites à qui l'on n'en dirait pas tant. Je me figure M. Véron, sous la forme du serpent tentateur, enroulé autour de ces arbres des jardins féeriques qui suspendent des pommes d'émeraudes à leurs rameaux penchés, et je vois Ève aux longs cheveux s'approcher à pas lents, secouer les branches flexibles, et s'enfuir en emportant ces beaux fruits défendus qui luisent à travers les doigts de ses mains blanches.

La générosité du docteur eut cependant sa raison d'être. Il est, et je l'en crois sur parole, d'un physique peu avenant et d'un embonpoint peu commun. Le président de la République, dont il était ce jour-là le convive, lui dit avec un geste de surprise et un ton d'enjouement : « Mon Dieu, monsieur Véron, que vous êtes gros ! » Le ventre du docteur se gonfla d'aise en sentant qu'on parlait de lui, et son heureux maître fut touché jusqu'aux larmes de cette familiarité princière.

Je ne redoute pas autant que César la société des gens maigres, mais je conviens que les regards augustes s'arrêtent plus volontiers sur les visages épanouis que sur les tristes mines. Cependant trop d'embonpoint est un pesant fardeau, et je crois me souvenir que l'Amour a la taille fine et des ailes un peu partout. Enfin l'heure du berger sonne rarement pour les disgraciés, et Vulcain paye un peu cher ce qu'Adonis a pour rien. Le plus puissant des dieux ne pénétrait chez les faibles mortelles que sous les déguisements les plus coûteux, pluie d'or ou manteau de cygne, et je comprends que M. Véron, qui n'a, de son propre aveu, rien de divin ou de foudroyant, ait été contraint, parfois, d'emprunter à Jupiter les plus riches de ses costumes et les meilleures de ses façons.

M. Véron, toujours soigneux des plaisirs du public, écrit pour lui des Mémoires dont il serait aussi injuste de louer le style que de nier l'intérêt. Ce bon docteur a tant vu qu'il a beaucoup à dire : il fut le témoin de bien des choses, l'ami de bien des gens, et de sa loge de théâtre, de son bureau de journaliste ou de sa stalle de député, il assista aux débuts de ceux et celles qui ont tiré un parti salutaire de leur plume, de leur voix ou de leurs pieds. Il a des souvenirs fidèles, des autographes curieux, et il devient instructif en parlant des autres, amusant en parlant de lui. Pour lui, M. de Persigny est un grand politique, M. Thiers un dangereux brouillon ; il offre au premier les parfums, l'encens et le sel, et lance au second des flèches aussi inutiles que celles dont le vieux Priam criblait l'armure de Pyrrhus. Il était téméraire quand il n'avait rien à perdre; il est devenu circonspect depuis qu'il a beaucoup gagné. Conservateur passionné et bourgeois de la tête aux pieds, il dirige sur les événements le gros bout de sa lorgnette de spectacle, et si la pièce se déroule sans que le jarret manque aux danseurs ou la voix aux ténors, il trouve que le public payant n'a pas le droit de regretter le temps perdu et l'argent dépensé, et donne aux chevaliers du lustre le signal des applaudissements spontanés. Que M. Véron s'endorme en paix (1) et se réveille en joie. Les temps sont calmes et le ciel pur. Je souhaite à cet aimable vieillard, mêlé de Silène et d'Anacréon, d'attirer jusqu'à son dernier jour les abeilles aux fleurs de sa couronne et les colombes au vin de sa coupe (2).

J'aurais voulu, si je m'étais senti moins de paresse et plus de temps, suivre M. Véron dans ses appréciations des hommes du jour et ses récits des choses de la veille. Mais, pour me hasarder sur ces pentes glissantes, il me faudrait la liberté d'allures et les pieds de chèvre du docteur. Je m'abstiendrai donc. Aussi bien il est impossible de lire ou d'étudier l'histoire de notre siècle, si vide et si rempli, sans se laisser emporter à l'ivresse des passions et au torrent des souvenirs.

(1) Il s'est endormi.
(2) Ce souhait fut exaucé.

XXVI

M. LOUIS VEUILLOT ET M. ERNEST RENAN.

Dans le présent article, que j'essayerai de rendre court, je voudrais parler de deux hommes dont les intentions, le caractère et les œuvres ont été diversement et même sévèrement jugés. Je voudrais aussi ne manquer ni à la vérité, parfois pénible à dire, ni au respect, souvent difficile à garder. MM. Veuillot et Renan, sortant d'un long silence, une brochure et un livre à la main, troublent de leurs projectiles la surface des eaux dormantes. Ces deux extrêmes se touchent par plus d'un point, se ressemblent par plus d'un trait; ils ont tous les deux un grand talent dont il est plus facile de blâmer l'usage que de nier l'existence. Dans la défense et dans l'attaque d'une religion d'où l'un est sorti et où l'autre est, dit-on, revenu, ils apportent, celui-ci une science contestable et une feinte douceur, celui-là une foi violente capable de transporter les montagnes et surtout de les faire battre. Ils ont jeté leurs noms aux plus rapides courants des discussions humaines, mais aucun d'eux n'a conquis ou mérité ces amitiés muettes et ces sympathies voilées qui réunissent le lecteur à l'écrivain, et sont la meilleure récompense de ceux qui luttent pour nous convaincre et travaillent pour nous instruire.

M. Veuillot, longtemps confondu parmi les chercheurs obscurs de la lente renommée, ne passa que de vive force de la multitude des appelés au petit nombre des élus. J'ignore l'histoire de ses débuts dans les lettres et dans la vie, et je ne répéterai que ce que je m'en suis laissé dire. Il fut jeune, comme presque tout le monde; j'entends par là qu'il a connu les orages et les frissons d'avril, et que l'on sent dans ses premiers livres passer les vives ardeurs et les folles séves du printemps. Tant mieux! allais-je m'écrier, en songeant que plusieurs ont ainsi commencé qui sont devenus par la suite de petits et même de très-grands saints; mais en toutes choses il faut considérer la fin, et il ne m'appartient pas de décider si M. Veuillot s'introduira par effraction dans un calendrier déjà bourré de noms propres. Je ne prendrai le voyageur qu'à son retour de Damas, et s'il me faut avouer ma pensée sur ces délicates et graves matières, je dirai que les meilleures choses de ce monde ne sont jamais mieux appréciées que par ceux qui ont pratiqué leurs extrêmes. Il faut avoir passé les rudes écoles de l'erreur et de la souffrance pour savoir ce que valent le bonheur et la vérité. Quant à moi, je préfère les convertis aux infaillibles. J'admire les seconds; mais il me semble que les premiers me distancent de moins loin et me regardent de moins haut. Leur cuirasse eut au moins un défaut, et par là s'est glissée l'indulgence, qui est la grâce de la vertu. Je ne dis pas cela pour M. Veuillot, et j'ajoute, exprimant toujours mon sentiment personnel, qu'il m'est doux de savoir que les plus saints et les meilleurs de nous ont été hommes, au moins un jour et une fois, par quelque faiblesse du cœur ou quelque travers de l'esprit.

M. Veuillot est de ceux qui, dédaigneux de s'enrôler dans le bétail des imitateurs, se sont ouvert une route nouvelle où ils ont marché les premiers. Il ne relève de personne et appartient à la forte race des inventeurs et des combattants. Esprit original et hardi, il produit, travaille et lutte, et fait montre, à chaque instant, du zèle, qui est le propre des croyants, et de la fécondité, qui est l'attribut des mâles. Cherchant ses adversaires dans le tumulte de la mêlée sans cesse plus confuse, il les invective dans le style imagé, et les étreint avec les bras nerveux des héros du vieil Homère. C'est un plébéien né pour l'action et un laboureur des terrains stériles. A le voir, on devine le gladiateur et on se sent prêt à parier pour lui la première fois qu'il descendra dans l'arène olympique. Il a les membres vigoureux, la tête solide, l'écorce rude. Mais un esprit puissant anime ce bloc mal dégrossi, et le grand sculpteur qui le façonna à la ressemblance humaine ne lui ménagea pas plus le feu divin que le limon terrestre.

M. Veuillot a passé sa vie à faire la chasse aux infidèles et courir sus aux Sarrasins. Il s'enrôla dans les rangs de la presse, leva des rédacteurs et opposa aux feuilles incrédules le journal de la foi militante. Il avait trouvé l'emploi de son temps, de sa force et de son talent. C'est un écrivain de premier ordre, un merveilleux ouvrier de plume et qui manie d'une main robuste le mâle outil de la prose française. Rompu à tous les exercices et à toutes les hardiesses du langage, il ne recule ni devant le mot vif, ni devant le mot propre, et il a soin que la forme que revêt sa pensée soit celle qui, en l'ajustant le mieux, lui enlève le moins possible de sa verte franchise et de sa témérité native. Son style a des allures guerrières et ne se soucie guère d'embarrasser sa marche aux politesses inutiles. Sa parole est bien plutôt une épée pour renverser son adversaire qu'un bouclier pour s'en défendre, et il ne s'inquiète guère où vont les coups qu'il porte, pourvu qu'ils tombent efficaces et multipliés. A ce jeu-là il n'a pas ramassé beaucoup d'amitiés sur la poussière du chemin ; mais il remplace les sympathies du prochain par la crainte du Seigneur et ne veut pas donner une suite à ce commencement de la sagesse.

Il est sincère et tout d'une pièce. Sa foi, qui le compromet souvent, le sauve et le rachète encore. Il a la haine des incrédules et l'horreur des neutres, et, pour lui, on ne s'abstient que dans le doute. Polémiste incomparable, ardent à la riposte et avide de représailles, éblouissant de verve et d'esprit, tantôt luttant avec le seul bon sens, tantôt armant la raison des pointes aiguës de l'ironie, il lance à ses adversaires ses arguments puissants et ses sarcasmes incisifs, et apparaît au milieu d'eux avec la mâchoire de Samson ou la fronde de David On dirait qu'il a reçu le mot d'ordre de César, et qu'il veut frapper au visage comme les combattants de Pharsale. Il est si pénétré de la grandeur de la cause qu'il défend, que tout ménagement lui semble un pacte avec l'iniquité, et toute modération une défaillance du cœur. La vérité est pour lui une guerrière infatigable qui ne doit quitter le glaive que le jour où elle posera son pied vainqueur sur le cadavre de ses ennemis ou sur la tête des pénitents.

On s'est demandé si ces colères hautaines et ces rancunes vivaces pouvaient se loger décemment sous la tunique d'un croyant. « Si je n'ai la charité, la foi ne me sert de rien, » disait autrefois saint Paul ; et le vieux saint Jean répétait aux fidèles accourus pour entendre résonner sur ses lèvres l'écho mélodieux des paroles divines : « Mes petits enfants, aimez-vous les uns les autres, c'est là le grand commandement. » L'amour fut le conquérant du monde renouvelé, et toutes les colombes de l'Évangile, apôtres, missionnaires, confesseurs, portaient aux nations païennes les rameaux verts de l'olivier symbolique. M. Veuillot ne peut passer pour un modèle de charité, à moins que les injures qu'il nous débite ne soient les petits cadeaux de l'amitié qu'il nous porte. Jamais artiste ayant à faire le portrait de la Douceur ne demandera à l'ex-rédacteur en chef de l'*Univers* de poser pour la tête. Mais qu'importe? M. Veuillot, après tout, n'est pas un ange, c'est un homme, et j'en suis bien aise pour le charme des relations et la commodité du dialogue. Quant à moi, j'aime à sentir la force de notre nature dans l'ardeur de nos colères, et je sais que notre âme est la chaudière où le mélange du bien et du mal fermente incessamment. J'excuse ceux qui, laissant leurs pieds engagés dans la boue des passions humaines, se souviennent de porter haute et fière une tête habituée à regarder le ciel.

Si M. Veuillot ne s'était proposé que la conversion des infidèles, je me bornerais à regretter que l'emportement de son zèle ait nui parfois à l'efficacité de ses efforts. La foi est, de sa nature, expansive et conquérante. L'armée chrétienne parcourt le monde tributaire, agrandissant chaque jour l'enceinte de son camp et déployant plus avant, tous les soirs, les toiles blanches de ses tentes. Mais M. Veuillot a fait deux parts de son temps : l'une consacrée aux querelles étrangères, l'autre à la guerre de famille. Ce brouillon distingué, ressuscitant les querelles oubliées, osant les vieux mensonges du passé, prenant sur toutes les questions quelque parti violent et accommodant ses passions politiques et ses préférences historiques aux dogmes religieux, moins changeants certes qu'elles, fomenta des divisions dans l'unité, éleva sa petite Église dans la grande, crénela sa citadelle, tira sur ses troupes et noua des fagots allumés à la queue des renards qu'il lâchait dans les moissons de ses alliés. Chercheur de discussions et aussi prêt à les faire naître qu'à courir les raconter à Rome, il a, de bonne foi, je le veux bien, méconnu les intentions, défiguré les doctrines d'autrui, peuplé d'ennemis imaginaires le vide où il se mouvait, et menacé d'un fer qu'il prétendait sacré de nobles cœurs qui ne battaient pas à l'unisson du sien.

Je ne reprocherai pas à M. Veuillot ses variations politiques, ses adhésions spontanées et ses retours fougueux. Il a expié durement le péché d'inconstance, et fut victime, à son tour, de la force matérielle dont il avait tant de fois accepté le règne et demandé l'appui. Violemment expulsé du journal dont il était l'âme et dont il faisait le succès, il erre, fantôme mélancolique, à la porte du Paradis perdu, et tourne autour du nouveau *Monde* sorti des ruines de l'ancien *Univers* (1). Ne pouvant plus produire d'articles, il compose à loisir, soit des petites nouvelles exquises qui mettent en relief le côté tendre de ce talent si vigoureux et si souple, soit de gros livres où le souffle chrétien s'accroît de quelques brises profanes. Sous le titre d'*Illusion libérale*, il vient de pondre une brochure où il fulmine contre les dissidents l'excommunication majeure et qualifie de sectaires les catholiques qui caressent le beau rêve de la liberté triomphante. M. Veuillot, fidèle à ses vieilles habitudes, prête à ses adversaires des idées qui ne sont pas les leurs, et, comme Don Quichotte à ses heures de déraison, il prend les grandes ailes des moulins pour les bras formidables des guerriers du *Correspondant*. Ces tristes pages, vides de talent et d'idées, ne pèseront guère au vent qui les emportera, et leur auteur ressemble à un lion édenté qui ne sait plus rugir. Est-ce défaillance passagère ou symptôme de déclin ? Je ne sais ; mais plus on lit ce triste pamphlet, plus on comprend que vis-à-vis de l'é-

---

(1) Il a, depuis, reconstitué *l'Univers*, son ancien journal, et trouvé le moyen de mêler aux injures qu'il lance à se adversaires, les flatteries qu'il décerne aux puissants.

crivain illustre qui l'a signé, le silence et l'oubli sont les meilleures formes du respect.

Cependant je dois protester contre ce parti pris qui consiste à diviser en catégories distinctes les enfants d'une même famille, et à juger leurs mérites religieux d'après leurs tendances politiques. Il n'y a, en matière de dogme, ni autoritaires, ni libéraux; il n'y a que des catholiques, et ceux-là seuls s'appellent de ce nom qui croient à ce que l'Église enseigne et se soumettent à ce qu'elle ordonne. Seulement, en dehors des règles invariables de la foi commune, se posent les questions temporelles que chacun de nous a le droit de discuter librement et de résoudre à son gré; or, c'est le christianisme qui, brisant les chaînes de l'esclavage antique, a promulgué dans le monde émancipé des lois de délivrance et de liberté; et s'il a placé l'idéal du bonheur infini dans le ciel où vont les élus, il ne nous a point défendu d'en rechercher ici-bas l'image imparfaite et les reflets amoindris. La liberté est l'essence même de la religion nouvelle et fut revendiquée par les premiers d'entre nous comme le legs le plus précieux du Christ ressuscité. La liberté de réunion, nos pères l'ont affirmée dans ces catacombes de la vieille Rome où tant de générations de martyrs ont accumulé leurs os. C'est à la liberté de la parole que sont dues la diffusion de la bonne nouvelle et la conversion des gentils, suspendus, comme dit le poëte, aux haillons divins de saint Paul. La liberté de conscience, les apôtres et les confesseurs l'ont réclamée hautement devant les tribuns, les proconsuls et les Césars, et l'ont consacrée à jamais de leur sang répandu pour elle. Eh bien! ces libertés et d'autres encore, successivement concédées et déniées pendant les dix-neuf siècles qui, depuis le Christ, ont détruit notre pauvre monde, nous les demandons à notre tour comme le patrimoine inaliénable de la race humaine, et nous déployons pour les conquérir cette foi virile dont nos pères nous ont donné les glorieux témoignages et les mémorables exemples.

M. Veuillot nous attaque à coups de brochures qui ne pénètrent pas; mais aux adversaires qu'il combat le rattache le lien des affinités secrètes et des croyances communes. L'ennemi d'aujourd'hui peut devenir l'allié de demain. M. Renan, s'annonçant comme un voisin séparé de nous par une frontière idéale, fait éclore à ses lèvres les fleurs de la rhétorique, et nous tend son bâton enduit de miel attique. Entre lui et nous, cependant, tout accommodement est impossible; on ne transige pas sur les dogmes, et quelques branches d'olivier jetées sur un abîme ne suffisent pas à en dissimuler la profondeur ou à en permettre le passage. Chose étrange! M. Veuillot a les allures belliqueuses, et M. Renan la mine sacerdotale : l'un se découvre et l'autre s'efface; l'un invoque le mérite de la franchise, l'autre le bénéfice des faux-fuyants, et il n'est pas besoin que je dise combien je préfère les hardiesses brutales de ce paysan du Danube aux réticences doucereuses de ce mandarin lettré.

M. Renan, chevalier de la Légion d'honneur, membre de l'Institut, a récolté de bonne heure les fruits du travail et les récompenses du talent. Il a fait vite et complétement les deux choses auxquelles il tenait le plus, sa fortune et sa réputation, et ses derniers livres, en dorant sa ceinture, ont accru sa renommée. Saisissant toutes les occasions de s'instruire sans dépense, il a parcouru l'Orient poétique, visité les ruines de Ninive et le tombeau du Christ, et beaucoup voyagé dans l'intérêt de la science et aux frais de l'État. Son savoir est immense, et il peut dire l'heure qu'il est ou le temps qu'il fait dans cinq ou six langues vivantes ou mortes : mais ses connaissances en hébreu sont aussi contestées quoique aussi vraisemblables que la planète d'un sénateur astronome. Il est jeune d'âge et d'allures et ne coule pas encore sur la pente des années descendantes. Bourgeonné comme le marronnier des Tuileries dans l'exercice de ses premières fonctions, il a la taille médiocre des grands hommes et l'embonpoint des gens heureux. Figure longue aux yeux larges et baissés, au nez spacieux et plongeant; joues lisses et lèvres prolongées, il regarde à ses pieds et semble poursuivre à terre quelque idée traînante ou quelque objet perdu. Ancien élève du séminaire, il a renoncé à la prêtrise, pour laquelle il n'était évidemment pas né; mais s'il s'est échappé à temps des ciseaux de la tonsure, il n'a pas perdu ces marques indélébiles qui font reconnaître sous un paletot d'emprunt les habitués de la soutane. Il a mal profité de l'enseignement qu'il reçut, mais il s'en est souvenu, et il est comme un bénitier fêlé qui garde encore la saveur de l'eau sainte qu'il n'a pas su conserver.

Je rends hommage au talent de l'écrivain, et je veux croire à la sincérité du penseur. Ceci dit, je passe à l'examen rapide de ceux des ouvrages de M. Renan qui lui ont valu le plus de critiques et le plus de profits. Je ne parlerai pas de ses traductions du livre de *Job* et du *Cantique des Cantiques*, et j'arrive à cette *Vie de Jésus*, dont le livre des *Apôtres* est la suite naturelle et le complément nécessaire. M. Renan est un paysagiste de première force. Ses cartons sont pleins des vues de l'Orient et sa plume vaut les pinceaux de Fromentin. Avec quel charme il a rendu l'aspect riant de la Galilée, les montagnes baignées de lumière, les barques fuyant sur le lac aux eaux paisibles, les champs semés de fleurs sans nombre et de lis blancs, les arbres, les moissons et les vignes auxquels Jésus empruntait ses paraboles ordinaires, et cette terre si splendidement vêtue qu'elle lui fournissait de quoi la comparer au ciel.

C'est tantôt sur les bords du lac, à l'heure où les pêcheurs suspendent leurs filets mouillés, tantôt sur les sommets des collines prochaines, tantôt à l'ombre des figuiers de la fontaine, que Jésus tint ses premières conférences et s'essaya à devenir un orateur. Il exerça sur ses pauvres auditeurs l'influence d'un esprit fort sur des esprits faibles, et sa réputation, courant de village en village, balança la vogue et troubla le sommeil de Jean-Baptiste. M. Renan a soigné avec amour le héros de son roman. Le fils du charpentier est un beau jeune homme aux cheveux soyeux et bouclés, à la voix mélodieuse et tendre, aux regards pénétrants et doux. Il n'y a ni dans les villages environnants, ni même à Jérusalem, personne qui soit mieux tourné, plus éloquent et mieux vêtu. Aussi il est le rêve des vierges et l'espérance des pécheresses. Les femmes lui donnent leur cœur tout entier, l'accompagnent dans ses voyages, et le prennent pour confident, pour consolateur et pour guide. Lui, quoique inaccessible aux passions humaines, goûte la volupté secrète de se voir aimé, et ne sent pas sans un charme involontaire tomber sur ses pieds divins les parfums, les larmes et les cheveux des Madeleines pénitentes.

Pour M. Renan, le Christ n'est pas l'homme-Dieu, mais l'homme divin ; c'est le mortel le plus accompli qui ait paru dans le monde, et son règne n'aura pas de fin, en ce sens que les derniers nés de l'humanité garderont sa mémoire et vivront de sa doctrine ; il ne venait pas du ciel, mais il nous en a parlé et a fait briller aux yeux des affligés et des humbles la récompense après la peine, l'espérance après la douleur. Il est vrai que, pour affermir son œuvre et propager la religion nouvelle, il eut recours à des jongleries innocentes, qualifiées de prodiges par la multitude ignorante, qui croyait à sa divinité ; mais il faut bien lui pardonner les moyens employés en faveur du résultat obtenu. Quand il mourut, il se fit un grand vide sur la terre et un grand deuil dans les âmes ; mais il avait été trop aimé pour que l'amour n'essayât pas de l'arracher au tombeau d'où lui-même jadis avait tiré Lazare, et la folie de quelques femmes hallucinées inspira au monde la foi de Jésus ressuscité. Ses disciples réunis croyaient parfois le voir apparaître au déclin du jour expirant, et prenaient le murmure du vent agitant les fenêtres mal fermées pour le souffle de l'Esprit-Saint. Ils revinrent en Galilée, et un jour qu'ils regardaient le sommet des montagnes tant de fois gravies avec lui, ils crurent voir son fantôme divin se jouer dans la lumière du matin et se perdre dans l'éternel azur. Le bruit courut alors parmi les fidèles que le fils de Dieu avait rejoint son père immortel, et qu'il ne reparaîtrait plus que sur les nuages du ciel, dans la tempête du dernier jour.

J'ai exposé trop longuement peut-être toute la doctrine de l'auteur, mais je ne puis dire tout ce qu'il y a dans son triste livre de contradictions choquantes, de fausse science et de respects injurieux. Qu'on me ramène à Proudhon, je préfère ses négations brutales à ces courtoisies blessantes. M. Renan ne sait au juste ni ce qu'il dit, ni ce qu'il croit, ni ce qu'il pense, et de temps en temps le séminariste reparaît sous l'athée. Il ne veut pas que le Christ soit Dieu, mais il l'élève au-dessus de l'humanité ; il affaiblit le christianisme en contestant l'origine et en niant les promesses de son fondateur, et il s'écrie l'instant d'après : « Que serions-nous sans lui ? » « Nous ne sommes, dit-il encore, séparés de ceux qui croient que par un dissentiment scientifique ; par le cœur nous sommes avec eux. » Voilà, si je ne me trompe, des réminiscences de sacristie et de l'eau bénite d'impie. M. Renan repousse le surnaturel parce que le surnaturel ne peut se prouver. Les miracles, à l'entendre, s'évanouissent devant l'examen de la raison ou les informations de la justice. Il faudrait, pour lever ses doutes, que Dieu prît la peine d'exécuter un miracle devant les savants compétents et de répéter pour les membres de l'Institut ce qu'il fit jadis pour saint Thomas. Monsieur Renan, vous êtes orfévre. Si votre incrédulité ne veut céder qu'au merveilleux, si votre raison n'est prête à succomber que devant l'inexplicable, levez les yeux vers le ciel étoilé. Alors, perdu dans le problème de l'immensité et les mystères de l'infini, avouez que le miracle vous enveloppe, vous écrase et vous défie, que la science humaine ne peut ni définir ce qui est sans limites, ni scruter ce qui est sans fond, et adorez humblement celui dont le firmament raconte la gloire et déroule les œuvres.

Un mot encore. Vous prétendez n'avoir voulu ébranler la croyance de personne. Alors qu'avez-vous voulu faire ? « Des livres comme les miens, dites-vous, doivent être exécutés avec une suprême indifférence et comme si l'on écrivait pour une planète déserte. » Qui vous croira ? Nul ici-bas n'est sans passions, et il est trop évident que vous avez écrit pour nous prouver, et non pas pour nous raconter quelque chose. J'ignore si vous avez fait de nombreuses conquêtes pour le compte de l'incrédulité, mais je puis vous affirmer que vous avez ébranlé et dévoyé plus d'une âme. Que telle ait été ou non votre volonté, vous avez éteint dans plus d'un cœur l'espérance et la foi, et détourné bien des yeux d'un ciel que vous déclariez vide. C'est là une mauvaise action et dont vous répondrez. En parlant de vous, il me revient à la mémoire un passage d'un Évangile que vous ne contestez pas, celui de *saint Matthieu* : c'est par là que je veux finir. « Si quelqu'un, dit le divin maître, est un sujet de chute pour un seul des petits qui croient en moi, il vaudrait mieux pour lui n'être jamais né. Il est nécessaire qu'il arrive des scandales, mais malheur à celui par qui le scandale arrive. »

XXVII

Dimanche dernier, tous les amis des chevaux, — et les chevaux, pourvu qu'ils soient bons, ont toujours beaucoup d'amis et quelquefois plusieurs maîtres,—frémissaient dans l'inquiétude et l'approche d'un grand événement. A qui était réservé le ruban bleu du turf français, le beau prix du Jockey-Club, qui rapporte à son vainqueur soixante mille francs, sans compter la gloire ? Quel quadrupède aimé des dieux, faisant voler sous ses quatre pieds la poussière olympique, prendrait place dans la phalange des coursiers immortels? O vanité des vanités ! celui qui devancera dans sa course légère les pouliches de son âge et les poulains ses émules sera plus applaudi qu'un orateur en renom, plus admiré qu'une femme à la mode, mieux soigné qu'un enfant délicat. Les peintres, les sculpteurs et les photographes multiplieront les copies de cet illustre modèle; les plus jolies mains du monde le caresseront de la croupe aux narines, et qui sait s'il ne troublera pas le sommeil de *Gladiateur* endormi sur ses lauriers.

L'aurore de cette journée fameuse cacha ses doigts de rose sous des nuages épais et lourds ; le ciel, chargé de pluie, n'avait pas un coin d'azur, et pas un rayon de lumière ne dorait l'horizon assombri. Cependant, malgré les incertitudes du temps et les menaces de l'orage, les trains se succédant à intervalles rapprochés emportaient vers Chantilly l'élite des sporstmen et la fleur des élégantes. Les hôtels de la petite ville étaient envahis dès le matin par une foule en quête d'un déjeuner passable. La vieille cité des Condé, quittant pour un jour le deuil de ses maîtres vivants et morts, semblait avoir retrouvé sa figure des anciens temps et son sourire d'autrefois. L'ancien château est démoli, où tant de générations de princes vinrent habiter et mourir ; les jardins sont dévastés, où le vainqueur de Rocroy et l'évêque de Meaux erraient au bruit des jets d'eau qui ne se taisaient ni jour ni nuit, mais quelques restes flottaient encore de tant de grandeur éclipsée ; une foule élégante et parée peuplait la solitude de ces ruines mélancoliques, et circulait sous ces arbres qui virent s'abriter sous leurs rameaux les plus belles et les plus vaillants... La pensée, qui ne s'endort jamais, rêvait de meilleurs hôtes à ces jardins sans maître, et les regards incertains, errant des eaux silencieuses aux futaies séculaires, voyaient glisser encore, lumineuses et légères, les ombres du passé et les formes des morts.

Vers midi, le temps s'éclaircit ; les nuages, brusquement refoulés, s'enfuirent aux deux extrémités de l'horizon, et un large manteau d'azur s'étendit sur le milieu du ciel. Un gai rayon de soleil dora la cime de la forêt, et une traînée de lumière courant sur le gazon de la pelouse fit étinceler les petites pointes des herbes ; tout s'éclaira soudain. Les flèches d'or, parcourant l'étendue, allaient mourir dans le lointain sur le sommet des collines verdoyantes, et sur le visage de la nature renouvelée se répandit un air de jeunesse et de fête. La prairie, les tribunes, la piste, regorgeaient de spectateurs, et au milieu de cette fourmilière humaine se distinguaient les toilettes voyantes des femmes et les casaques bariolées des jockeys. Le son de la cloche annonça la première course ; les chevaux à la robe moirée, à la crinière tressée, pieds souples, tête fine et naseaux de feu, commencèrent leur vol circulaire et passèrent deux fois devant moi, légers comme des oiseaux, rapides comme une vision.

Gontran gagna facilement ; ses concurrents firent de leur mieux, mais la tête de *Tourmalet*, qui venait en seconde ligne, ne touchait pas même la queue de son heureux rival. *Gontran wines!* hurlaient à mes côtés des Anglais enthousiasmés. Grâce à *Gontran*, ces insulaires réalisaient un bénéfice honnête, et leur joie condamnait les philosophes pauvres qui prétendent que l'argent ne fait pas le bonheur. Il faut bien le dire, le succès des courses parmi nous n'est pas dû à l'intérêt que nous inspirent les collègues de Bucéphale. A part un petit groupe de jockeys, d'entraîneurs et de maquignons, bien peu de gens sensés aiment les animaux pour eux-mêmes. Ceux qui, comme moi, font partie du commun des martyrs, ne regardent pas même le cheval avec les yeux de Buffon. Ils le trouvent manqué ou réussi suivant les circonstances, et le jugent plutôt sur sa mine que d'après ses performances. Celui qui professe une telle hérésie est à jamais exclu de la petite Église des centaures. L'utile est, ce me semble, meilleur que l'agréable, et je ne suis pas absolument éloigné de préférer un cheval d'omnibus à un vainqueur du Derby. Enfin, pour tout dire, et pour dire autre chose, mon orgueil souffre de ce que le même mode de perfectionnement soit appliqué aux petits des chevaux et aux enfants des hommes. Beaucoup courir et pas mal sauter, voilà le moyen de parvenir. Tout adolescent qui donne quelques espérances se soumet vite à l'entraînement. Un peu plus tard, il apprend à courir en rond, à tourner sur lui-même et à franchir les barrières fixes. Il se laisse réclamer après chaque succès qu'il remporte, et, colorant ses défections nombreuses de l'excuse de sa fortune accrue, il bondit pour de nouveaux prix, affublé d'autres couleurs et fouetté par un nouveau maître.

Les courses réussissent parce qu'elles sont un jeu de hasard, une bourse en plein vent et un lieu de rendez-vous. Après le baccarat, c'est le moyen le plus sûr et le plus élégant de se ruiner ou de s'enrichir. Les poules font le succès des chevaux. Les hommes voient dans un champ de courses une des variétés du club, et les femmes, exclues des cercles où leurs maris courtisent leurs rivales de carton peint, se rattrapent sur les tapis verts de Longchamps ou de Chantilly. Chacun, dimanche dernier, se livrait à des paris de fantaisie et de proportion, et dans des mains charmantes circulaient des billets payés vingt francs au guichet d'une horrible voiture. Lors du prix du Jockey-Club, j'ai entendu des élégantes de la meilleure et de la pire espèce offrir *Florentin* à cinq et demander *Baïonnette* à trois. Une marquise honorait *Auguste* d'une préférence flatteuse, et une courtisane engageait sur la croupe de *Cinna* le porte-monnaie d'un diplomate. Le signal est donné. Les chevaux s'élancent en groupe compacte, et le silence est si profond qu'on les entend courir. Sur la piste droite, la lutte s'engage, les cris des parieurs retentissent avec le fracas des grandes eaux, et *Florentin* gagne d'une longueur de... *Baïonnette*. *Auguste* est loin, et *Cinna*, vaincu, mais respectueux, ne se permet même pas de dépasser son empereur. La petite et la grande dame se lorgnèrent avec une tristesse bienveillante. Elles avaient des relations communes, se rencontraient aux mêmes endroits et se ressemblaient de costumes, ce qui explique suffisamment cet échange de regards découragés. Chère madame, vint dire à l'une un ami de l'autre, Cinna fut battu, mais il n'a pas perdu ses titres à la clémence d'Auguste.

Si j'avais la plume et les relations brillantes de Mme la vicomtesse de Renneville, j'aborderais la description des modes nouvelles, qui, ce jour-là, craignirent la pluie et brillèrent au soleil. Je mettrais sur chaque robe le nom du couturier, sur chaque chapeau le nom de la modiste, et sur chaque tête de femme le nom du possesseur. Jamais Worth aux mains agiles ne fut plus fertile en miracles. Toutes les nuances du printemps, toutes les couleurs de l'arc-en-ciel se mariant sur les écharpes étincelantes, les jupes écourtées, les corsages en fleurs, et jamais les diamants féminins, n'eurent de plus riches montures et ne jetèrent plus de feux. L'art corrigeait les imperfections de la nature trop avare ou trop prodigue, et, grâce à ses heureux mensonges, chaque femme semblait taillée sur le modèle de ces Vénus antiques qui n'avaient pour parure qu'une ceinture de roses, un manteau de cheveux et les perles de la mer. Quelques duègnes se glissaient dans le troupeau des jeunes, comme dans un jardin des fleurs fanées parmi des fleurs nouvelles, et quelques têtes brunes apparaissaient parmi les beautés blondes comme des épis noirs dans un champ d'épis d'or.

Là, les habitués du bois de Boulogne et des théâtres, les reines de la Grande-Chaumière et des petits palais, le personnel des fêtes publiques et des solennités mondaines. La belle comtesse X, un modèle de vertu, coudoyait la célèbre Anna P., un modèle d'atelier. Chose singulière, ces anges et ces démons parlaient la même langue, portaient des ailes de la même faiseuse et revenant au même prix. Sur ces lèvres roses, que n'avaient point purifiées le charbon brûlant d'Isaïe, voltigeaient des expressions hardies que n'eût point désavouées le perroquet des Visitandines. L'influence de Thérésa se faisait sentir dans les deux mondes, et les vierges folles et les vierges sages, pareillement benoitonnées, avaient éteint leurs lampes sans plus songer à l'époux attendu. Sur la pelouse de Chantilly comme au sac de Béziers, Dieu seul pouvait reconnaître les siennes ; son légat ne pouvait rien.

Les courses finies, comme je regagnais le chemin de fer, laissant rouler devant moi les flots de la foule impatiente, je ne sais quel souvenir des temps fabuleux comparés aux nôtres vint me traverser l'esprit. Je me figurais Œdipe débouchant par l'allée des Lions sur la prairie peuplée de ses hôtes, et rencontrant le Sphinx accroupi sur quelque piédestal veuf de son dieu de marbre ou de sa nymphe de bronze. Ce n'était plus la bête terrible de la montagne thébaine, ailée comme la mort, sombre comme le destin. Le Sphinx s'était conformé au goût du jour et aux modes du temps : il avait de la peinture aux plumes, du fard à la joue et des perles aux oreilles. A ses côtés se tenaient deux femmes, toutes deux jeunes, blondes et belles, toutes deux parées de toilettes plus éclatantes que Peau-d'Ane, et toutes deux se ressemblant comme deux sœurs nées de différents pères. Lors, le Sphinx au fils de Laïus: « L'une est une très-grande, l'autre une très-petite dame. Celle-ci est plus chaste que Minerve, celle-là plus légère que Vénus.

Devine si tu peux, et choisis si tu l'oses.

— O Sphinx, lui répondit Œdipe au front pensif, tu proposais autrefois des rébus plus faciles. J'ai deviné jadis le rapport qui existait entre un animal et l'homme, aujourd'hui je ne puis saisir celui qui existe entre la femme et la vertu ; le sexe faible est une énigme vivante. O Sphinx, avec le temps t'est venue l'expérience, et la ruse avec les années !

— Alors tu m'appartiens ! » fit le Sphinx en étendant vers le jeune homme sa patte formidable aux ongles rougis de carmin ; mais celui-ci reprit soudain : « Celui que les dieux chérissent meurt à la fleur de son âge ; cependant j'essayerai de vivre. » Ayant dit, Œdipe ferma les yeux, et, s'en rapportant au hasard, que règlent les dieux immortels, il étendit ses bras dans la direction des deux femmes, qui, souriantes, le regardaient agir et l'écoutaient parler. Que cherchaient et que rencontraient ces mains ouvertes et curieuses, je ne le sais, et, le sachant, je le tairais. La nymphe à la vertu facile n'essaya pas de se dérober, mais de ses lèvres plus douces que le miel de l'Hymette tombèrent ces paroles exquises : « Ce jeune homme est d'un chic immense, et je crois que son auteur est banquier. » « A bas les pattes, jeune téméraire ! » s'écria la belle au cœur farouche, dont la voix aigre sonnait comme une cymbale retentissante. « Oh ! oh ! dit Œdipe ouvrant les yeux et s'exprimant dans ce grec harmonieux pour l'amour duquel on n'embrasse plus personne, ce qui fait qu'on ne l'apprend plus guère ; entre les femmes, ce n'est pas la mise, ce n'est pas la voix, ce n'est pas le langage,

« C'est la seule vertu qui fait la différence. »

Le Sphinx, très-contrarié, ouvrit ses ailes et s'envola. Depuis lors on ne le revit plus.

XXVIII

O rus, quando te aspiciam? s'écriait jadis l'aimable Horace dans un jour de poésie pastorale :

> O champs, quand vous verrai-je encore? et quel plaisir,
> Ou lisant un vieux livre, ou dormant à loisir,
> De voir couler le temps qu'on passe à ne rien faire,
> Oubliant les emprunts, le congrès et la guerre!

Je l'avoue humblement, le dernier trait n'est pas dans la lettre, il n'est que dans l'esprit de l'auteur.

Horace parle tout simplement des soucis qui nous font la vie inquiète, et il espère les oublier dans une longue lecture ou dans un long sommeil. Il ne spécifie rien, mais je le fais pour lui. Ce qui nous préoccupe aujourd'hui, ce sont les incertitudes de l'avenir, les bruits de guerre et la baisse des fonds. Les fonds ont remonté, mais pas assez. A de tels maux opposons, je le veux bien, les remèdes du poëte : puisque le sommeil vient en lisant, lisons; puisque le bien vient en dormant, dormons.

Horace ne me fait pas d'illusions, ce satirique n'aimait pas la campagne pour elle-même. Les arbres, les ruisseaux et les fleurs n'étaient pour lui qu'un prétexte à déclamations et un sujet de vers latins. Il possédait du côté d'Asnières, c'est-à-dire à Tibur, un bout de jardin et une maison blanche qui riait au soleil d'Italie. Là, par quelque belle soirée d'été, assis à table avec ses confrères du troupeau d'Épicure, et regardant de ses fenêtres entr'ouvertes la poussière de Rome s'élever à l'horizon et lui venir avec le vent, il levait sa coupe remplie de cécube embaumé ou de falerne à la glace, tandis que les Lalagés d'autrefois, devenues les Coras d'aujourd'hui, mariaient leur rire argentin au frais murmure des cascatelles.

C'était un rimeur assermenté, un courtisan poëte, un nourrisson des muses légères et des banquiers influents. Il payait avec de l'esprit chaque faveur reçue du prince, des ministres ou des belles, et par conséquent ne devait jamais rien. Il accordait sa lyre reconnaissante, et chantait, selon les occasions, les dieux sans être croyant, les batailles sans être brave, les plaisirs sans être robuste. Oublieux de la République, que virent ses premiers ans, et de l'antique liberté, blessée aux luttes de Pharsale, achevée aux plaines de Philippes, il pliait son génie aux mœurs de la servitude, et ne se souvint qu'une fois de la grande âme de Caton, seul immobile dans le changement du monde. Il chantait les embellissements de Rome, auxquels présidait Mécène; il célébrait la gloire du prince victorieux par ses lieutenants. Il applaudissait aux poésies d'Auguste, non moins qu'aux Géorgiques de son ami Virgile, sachant que les œuvres d'un empereur ne peuvent sembler médiocres et que les dieux de tous les temps sont encore plus indulgents à ceux qui blâment leur politique qu'à ceux qui sifflent leurs vers. Il comparait volontiers le divin Octave au divin César, et flattait le vainqueur d'Actium au détriment du conquérant des Gaules. L'un était déjà dieu, et vivait au ciel ; l'autre se préparait à l'être, et régnait sur terre. C'était là une puissante raison de mieux aimer le dieu expectant que le dieu titulaire. En outre, Horace n'ignorait pas que, pour être bien vu des petits-neveux, il faut avoir la rude franchise de ne pas leur préférer leurs grands-oncles.

Je reviens aux idées champêtres, dont m'avaient quelque peu distrait les souvenirs du passé, si différents du présent. J'ai pour la campagne non pas une passion fougueuse, mais un goût très-prononcé. Je viens d'y passer quelques tranquilles et heureuses journées, et j'arrive, emportant avec moi

Le parfum des prés verts et des arbres en fleurs.

Je me suis enivré de silence et de poésie : les nids pendaient aux branches, les oiseaux chantaient dans les bois. Toutes les senteurs de la nature se croisaient dans les vents embaumés, et, comme l'été nouveau au printemps déjà vieux, aux lilas déjà fanés succédaient les roses presque ouvertes. J'ai vu poindre sur les treilles les promesses des raisins d'automne, et, comme d'honnêtes gens qui vivent dans une maison de verre, j'ai vu les melons, lents à mûrir, s'enfler sous leurs globes de cristal.

Fidèle aux préceptes d'Horace, je n'ai négligé ni la lecture ni le sommeil. J'avais emporté le livre où M. Guizot médite « sur l'état actuel de la religion chrétienne ». C'est là un gros volume et une pièce de résistance. Je l'ai lu assis à l'ombre des grands arbres et distrait à chaque instant par les bruits qui passent dans l'air et les voix qui chantent dans les branches. Quand je fermai le livre, la nuit tombait, et je me souvins du rapprochement fait entre la vieillesse de l'homme de bien et le déclin d'un jour d'été. Même apaisement, même paix, même lumière sereine et voilée. Ce ministre des jours passés, retiré des œuvres politiques auxquelles il consacra sa jeunesse active et sa maturité robuste, et jeté à la côte après avoir vu sombrer la monarchie dont il était pilote, s'est relevé sur le rivage sans que son caractère ait diminué avec sa fortune, et sans que son orgueil ait souffert des démentis du destin. Plein de foi en lui, et ne trouvant dans les événements qui l'ont frappé rien qui fût de sa faute et fût mérité, il s'est isolé du monde, laissant à d'autres matelots le soin de conduire sur la haute mer les vaisseaux de César et la fortune française, et ne demandant pour vivre heureux qu'un abri sur les sommets et un fauteuil dans le temple des sages. Puis, à mesure que les années, en s'enfuyant, l'on rendu plus voisin de l'inévitable terme, il s'est plutôt préoccupé de la patrie éternelle que de la patrie passagère, et des problèmes d'outre-tombe que des affaires d'ici-bas. Dans ces temps troublés où l'on entend retentir sur les hauteurs et dans les vallées la voix des faux prophètes parlant au nom des faux dieux, il apporte son témoignage à la vérité, et confesse le Dieu unique qu'ont adoré depuis dix-neuf cents ans tous les grands esprits qui rayonnent comme des phares dans la tradition du monde et l'histoire du genre humain.

Je ne ferai à M. Guizot qu'une seule mais grave objection. Il est protestant zélé, quoiqu'il n'en ait pas toujours l'air et qu'il paraisse parfois enclin à des tentations opposées. Si je ne me trompe, voici sa thèse : Le protestantisme est un des rameaux de l'arbre chrétien, il a les mêmes racines et sort du même tronc que le rameau catholique. Peu importe que les deux branches courent dans un sens opposé, si leur origine est commune, leur feuillage pareil et leur ombre mêlée. En d'autres termes, on est de genre chrétien et de variété catholique, protestante ou grecque. Dieu ne regarde ni l'habit que l'on met ni la route que l'on prend pour arriver à lui, il reçoit les voyageurs à la porte du ciel sans leur demander s'ils ont pris pour venir la route de Genève ou le chemin de Rome. En outre il convient d'imposer aux dissidents l'union qui fait la force; le protestantisme ne doit pas ressembler au camp d'Agramant. C'est une maison de paix, une Église constituée ayant ses dogmes, ses règles et sa charte. A cette lettre qui tue nul n'ajoutera son esprit. Tout pasteur qui n'aura pas une religion selon l'ordonnance ira prêcher dans le désert et perdra son traitement. Rien ne chasse mieux le doute que la crainte de se trouver sans place, et il est bon d'ajouter à l'empire de la foi qui sauve le pouvoir de l'argent qui retient.

A tout ceci il y a beaucoup à dire, et je ne dirai pas tout. Je n'ai pas qualité pour exclure les dissidents du royaume éternel, et je ne veux pas rapetisser la miséricorde divine, en laquelle tout le premier je me confie et j'espère. Le protestantisme est, à mon sens, une religion parasite et bâtarde, greffée par l'orgueil humain sur l'œuvre immortelle de Dieu. En matière de foi, je ne comprends ni les transactions ni les compromis : je n'admets que les soumissions entières ou les négations hautaines. Le catholicisme, en d'autres âges, a pu être servi ou plutôt desservi par des prêtres indignes ou prévaricateurs, mais il avait gardé les promesses du temps et de l'éternité ; il s'appuyait sur la parole du Christ, l'autorité des apôtres, le souvenir des martyrs et la tradition des siècles. Rien ne pouvait autoriser des réformateurs sans aveu à élaguer ses dogmes, réformer sa doctrine et rectifier son cours. C'est ce qui eut lieu cependant. Les princes d'alors comprirent vite ce que leur puissance gagnait au divorce romain, et se firent les partisans de la réforme, dans l'espérance fondée de réunir dans leurs mains l'autorité religieuse et le pouvoir civil. Le protestantisme fit son chemin en Allemagne, grâce à la raison d'État ; il s'introduisit en Angleterre, à la suite d'un adultère. Il était né des mauvaises passions, se pliait aux goûts du temps et aux commodités des hommes. C'était une religion d'avenir.

Mais par quelle étrange inconséquence ne veut-on plus attribuer aux fidèles les prérogatives des fondateurs ? Comment ! Luther et Calvin, pour ne citer que les pires, auront à leur aise réformé les anciens abus, rajeuni les dogmes démodés, corrigé le luxe des sacrements, et les pasteurs d'aujourd'hui n'auront plus le droit de continuer cet intéressant émondage et cet universel abatis ! Le doute perpétuel, l'esprit de révolte, la liberté d'examen, sont la devise de vos labarums et vos conditions d'existence. Luther niait, entre autres choses, l'autorité du pape ; les successeurs de ce grand homme nient aujourd'hui la divinité du Christ. C'est la logique des choses et la loi du progrès. Où donc serait le mérite, si, venant après Luther, on ne faisait pas mieux et on ne doutait pas plus ? Soyez fidèles à vos origines ou changez-les. Vous avez supprimé l'autorité, et vous voulez qu'on obéisse; vous avez ébranlé la foi, et vous vous plaignez qu'on nie ! Quelle barrière voulez-vous mettre entre l'incrédulité conquérante et vos dogmes tronqués ? Ou devenez catholiques, ou continuez de vous égayer dans la Bible et les Évangiles. Le protestantisme a engendré autant de sectes diverses que les dents du dragon de Cadmus ont produit de dangereux combattants, et vous prétendez l'enfermer dans des limites infranchissables ou le garrotter dans les réseaux de vos lois inflexibles ! Laissez faire vos gens, ils iront loin et ils vont vite. Un protestant qui ne proteste pas ressemble à un brochet dans un tiroir : il n'est ni à sa place ni dans son élément.

Ainsi je songeais, et, pendant ce temps, les bruits les plus étranges arrivaient jusqu'à moi. La France avait été battue, hélas ! et un cheval anglais, distançant ses rivaux dans le grand prix de Paris, avait gagné une somme de cent mille francs qu'il ne devait pas manger, et une coupe d'or ciselée dans laquelle il ne devait pas boire :

Sic vos non vobis pocula fertis, equi.

Des pick-pockets britanniques avaient brillé par des performances hors ligne, et tout l'honneur de la journée revenait à nos voisins, qui avaient exhibé des coursiers rapides et des gaillards adroits. Mon amour-propre en a gémi, mais ma tristesse s'est évanouie en apprenant que nous étions riches d'une loi nouvelle et d'une liberté de plus. Les législateurs prennent le mal partout où ils le trouvent, et désormais celui d'entre nous qui aura cédé à la tentation de pêcher en pays étranger fera bien de ne pas revenir de loin. Le châtiment atteint le crime, la liberté revient aux cochers : que de sujets d'être heureux de son sort et fier de son pays! Les tarifs sont supprimés et les voitures sont libres de rouler à leur guise. Il n'y a, disait hier un ministre hors concours, il n'y a que les chars des États qui ne marchent pas à volonté.

Que de choses à dire encore! Les sujets ne me manquent pas, je leur manque. A vendredi la *Vie de César*, les conférences de Paris, la propriété littéraire ; à vendredi les affaires sérieuses. La chaleur est telle qu'elle me conseille la paresse et m'invite au sommeil. Les yeux à demi fermés, je revois les eaux vives, les prés verts, les arbres touffus, et je compose en rêve des articles admirables que je n'écrirai jamais,

Par amour du repos et par peur des sergents.

XXIX

L'autre jour, ayant à faire en wagon un séjour de quelques heures, je pris pour compagnon de route un ouvrage choisi parmi ceux qui remplissent leur double mission d'être agréables et d'être utiles. J'ai nommé la *Vie de César*. Comme César a beaucoup vécu, le livre est un peu gros et coûte un peu cher. Mais tout, dans ce volume, touche de si près à la perfection; l'impression en est si nette, le papier si résistant, les idées si fourmillantes, le style, qui est l'homme même, si remarquable et si châtié, que personne ne regrettera la pièce un peu ronde dépensée pour l'acquérir. L'auteur, que tout le monde connaît de nom, de vue et de réputation, a composé des livres très-lus et prononcé des discours très-écoutés. Il mène de front la littérature et la politique, et se distrait de la fatigue d'alimenter l'histoire par le plaisir de l'écrire; si je voulais lui plaire, je lui rappellerais ses disgrâces d'autrefois, car, selon un adage bien connu, on flatte les princes plutôt par le souvenir de leurs malheurs passés que par l'étalage de leurs grandeurs présentes. Mais je ne tiens à flatter personne.

Je lisais, parfois ému, souvent instruit, toujours charmé. Je m'enivrais du récit de cette autre guerre de Troie, aussi longue que la première, et qui eut notre patrie pour théâtre, nos ancêtres pour combattants. L'historien, favorable au héros dont il raconte la glorieuse vie, regarde la victoire de Rome comme ayant été utile aux intérêts et au progrès du monde. Je ne sais, mais, sans parler de la sympathie qu'après tant de siècles écoulés m'inspirent encore nos illustres aïeux luttant pour la défense du sol sacré où nous vivons après eux, il me semble que la défaite de César eût épargné à la république les horreurs de la guerre civile et prolongé la durée de la liberté mourante. C'eût été là, à mon humble avis, un grand résultat et un désastre fertile. L'avancement du genre humain n'eût pas reculé d'un jour, car les temps approchaient où le Christ allait naître.

Rome eût acheté de l'humiliation de ses aigles blessées le bienfait de ses institutions conservées, mais un revers se change plus vite en victoire que la servitude en liberté. Elle eût perdu sa conquête, son armée et son général, mais elle n'eût connu de longtemps peut-être ni le despotisme d'un maître, ni le joug des prétoriens, ni les Nérons issus des Césars. Une nation porte la peine de ses prodigieuses fécondités, et elle paye cher la gloire douloureuse d'avoir produit un grand homme qui n'est pas un honnête homme.

Je comprends plus facilement que je ne les pourrais discuter les objections qui naissent d'elles-mêmes. Reprenant la lecture du livre, j'arrivai à un passage aussi intéressant que délicat, le passage du Rubicon. J'étais curieux, je l'avouerai, de ce qu'un historien pouvait dire, au point de vue moral, d'un citoyen qui tourne contre sa patrie des forces qu'il a reçues d'elle pour la défendre, et, au point de vue stratégique, d'un général qui traverse, sans un équipage de pont, un ruisseau peut-être profond. Mon attente ne fut point trompée. L'historien, justifiant l'entreprise un peu hardie de son héros, a jugé que les eaux du Rubicon, comme celles de la Dhuys ou du Surmelin, pouvaient être détournées de leur cours naturel au nom du grand et salutaire principe de l'utilité publique. L'argument me toucherait si j'étais M. Haussmann, mais... je ne le suis pas. Les hommes, et j'en excepte les moralistes, qui sont très-rares, absolvent résolûment toute tentative que le succès couronne. Ils jettent leurs plus grosses pierres non pas à ceux qui commettent des peccadilles, mais à ceux qui n'ont pas de chance. On a des spectateurs quand on essaye, des courtisans quand on a réussi. Si l'on veut traverser les petits ruisseaux qui font les grandes rivières, l'essentiel est de rencontrer un gué ou de savoir nager.

Voilà la morale; il faut convenir qu'elle est facile. Ainsi, je voyageais, moitié lisant, moitié méditant, lorsque, me penchant à la portière du wagon, j'aperçus sur la hauteur la statue gigantesque de Vercingétorix. J'eus à l'instant la rapide vision et le sentiment profond des choses disparues. Devant moi se dressaient les collines où fut Alesia et se déroulait le théâtre accidenté de la grande bataille perdue. C'étaient bien là les lieux décrits par les *Commentaires*. Je revoyais la plaine de trois mille pas, les deux rivières, et les vastes plateaux jadis recouverts par les tentes d'un peuple armé. Ici couraient les retranchements de César, et là la cavalerie gauloise se heurta aux légions romaines. C'est par ce rude sentier que descendit le héros vaincu, pour aller jeter son épée aux pieds de César triomphant, et non plus dans la balance d'airain où Brennus pesa jadis la rançon du Capitole assiégé. Un pauvre village s'élève aujourd'hui sur ces coteaux fameux où tant de vaillantes gens ont vainement combattu ; les cadavres des lutteurs sont retournés en poussière ; mais il paraît que le laboureur, en poussant sa charrue, retrouve encore des tronçons de glaives et des débris d'armures. Les savants ont déposé derrière les vitrines des musées ces tristes reliques de la gloire humaine, et la pensée en travail repeuple les solitudes et fait revivre les morts. En regardant les bois amaigris qui poussent sur ces pentes arides, je songeais aux forêts enchantées du Tasse, dont chaque arbre était vivant et se plaignait de souffrir, et je me souvenais que les dieux indulgents, remplaçant parfois la mort par la métamorphose, donnaient à leurs rares favoris la riante figure des chênes éternels.

Et saisi par le double attrait du spectacle et du livre, je suivais le conquérant des Gaules de la chute d'Alesia au saut du Rubicon. Il s'arrêta longtemps, voyant, dit le poëte, surgir sur la rive opposée l'ombre sacrée de la patrie en deuil. Des voix qui lui parlaient d'honneur et de devoir grondaient comme les échos lointains de sa conscience émue. Il mesura la faible distance qui séparait le citoyen du rebelle ; puis, songeant qu'à Rome seule il devait trouver l'argent du trésor public et le prix de la victoire, il attira d'un geste superbe les Gaulois de l'Alouette et les vétérans de la dixième, et franchit le lit étroit du ruisseau desséché. Il passe, disperse à Pharsale la noblesse romaine meurtrie au visage par les légionnaires obéissants, et traîne derrière son char triomphal les images de la Gaule vaincue et de la liberté morte. Il n'a plus d'ennemis. Caton se tue et Cicéron trahit. On sait le reste : la tentation qu'eut ce dominateur du monde d'adapter à son front chauve la couronne de Tarquin le Superbe, et le réveil terrible de Brutus endormi. Quand l'historien racontera la mort de César, je m'imagine qu'il refusera aux meurtriers le triste bénéfice de circonstances atténuantes, et je m'explique aisément les motifs de cette juste sévérité. Auguste, qui, grâce à eux, avait hérité, laissait louer devant lui les assassins de son oncle, ce qui me semble d'un empereur clément, mais d'un neveu médiocre. Toutefois, il faut juger les actes des morts avec l'esprit de leurs contemporains. Tacite, qui n'est suspect à personne, raconte que le souvenir de Brutus fut cher aux meilleurs citoyens de la Rome des Césars. Tacite nous apprend encore que, quand les Caligula et les Néron épouvantèrent le monde de leurs folies sanglantes, les opprimés d'alors, regardant les bustes des deux conjurés, cachés au plus profond de leur demeure, suppliaient les dieux immortels de leur susciter des émules et de faire renaître l'antique liberté des cendres dispersées du monstre impérial. Les dieux n'exauçaient que la moitié du vœu ; ils refusaient la liberté, mais ils autorisaient Chéréas.

Les œuvres glorieuses du premier César n'ont désarmé ni la poésie ni l'histoire : Virgile, montrant au pieux Énée la vision des grands hommes de l'avenir, fait présider par Caton ce Sénat immortel ; et, après lui, le chantre de la *Pharsale*, pour rétablir l'équilibre entre les combattants, range les dieux du parti du vainqueur, et Caton du côté du vaincu. Tant il est vrai que les séductions du génie n'étouffent pas dans les âmes l'instinct inné de la justice. Les peuples savent ce qu'il faut penser de ceux qui franchissent les fleuves en chargeant le hasard aveugle de les absoudre ou de les punir. Il n'est point d'usurpations désintéressées, et les grands audacieux ne trompent personne en essayant de couvrir leur intérêt privé du voile trop transparent de l'intérêt public. Les Romains, il est vrai, acceptèrent les coup du sort et l'autorité d'un maître. Mais, si fort qu'ils s'éprissent d'un dominateur passager, ils gardèrent le respect de ceux qui, leur donnant un exemple difficile à suivre, et s'obstinant dans la fidélité des lois qu'ils avaient jurées, allèrent chercher la liberté dans l'exil ou dans la mort.

Les auteurs tiennent en ce moment le haut du pavé; on s'occupe tour à tour de leurs œuvres et de leurs droits. La question tant controversée de la propriété littéraire vient d'alimenter les discussions de la Chambre et de servir de prétexte aux déclamations ampoulées des rhéteurs. Des orateurs tempérés ont profité de l'occasion pour lâcher leur robinet d'eau tiède et s'épancher à longs traits, comme un fleuve enchanté du progrès de ses ondes. Les philosophes en demi-solde et les avocats sans causes ont fait tomber leurs phrases sonores avec un bruit de cascade et se sont payé le luxe des métaphores de première classe et des mots longs de sept lieues. M. Marie, qui s'endort sur ses lauriers problématiques, s'est réveillé pour prouver à ses commettants, persuadés de son mutisme, que sa parole était encore plus dorée que son silence.

Il y a pleinement réussi, et les Marseillais de race pure, en écoutant le discours de leur éloquent député, ont éprouvé la douce surprise du bon Balaam entendant pérorer sa monture.

En pareille matière, il est difficile de se payer de phrases, et les auteurs eux-mêmes ne voudraient pas de cette monnaie qui n'a pas de cours. La propriété littéraire est une propriété, s'écriait jadis Alphonse Karr, sous l'influence d'une piqûre de guêpe : voilà la loi et ses prophètes. N'en déplaise au jardinier de Nice, sa phrase est plus jolie que concluante et son raisonnement n'est pas greffé sur le bon sens. Les fleurs qu'il cultive aujourd'hui sont comme les œuvres qu'il produisait naguère. Elles sont charmantes et se vendent bien ; mais ses bouquets, comme ses romans, sont à lui quand il les compose, à moi quand je les achète. Les livres ont le destin des roses et leur part de lumière. Ils s'ouvrent au rayon du génie comme les fleurs aux rayons du soleil, et confient leurs feuilles légères et leurs parfums odorants aux vents, qui les emportent et parfois les dispersent.

C'est une erreur que d'assimiler les produits de la pensée à ceux d'un arbre ou d'un champ, et l'insaisissable au réel. Comment ! un grand écrivain, il ne me coûte rien et il me plaît fort de le supposer grand, possédera son œuvre au même titre que sa maison, s'il déroge assez à la pauvreté proverbiale des gens de lettres pour se donner le luxe d'un concierge. Il pourra, si bon lui semble, la retirer de la circulation où il l'a lancée, l'anéantir ou la mutiler, la donner ou la vendre, la transmettre ou la léguer. Et ceci n'est rien encore; mais son livre fera partie de sa succession comme son linge ou ses meubles. Ses enfants en jouiront après lui et comme lui, et non-seulement ses enfants, mais ses collatéraux, s'il s'en trouve; ses amis, s'il s'en découvre, et ses ennemis même, si le hasard des héritages ou le privilége des acquisitions les rend possesseurs de ce monument, pour lequel son auteur avait rêvé la conquête du temps et l'éternité de l'airain.

La destinée du livre dépendra donc alors du caprice des propriétaires. Non; et vous sentez bien que l'humanité serait lésée dans ses droits si des mains impies ou ennemies pouvaient éteindre brusquement les vives lumières qui l'ont éclairée dans sa marche. Vous sentez bien que les créations du génie entrent dès leur aurore dans le domaine universel, et pour les préserver des injures non pas du temps, mais des hommes, vous invoquez le prétendu principe de l'utilité publique, et vous enlevez aux propriétaires le droit d'abuser en leur laissant encore la facilité de jouir. Qu'on cherche à concilier les intérêts opposés en conférant aux écrivains un droit de propriété temporaire comme on accorde aux inventeurs un brevet de durée limitée, j'y consens, pourvu que ce droit s'éteigne avec eux ou ne passe qu'amoindri à leur veuve, qui parfois les oublie, et à leurs enfants, qui sont rarement leurs meilleurs ouvrages. Mais que l'on n'essaye pas de m'émouvoir en invoquant le souvenir d'Homère indigent ou de Corneille appauvri. Les temps ont changé, et avec eux les hommes et les mœurs. Parmi les illustres modernes il est des vieillards prodigues qui, tendant leur casque à l'aumône, vont demander de porte en porte l'obole de Bélisaire ou le denier de saint Pierre. Mais je ne me laisse pas émouvoir à ces dénûments factices, et je passe la main fermée devant ces ruines du talent qui n'ont plus même de visiteurs.

Si je savais qu'un homme de génie ou ses descendants mourussent de faim tandis que les théâtres et les libraires s'enrichissent de leurs œuvres exploitées ou vendues, je me souviendrais de l'acceuil encourageant que le Sénat réserve aux pétitions raisonnables et j'exhorterais la France à se souvenir qu'elle est assez riche pour payer ses gloires. Mais pour les auteurs l'âge de fer a cessé, celui des billets de banque commence ; on fait fortune avec un livre, un drame ou un scandale ; le tout est de savoir son monde et d'arriver à point. Parmi les écrivains, plusieurs sont riches comme des banquiers, beaucoup sont décorés comme des diplomates. Parmi les plus opulents je citerai M. Scribe, qui, à la façon des anciens consacrant un temple aux dieux inconnus, dédia sa maison des champs au public généreux qui en avait fait les frais. Une inscription placée sur le fronton de cet asile champêtre rappelait, en deux mauvais vers, à ceux qui passaient par là, que le maître du logis était peut-être leur débiteur. On priait le voyageur de lire, mais on lui défendait d'entrer.

Je regrette l'époque féconde où les auteurs ne travaillaient qu'en vue de la gloire et de l'immortalité. Les hommes valaient mieux, leurs livres aussi. La pauvreté est la véritable école du génie, et on n'enfante des œuvres viables que nourri, bercé et consolé par elle. Où est le temps où les artistes inspirés, soucieux de l'équitable avenir et semant pour la moisson future, s'inquiétaient d'éterniser les traces de leur passage ici-bas? Les auteurs aujourd'hui suivent d'autres errements. Ils estiment une ceinture dorée plus haut qu'une honnête renommée, et tiennent que l'argent ne salit pas la gloire. Les opinions sont libres, mais on peut choisir entre elles. De nos jours l'art et le commerce ont contracté un mariage d'intérêt, et ce n'est plus la fin, mais le caissier, qui couronne l'œuvre. On court à la fortune par le chemin des lettres; on traite avec le libraire, le théâtre et le journal, et on livre à l'échéance des produits mal venus et des œuvres sans lendemain. Le bénéfice tue le talent, et les nobles facultés s'émoussent dans cette transition de l'art, qui élève, au métier, qui dégrade. Aussi, parmi les écrivains qui se démènent aujourd'hui pour la célébrité qui fait recette, aucun ne se survivra d'une heure et ne laissera une page signée de lui qui flotte éternellement sur le courant des jours.

Je reviens, en terminant, à la propriété littéraire, qui, quoi qu'on ait dit, n'est pas une propriété. Ce que l'on peut revendiquer, c'est seulement ce que l'on peut saisir, et la pensée est de sa nature impalpable et fuyante. Sitôt qu'elle est formulée, elle s'échappe, court et rayonne. Tout lecteur a son droit d'usufruit sur le livre que je répands, il s'en empare et s'en nourrit, il le discute, il le juge, il s'en sert et s'en souvient. Mes idées à peine exprimées tombent dans le domaine universel, et je ne les ai émises que dans l'espérance, souvent déçue, d'accroître le trésor commun où aboutissent toutes les œuvres de l'homme comme les ruisseaux à la mer. Faites donc des lois et essayez de reprendre dans des milliers de mémoires ce qu'elles ont retenu de moi et ce que j'ai voulu qu'elles en gardassent. Vous avez parlé des poésies d'Homère. Le vieillard aveugle qui les avait créées ne songeait ni à les répandre ni à les anéantir ; mais, l'eût-il voulu, cet effort eût dépassé son pouvoir. Les rapsodes qui parcouraient les bourgades de la Grèce en chantant ses chants sublimes eussent, malgré les lois impuissantes et l'auteur révolté, immortalisé la colère d'Achille et le génie du poëte.

A tout ce que j'omets les lecteurs suppléeront. Quant à moi, je sais me borner, ce qui ne veut pas dire que je sache écrire. J'aurais cependant voulu reprendre l'œuvre pacifique à laquelle la conférence a renoncé, et trouver une solution pratique aux difficultés pendantes. Alexandre n'est plus, mais ses successeurs se servent de sa méthode pour trancher les nœuds gordiens. La guerre est la dernière raison des princes, parfois dénués de bon sens. Les peuples en payent les frais, et c'est ainsi que tout finit et recommence. Si les rois se battaient en personne sacrée, les batailles seraient à coup sûr moins meurtrières et moins longues ; mais ils restent sur le rivage, où leur grandeur les attache et où les boulets n'arrivent pas. Quand ils quittent leurs observatoires, c'est pour signer des traités de paix sur les cadavres des morts.

XXX

« Si vous voulez la paix, préparez la guerre, » s'écriait un illustre historien dans un jour de paradoxes ! Est-ce donc pour prouver leur désir effréné de la paix à tout prix que M. de Bismark et son auguste maître, convoquant ban et arrière-ban, armée, landwer, landsturm, dépeuplent les brasseries du royaume, et soumettent au régime du casque et du sabre l'enfant qui ne sait rien et le vieillard qui n'en peut mais ? Est-ce donc pour le roi de Prusse que Victor-Emmanuel assemble plus de soldats qu'il n'en peut raisonnablement solder, et que les vieilles chemises de Garibaldi se colorent d'une honnête rougeur ? Quant à cela, peut-être bien.

Partout le bruit des armes et l'attente de la guerre. On charge les canons, on prépare les forteresses, on aligne les combattants; les vaisseaux, réunis dans les ports comme des hirondelles avant l'hiver, n'attendent que le signal d'ouvrir leurs ailes et de courir sur les flots, et les pasteurs des peuples, utilisant leurs dernières heures de loisir, imitent les héros du bon vieux temps qui combattaient de la langue avant de s'attaquer du glaive. Le monde vivait en paix, une poule survint, et, les puissances intéressées ne s'entendant pas sur la manière de plumer le volatile, voilà la guerre allumée ! La Prusse se bat pour la conquête, l'Autriche pour sa défense, l'Italie pour un quartier de botte ou une feuille d'artichaut. La France, étonnée qu'on puisse livrer des batailles sans qu'elle soit de la fête, se contente du rôle de témoin, tout en revendiquant hautement sa liberté d'agir (1). J'aimerais mieux la liberté de la presse... mais en pareille matière il faut savoir se contenter de peu. D'ailleurs, tout arrive à qui a le temps d'attendre et le droit d'espérer.

Si le bon Homère se réveillait du sommeil où il tombe quelquefois, il nous dirait dans son beau langage les forces des peuples belligérants, le nombre de leurs vaisseaux profonds, les noms et les exploits des chefs qui conduisent aux combats sanglants les fils de la blonde Allemagne et de la brune Italie. J'imagine qu'il placerait son récit dans la bouche de quelque Hélène aux bras d'albâtre, cause et récompense de la guerre universelle; mais aujourd'hui l'ambition a remplacé l'amour, et on ne se bat plus pour les femmes, si ce n'est en famille.

Quoi qu'il en soit, l'heure de la bataille est proche et les aigles à deux têtes volent sur le front des armées. Les Italiens, plus nombreux qu'aguerris, suivant sur la route de Venise la veste rouge de Garibaldi et le plumet du roi galant homme, veulent remporter des victoires pures de l'alliage étranger, et voir si de leurs propres ailes ils pourront voler quelque chose. L'Autriche, qui jadis comptait moins pour s'arrondir sur la

---

(1) Je laisse des lignes écrites avant Sadowa comme témoignage des impressions d'alors. Quant au rôle que joua la France en cette occurrence, il est aussi inutile de le blâmer que triste de s'en souvenir.

vieille fortune de ses généraux que sur la beauté de ses archiduchesses nubiles, faisant face aujourd'hui à ses deux adversaires, donne pour but aux carabines tyroliennes les plastrons d'Italie et ouvre les plaines allemandes à l'élan des cavaliers hongrois. Quant aux Prussiens, énervés des délices d'une paix de cinquante ans, mais confiants dans la bonté de leurs fusils, qui, paraît-il, valent mieux que leur cause, ils marchent sous la conduite de princes et d'officiers qui ont fait sentir le poids de l'épée de Frédéric à la tête d'un cuisinier sans défense. Mais quoi! M. de Bismark veut entrer dans la cuirasse de Richelieu, et le roi Guillaume se souvient qu'il eut dans l'histoire un homonyme surnommé le Conquérant.

J'ai l'esprit conciliant, et j'accorde que, dans le moment présent, il y a beaucoup à dire et plus encore à faire. « Çà, chambellan, qu'on m'apporte le monde, » dit dans une pièce en vogue le roi Bobèche, qui commande à cent vingt millions d'hommes. Quand le monde sera venu, je ne me refuse pas à l'examiner avec la conviction qu'il n'est pas le meilleur possible et que tout n'y va pas pour le mieux. La question des duchés m'intéresse, celle d'Orient me préoccupe. Je sais des peuples opprimés et j'en vois de turbulents; l'ordre règne à Varsovie et le désordre à Florence. L'Italie n'a pas encore achevé l'œuvre de son indépendance, et la Prusse, mal délimitée, ne peut se voir en peinture sans regretter la bizarrerie de ses contours et l'irrégularité de ses traits. Nous-mêmes avons connu des frontières qui nous ajustaient mieux, et j'aimerais, je l'avoue, compter parmi mes concitoyens quelques étrangers de distinction, et, sans sortir de France, pouvoir trouver, mélanger et boire l'eau de Cologne et le vin du Rhin.

Pourquoi le nier? Oui, la géographie éprouve des faiblesses et commet des erreurs. Mais, à nous, que nous importe? On l'a dit avec raison, il nous est plus avantageux d'avoir à nos portes de petits princes qui nous seront alliés que de puissants voisins qui nous deviendront ennemis. Si l'Italie, incapable, quoi qu'elle en dise, de se faire toute seule, n'a pas encore réuni en faisceau ses provinces divisées, tant mieux; si la Prusse ne s'est pas encore agrandie, soit au nord, soit au midi, des dépouilles de ses confédérés, tant mieux encore. Toutes deux, et je comprends leur but sans excuser leurs moyens, poursuivent sur les champs de bataille le fantôme sanglant d'une unité impossible, mais je ne concevrais pas que nous pussions favoriser, soit d'un concours efficace, soit d'une sympathie platonique, l'ambition démesurée de ces grenouilles enflées. D'ailleurs, nous ne sommes plus assez jeunes pour ne pas savoir que l'ingratitude est une vertu politique et que les peuples n'ont pas de reconnaissance à garder, mais des intérêts à défendre. Puisque, dans le conflit qui va naître, la France a décidé qu'elle resterait neutre et attentive, chacun de nous a le droit d'avouer ses préférences et d'exprimer ses vœux. Je ne suis pas méchant, et je ne voudrais pas m'égayer en un sujet si grave, mais enfin j'apprendrais avec un plaisir extrême (1) que l'Italie révolutionnaire, vaincue en quel-

(1) J'ai eu ce plaisir-là.

que combat singulier et ramenée des hauteurs de San Martino au bourbier de Novare, a renoncé à l'idée de s'emparer de Rome comme à la prétention de l'égaler.

Quant aux Prussiens, je leur garde une rancune patriotique et vivace que ranime encore le spectacle des choses présentes. Je me souviens de ce que tant d'autres ont oublié ou pardonné, — Leipsig et Waterloo, — et en matière de compensation, j'espère que les vainqueurs de Duppel s'instruiront aux leçons de Bénédeck, et que Berlin verra pour la seconde fois la fumée d'un camp étranger (2). Je m'imagine le roi Guillaume fait prisonnier au soir d'une bataille malheureuse et imitant le style de François Ier écrivant à sa famille, comme naguère son neveu parodiait le langage de Napoléon félicitant ses troupes : « Tout est perdu fors l'honneur. » C'est beaucoup dire en peu de mots, mais un souverain vaincu ne connaît jamais bien toute l'étendue de ses pertes.

Après tant de siècles écoulés et tant de déclamations impuissantes, le monde ne connaît d'autres solutions que la guerre aux difficultés qui l'agitent, et l'ambition des princes, qui veulent être puissants, triomphe encore de la volonté de leurs sujets, qui ne demandent qu'à vivre heureux. Et cependant les frontières s'abaissent et les distances s'effacent. Les échanges s'opèrent, les intérêts se confondent, et les locomotives, emportant sur leurs ailes rapides les députations de la race humaine, traversent la vieille Europe comme des cour-

---

(1) Hélas ! notre espérance est bien souvent trompée.

(Feu RACINE.)

riers pacifiques, et se jouent des montagnes et des fleuves qui faisaient jadis la sûreté, le rempart et les limites des peuples. Les nations prospèrent, travaillent et marchent, et jamais les hommes de bonne volonté disséminés sur la terre n'ont été plus près de conquérir le plus beau fruit de la paix qui leur fût promis : la liberté !

La guerre n'est plus que le réveil de la force aveugle qui ne prouve et ne résout rien. Ses apparitions sont plus rares, mais aussi plus terribles. Elle met aux prises des gens qui n'ont plus ni raison de se haïr ni désir de s'égorger, ce qui augmente l'horreur de la mort qu'elle répand. Elle éclate au milieu des fortunes surprises et des intérêts groupés, ce qui rend plus irréparables les pertes qu'elle occasionne et les ruines qu'elle dissémine. Au second coup de canon et même avant le premier, la Bourse baisse, l'argent se sauve, les banqueroutes se succèdent comme des coups de tonnerre dans un ciel d'orage. La fortune des particuliers diminue en même temps que la dette des États s'augmente. Pendant ce temps, les princes, impassibles et convaincus, passent la revue de leurs troupes alignées, exhortant leurs soldats à mourir convenablement pour eux, à qui on souhaite de vivre longtemps.

O Italiens ! l'idée de voir Venise et de mourir est, j'en conviens, patriotique et touchante, mais j'aimerais savoir que vous songez à vous acquitter en honnêtes gens avant de vous battre en vaillants soldats. La défaite vous rend insolvables et la victoire ne vous rend pas plus riches. Songez à ceux d'entre nous qui ont échangé des écus français contre du papier florentin. Votre emprunt, garanti par vous, baisse comme un ruisseau d'été que le soleil dessèche. Relevez vos cours ou payez vos dettes. Mon concierge, qui a le malheur d'être votre débiteur et le courage de lire *le Siècle*, tremble d'avoir mis son argent dans la main du galant homme, et trouve que les chiffres parlent plus éloquemment que M. Havin lui-même. Quoique concierge, il a raison.

O Espagnols, vous avez, à propos de guano, cherché querelle aux Chiliens inoffensifs, et vous avez brûlé cent millions de valeurs, en partie françaises, dans Valparaiso bombardée tout un jour par votre invincible flotte. Vous êtes toujours les fils du Cid et les descendants de Guzman. Comme jadis, vous vous couvrez devant le roi et vous prenez le taureau par les cornes, ce qui prouve qu'il y a encore parmi vous des nobles et des matadors, et que le temps n'a affaibli ni le respect des traditions ni la pureté d'un sang priviligié.

Je m'en réjouis sincèrement. Daignez réfléchir toutefois, ô Hidalgos, que la guerre est un luxe coûteux que vos moyens ne vous permettent pas, et qu'il vaudrait mieux dépenser vos réaux à payer vos billets échus qu'à construire des vaisseaux cuirassés. Vos chemins de fer sont une œuvre française. Nous vous avons fourni des bras et du matériel, des hommes et des fonds, car pour remuer la terre, forger une machine, prêter des capitaux, vous étiez, soit dit sans vous offenser, trop pauvres et trop paresseux, trop ignorants et trop fiers. Aujourd'hui, notre richesse a décru dans vos mains inhabiles. Vos actions, enflées un moment par une vogue passagère, ont été mises au ban de la spéculation et au dernier rang des valeurs. Elles se donnent pour peu de chose et ne rapportent plus rien, de telle sorte que les monnaies françaises qui ont passé les Pyrénées sont tombées dans une terre infertile où, sans avoir rien fait germer, elles se sont enfoncées et perdues. O Hidalgos, vous avez tiré une vengeance raisonnable de la guerre de 1809, et si jadis nous vous avons pris Saragosse, vous nous l'avez bien reprise.

Avec ce qu'a coûté l'incendie de Valparaiso, que de choses honnêtes et bonnes vous eussiez pu et dû faire! Mais si les peuples et les individus n'ordonnançaient que des dépenses utiles, ils deviendraient si parfaits qu'ils en seraient gênants.

Je reçois à l'instant un poëme d'un rossignol languedocien qui chante à Montpellier. Je ne comprends pas bien le patois local, mais j'en devine quelques mots. Le poëte intitule son œuvre, les trois plaies de notre temps :

LE LUXE, L'INCRÉDULITÉ ET L'AMOUR DE L'ARGENT.

Il faut être vraiment bien poëte, bien campagnard et bien modeste pour ne compter que jusqu'à trois. Loin d'être en retard sur l'Égypte, nous la distançons de plusieurs plaies d'invention récente. Mais je me tais, car il est des maux qu'il est aussi dangereux de préciser que difficile de guérir.

XXXI

« Mon enfant, j'ai trop aimé la guerre, » disait Louis XIV mourant à son petit-fils, qui l'aima moins que lui, mais qui la fit plus mal. Le grand roi avait bien raison de se repentir humblement de cet inexplicable amour, mais le sang de nos soldats n'avait pas coulé vainement sur le champ des batailles perdues ou gagnées. Nous avions arraché à l'Espagne dégénérée une province de bon rapport, et la France s'était enrichie, par la conquête de l'Alsace, de quelques Allemands bien portants qui ont fini par s'acclimater, et dont les descendants, doués d'un discernement sans égal et d'une pénétration hors ligne, viennent de préférer à M. Laboulaye, qui sait écrire, M. de Bussières, qui sait compter.

Je conseille à tous ceux qui ont besoin d'être affermis dans la sainte horreur des batailles et des batailleurs la lecture du livre dans lequel M. Alfred Assollant a raconté l'histoire de la campagne de 1812. M. Assollant, si je ne me trompe, a pris sa source dans l'école normale et découle des fontaines grecques et romaines. Bientôt, délaissant la maigre Université pour les lettres moins avares, il a mieux aimé réjouir les gens d'esprit qu'attrister les écoliers. Romancier par distraction, journaliste par tempérament, il a parcouru les deux mondes, voyagé dans tous les temps et effleuré tous les sujets d'une plume légère et affilée. Il a l'humeur enjouée, la phrase facile et le trait malin. Des ouvrages qu'il a composés, beaucoup sont inutiles, aucun n'est ennuyeux. A le juger par le style, qui est l'homme même, je le prendrais pour un moraliste indulgent, un épicurien modéré et un philosophe aimable qui, sans s'étonner de rien et sans rien approuver, jette dans le jardin de nos vices des pierres malheureusement trop petites pour blesser le jardinier.

M. Assollant, cette fois, passant du grave au doux et du roman à l'histoire, nous a refait, après le général de Ségur, M. Thiers et tant d'autres témoins ou narrateurs de ce grand massacre, le lamentable récit qui eut pour théâtre les murs de Moscou-la-Sainte, les steppes neigeuses de la Russie et les bords glacés de l'Essler et de la Bérésina. C'est bien le cas de répéter avec le poëte le « *quis talia fando.* » Nul, en invoquant de tels souvenirs, ne peut s'empêcher de pleurer sur les malheurs de la Troie française ; mais de nos revers passés sort une haute leçon qui n'a pas encore germé : c'est que la liberté est la meilleure tutrice des nations viriles, et qu'il y a quelqu'un qui a plus de génie et plus de sagesse que César : c'est tout le monde.

Quidquid delirant reges, plectuntur Achivi.

L'Empereur partit pour son expédition de Russie comme Xerxès pour la conquête de la Grèce, emmenant avec lui une multitude armée, recrutée parmi les populations des royaumes tributaires ou subjugués ;

la qualité de ces troupes se ressentait de l'alliage allemand et du mélange italien. Mais le grand conquérant comptait sur la victoire qui reste aux gros bataillons et sur la fortune que le génie maîtrise. Quoi qu'il en soit, le général Mille Hommes par jour, comme l'appelait Kléber dans une boutade heureuse, avait amassé des économies et s'était entouré de ressources suffisantes pour faire face à une dépense de deux ans. Je m'arrête ici et je renvoie le livre de M. Assollant à tous ceux qui ont le goût de la vérité soigneusement étudiée et simplement dite. En effet, pourquoi poursuivre? Qui ne sait l'incendie de Moscou, les victoires du général Hiver, nos légions semées sur la neige, et cette longue retraite dont chaque pas fut un combat contre un ennemi enhardi et la nature implacable? En attendant, l'Empereur vaincu menait les funérailles de son armée et le convoi de sa puissance. Impassible devant les destinées changeantes, mais incapable d'accepter les humiliations du sort et regardant le désastre qui l'avait frappé comme un orage d'été précédé et suivi de la sérénité du ciel, il médite des proclamations au peuple, des messages au Sénat, et d'immenses levées d'hommes pour les combats futurs. Il revient à Paris préparer une revanche éclatante, et, quittant comme un instrument inutile ce lambeau d'armée dont il était l'âme et le ralliement, il laisse derrière lui s'agiter sur la neige les tronçons mutilés de ses régiments perdus

Bien loin sont toutes ces choses! Bien amère en est la mémoire! Quelques survivants du grand massacre lèvent encore parmi nous leur tête blanchie et reculent jusqu'à ses limites extrêmes la mort, étonnée de ses clémences d'autrefois! Hélas! tous ces souvenirs retracés dans un remarquable ouvrage me revenaient à l'esprit dans une récente et douloureuse circonstance. J'assistais naguère aux funérailles de la comtesse Gudin, veuve d'une des plus illustres victimes de la campagne de Russie. Son mari tomba sur un champ de victoire comme Desaix, Lannes et Montbrun, et quoique interrompu avant l'âge dans sa carrière brillamment poursuivie, il vécut assez pour laisser en héritage un vif rayon de gloire militaire et le souvenir de sa mort triomphante.

La comtesse Gudin s'est éteinte dans sa quatre-vingt-huitième année. Elle n'eut dans sa longue vie qu'un seul amour et qu'un regret unique. Elle eut le rare mérite de porter simplement la parure d'un nom célèbre, et se conduisit de telle sorte qu'on estimait davantage son mari pour le choix qu'il avait fait d'elle et pour le deuil qu'elle gardait de lui. J'ai eu l'honneur d'approcher cette femme excellente et regrettée, et je ne puis me rappeler sans émotion les charmes de cette vieillesse aimable et de ce paisible déclin. Entourée de sa famille et de ses amis, elle a vécu ses dernières années, jouissant d'être aimée et sûre d'être pleurée. Je la revois au milieu des siens, et je retrouve sur ses lèvres, aujourd'hui glacées, son sourire indulgent et bon. On eût dit qu'elle se consolât et rajeunît dans la jeunesse et la gaieté des autres. J'ai voulu autant qu'il était en moi payer à sa mémoire vénérée mon tribut de reconnaissance, et qu'elle entendît ma voix, qui lui fut connue, dans ce monde mystérieux où l'ont déjà précédée tant de ceux qui me furent chers et ne sont déjà plus.

Que d'événements accomplis en peu de jours ! — l'armistice signé, la paix faite et la carte du monde remaniée. Le roi de Prusse se prépare à digérer ses lauriers frais cueillis, et quitte Nikolsburg, où il a des soldats, pour Berlin, où il a des juges. Les Italiens viennent de perdre une jolie bataille navale. Ils avaient acheté une flotte d'occasion chez des industriels qui tiennent cette marchandise, aussi coûteuse que recherchée; mais, mécontents de leurs vendeurs, qui n'ont pas vu le défaut des cuirasses livrées, et de leur amiral, dont la grandeur préféra trop tôt le rivage tutélaire à la mer hasardeuse, ils se donnent le plaisir d'imiter Athènes et Londres, et traduisent devant les tribunaux leur général malheureux et leur bataille perdue. Enfin, et ceci nous regarde :

> Encore un journal qui file,
> Qui file, file et disparaît.

Le *Courrier* a vécu son dernier dimanche, et l'*Europe* reparaît dans Francfort, occupé par les vainqueurs de Sadowa. Quand donc remporterons-nous les victoires pacifiques, qui sont les seules fécondes, et conquerrons-nous autant de liberté que la Prusse va s'annexer de territoires?

> Enfin les deux moitiés de ce vaste univers
> Ont pour lien un fil qui tremble au fond des mers.

Le câble transatlantique posé par l'opération du *Great-Eastern* s'étend de Londres à New-York, et si le cœur nous en dit et nos finances le permettent, nous pouvons, pour la bagatelle de vingt-cinq francs par mot, correspondre avec nos amis d'Amérique. Les Anglais triomphent sur toute la ligne, et au dernier banquet du lord-maire, le comte de Derby a célébré éloquemment les conquêtes de la science sur les éléments, la suppression de la distance et les peuples unis battant des mains sur les rivages des océans franchis en un instant. Il a raison! mieux vaut correspondre par le télégraphe électrique que par le canon rayé, et s'envoyer des dépêches coûteuses que des balles cylindroconiques. Une inquiétude toutefois se mêle à cette allégresse. M. Babinet prétend qu'un perpétuel séjour dans l'eau est la joie du poisson, mais la ruine du fil de fer. Tout ce babinage ne tire pas à conséquence; mais qu'importe? Quand le câble transatlantique ne devrait vivre qu'un jour et ne parler qu'une fois, il n'en serait pas moins un long sujet de légitime orgueil et le témoignage éclatant, quoique éphémère, de la grandeur et de la puissance humaines.

XXXII

Rien de nouveau sous le vieux soleil! la politique chôme, et les peuples confiants s'endorment sur la foi des traités passagers. Les écoliers en vacances, serrant au fond de l'armoire aux oublis leurs couronnes de papier peint et leurs livres à tranches dorées, donneraient les classiques de Rome pour une matinée de soleil, et sèchent au grand air leur joue tiède encore du baiser ministériel. Les disciples de Nemrod et les fidèles de saint Hubert fourbissent leurs armes, graissent leurs mocassins, et, suivis de leur chien fidèle, comme un général d'armée d'un aide de camp sagace, ils reconnaissent la position de l'ennemi et parcourent le champ silencieux de la bataille future. Demain, les perdreaux vont tomber plus nombreux que les Autrichiens aux plaines de Kœnigsgrætz, et un réveil terrible menace le lièvre songeur, endormi dans son gîte. Parmi les chasseurs, les plus timides ne visent qu'au menu gibier et se déclarent satisfaits si quelques plumes grises se jouent dans le filet de leurs carniers. Mais les plus ardents, dans le bataillon desquels je me range résolûment, ressemblent au vaillant Énée, qui, fier d'avoir plusieurs cordes à son arc et plusieurs flèches au carquois :

Optat aprum aut fulvum descendere monte leonem.
Souhaite qu'à sa vue un sanglier se sauve,
Ou que du mont voisin descende un lion fauve.

Il faut savoir se borner, ou ne jamais chasser; je n'aspire qu'à la rencontre du sanglier; quant au lion fauve, je fais mes réserves. Si j'apercevais venir à moi le roi des animaux, je me souviendrais, j'en ai peur. que je suis son sujet et que je lui dois respect.

C'est à Bade que s'épanouit à l'heure qu'il est la fine fleur du monde élégant. Ce village sémillant paraît comme un printemps éternel dans son cadre vert de collines et de forêts. Les arbres de la Forêt-Noire prêtent leurs ombres aux promeneurs et leur offrent, au détour de quelque sentier sinueux, la surprise d'une source en pleurs tombant d'un rocher pittoresque. Au loin, le Rhin, père des fleuves, déroule comme un ruban ses larges eaux qui se hâtent vers la mer. Enfin, pour comble de fortune, les médecins, nés malicieux, affirment que du pied de la montagne sort un filet d'eau thermale où l'on peut tremper ses lèvres sans plaisir comme sans danger, et se plonger de la tête aux pieds avec la certitude d'en sortir, non pas guéri, mais nettoyé.

Rien ne manque à Bade : l'air y est pur et la vie douce; le fleuve donne ses saumons et la forêt son gibier à l'hôtelier, qui les revend. Là les femmes viennent, comme dit le poëte, acquérir ou montrer

> Des roses au visage et de la neige au sein,

et laissent flotter derrière leurs petits pieds un flot coûteux de velours et de soie. Les unes gagnent les marronniers de la promenade ou la terrasse du vieux château, pour fuir leurs maris présents, en rêvant de leurs amis absents; les autres perdent à plaisir les plus belles plumes de leurs ailes ramassées sur le tapis vert par le râteau des croupiers. Les jeux s'animent et leur fermier jubile. Le chant des violons se marie au bruit de la bille d'ivoire tournant sans fin dans son cercle vicieux, et la même musique accompagne la danse des jeunes filles et des frédéricks d'or.

Bade l'emporte sur toutes les cités de la rêveuse Allemagne, comme Vénus sur ses rivales divines. Elle n'est, à vrai dire, ni puissante comme Junon, ni chaste comme Minerve. Elle est simplement belle, et cela lui suffit. A ses fêtes, rien ne fait défaut, ni l'argent pour les payer, ni la foule pour les voir. Sur les planches de son théâtre, les actrices, chèrement cotées, étalent les restes d'une voix qui tombe et d'une ardeur qui s'éteint. Sur la pelouse de son hippodrome se presse tout ce que l'on fait de mieux en chevaux, en hommes et en jockeys, et sous les futaies de ses parcs on voit les biches au pied léger et les daims à la haute ramure se poursuivre d'arbre en arbre et de clairière en clairière. Bade a tiré son aiguille du jeu de la guerre et n'a point été envahie comme Dresde ou rançonnée comme Francfort. Bade est un petit paradis dont le grand-duc Benazet fait les honneurs à tout venant. Ce séraphin, qui exerce avec garantie de son gouvernement, ouvre aux hommes les portes de la petite église bâtie sous l'invocation du trente-et-quarante et tente les filles d'Ève la blonde en leur montrant les pommiers courbés sous les fruits et les serpents cachés sous les fleurs. M. Benazet tient une cour et se compare au grand Louis. Le plus grand est de cent francs.

Je veux parler aujourd'hui d'un homme ancien et d'un livre nouveau. M. Arsène Houssaye, c'est le nom de l'écrivain; *Notre-Dame de Thermidor*, tel est le titre de l'œuvre. Ce volume, d'une grosseur raisonnable et d'un prix suffisant, recommande son éditeur à l'estime des bibliophiles. Imprimé en beaux caractères sur un papier soigneusement glacé, encadrant dans de larges marges un texte précieux dont il coupe la monotonie par un choix heureux de gravures et de portraits, d'autographes et de citations, il contient les mille et un agréments qui chez un auteur secondaire suppléent à l'insuffisance du talent, du savoir et du style.

M. Arsène Houssaye a l'esprit de son âge, et il vieillit.

Le naturel, qu'il a chassé depuis longtemps, s'est enfui au grand galop pour ne revenir jamais. Prétentieux dans son langage et gêné aux entournures des phrases, il peint son style comme une coquette son visage, et enlumine sa boutonnière des fleurs de rebut du jardin de la rhétorique. Il vise à l'effet et le manque, croit être distingué quand il n'est qu'excentrique, original quand il n'est que dévoyé, et prend la grosse caisse de la réclame pour la trompette de la renommée. Élève posthume de Dorat, écolier de l'école des précieux, il déguise un joli satyre sous la houlette enrubanée et le chapeau fleuri des bergers de l'ancien régime, et mêle quelques boucs libertins au paisible troupeau des moutons de Deshoulières.

M. Arsène Houssaye jadis a mené de front le service de l'État et le culte des lettres, et obtenu les faveurs de l'administration en même temps que le sourire des Muses. Il commanda à l'escadron volant de la Comédie-Française comme autrefois Éole aux vents impétueux, et laissa de son court passage au pouvoir quelques gracieux et riants souvenirs. Fonctionnaire d'un jour, poëte à ses heures, romancier par boutades, historien par occasion, il a essayé dans tous les genres une plume qui, dans aucun, n'a pris un vol inquiétant ; critique aux jugements douteux et satirique aux dents limées, il chanta la cour du roi Voltaire et créa son quarante et unième fauteuil pour les immortels laissés en quarantaine par une académie toujours plus jalouse d'être un salon de bonne compagnie qu'un cénacle de gens de lettres. Il a, comme disait Mürger, tant soit peu chiffonné la tunique de la morale et emprunté à un monde imaginaire les épisodes de ses romans cyniques. En littérature tout se pardonne, pourvu que tout se rachète ou se sauve par quelque endroit, richesse d'esprit, magie de la forme, recherche du vrai. M. Houssaye est sans excuses. Je comprends que l'on fouille d'une main hardie la boue des passions humaines et que l'on descende dans les bas-fonds où, dit-on, la Vérité séjourne, mais c'est à condition d'en ramener la déesse, et de la faire asseoir, lumineuse et rayonnante, sur la margelle de son puits.

Notre-Dame de Thermidor n'est pas un chant de poëte, mais une œuvre d'histoire. L'auteur a voulu nous entretenir de Thérésa Cabarrus, marquise de Fontenay, laquelle aboutit à la principauté de Chimay, en passant par les étapes de Tallien et d'Ouvrard. M. Houssaye, abandonnant trop volontiers son héroïne pour les hommes et les choses d'alors, nous expose, après M. Quinet, ses idées sur la Révolution, parcourt la Gironde, la Montagne et la Plaine, s'attendrit outre mesure sur le sort de l'incomparable Robespierre et du trop aimable Saint-Just. Tout ce volume ne vaut pas les vers de Musset qui chantent dans ma mémoire quand je me reporte

>   Aux jours de Thermidor,
> Lorsque la Tallien, soulevant sa tunique,
> Faisait de ses pieds nus craquer les anneaux d'or,

Ce qu'il fallait me dire, c'étaient ces femmes, pareilles aux courtisanes de la Grèce, et comme elles faciles, belles et bonnes! les lions amoureux près des Aspasies court vêtues, les généraux vainqueurs auprès des beautés triomphantes, Hoche allant de la prison à la victoire, heureux d'un sourire entrevu sur quelque lèvre aimée; Bonaparte déposant ses lauriers d'Italie aux pieds de Joséphine de Beauharnais; Tallien deminue sous la gaze transparente; Récamier, qu'un poëte surnomma

> Hélène avant Pâris, même avant Ménélas;

et tant d'autres fleurs fraîches écloses autour desquelles bourdonnait l'essaim des abeilles humaines. Toutes ces femmes ont aimé, souffert et consolé, et Thérésa Cabarrus arracha à l'insatiable échafaud plus d'une noble victime. La mort était de toutes les fêtes, mais en ces jours de deuil où tant de sang fut répandu et tant de larmes pleurées, on aperçoit l'éternel et jeune amour effleurer de ses ailes blanches les barreaux des prisons et les pierres des tombeaux.

XXXIII

Puisque je n'ai rien à dire des autres, je saisis par ses rares cheveux l'occasion de parler de moi. En traitant ce sujet qui m'est particulièrement connu, je tâcherai d'avoir le temps d'être court. On n'est prolixe que dans le blâme ou dans l'éloge, et d'une guenille qui m'est chère je ne dirai pas de bien et je ne pense pas de mal.

Plusieurs personnes auxquelles je me plais à reconnaître un jugement délicat et un esprit sain m'ont souvent dit, parfois écrit : « Cher monsieur, votre prose a le droit de nous plaire. Elle assaisonne agréablement le repas du vendredi, ce jour du maigre et de Vénus. » J'ai répondu : « Grand merci. Tous les goûts sont dans la nature. »

« Mais, reprenaient aussitôt mes correspondants ou mes interlocuteurs, vous ne montrez dans vos chroniques ni la régularité, qui est la discipline de l'esprit, ni l'exactitude, qui est la politesse des rois. Tantôt vous sautez d'un jour à l'autre, comme un oiseau de branche en branche, et tantôt vous chômez sous prétexte de saints qui ne sont pas sérieux. Vous êtes d'autant plus blâmable que le plaisir que vous nous donnez ne vous coûte aucun effort. Ce que vous écrivez est facile comme une femme galante, et léger, comme une plume au vent. » C'est l'avis du petit vicomte de K..., un sportsman accompli, descendu des Croisés pour tomber dans les écuries, et de la charmante marquise de X..., une tête de linotte dont la poitrine est un fleuve.

J'ai, comme on voit, d'assez jolies connaissances dont j'ai le bon goût de n'être pas fier. Je mérite, j'en conviens, les reproches bienveillants qui me sont adressés, mais je ne puis y répondre sans user d'une franchise inconnue à la diplomatie, et sans me déshabiller quelque peu comme une femme qui se prépare au bal costumé des ministres. Mon infériorité est écrasante, je le sais bien, car lorsque le diplomate déguise sa pensée, c'est pour le bien de sa patrie, et quand la femme ne déguise pas ses épaules, c'est pour la joie des spectateurs.

Aimables lectrices et chers lecteurs, ces lettres que je vous sers avec une irrégularité que je confesse, sans m'en repentir, sont pour moi le passe-temps des jours pluvieux, la distraction des jours d'ennui. Plus d'une fois, au charme de ces causeries familières, je me suis consolé d'une partie de chasse contremandée par l'orage fouettant mes vitres; plus d'une fois j'ai cru donner un long congé à quelque affliction de l'esprit ou à quelque misère du corps; mais si vite et si loin qu'on chasse la douleur, elle reparaît comme ces génies malfaisants auxquels un instant suffit pour voler de Pékin à Paris et d'un mandarin qu'ils molestent à un Français qu'ils chagrinent. Mais vienne un rayon de soleil ou un éclair de gaîté, je me sauve d'une phrase commencée pour jouir en égoïste de la permission d'être heureux.

Ce n'est pas pour le plaisir des autres, mais pour le mien, que je m'occupe à noircir du papier innocent; aussi, au moindre symptôme de fatigue, au plus léger soupçon d'ennui, j'enraye, et, comme disait le docte Lamartinière au trop ardent Louis XV, j'éprouve la velléité de dételer. En outre, j'ai le travail pénible et lent, et plus d'une fois, à l'exemple de Boileau, je fus voler au coin d'un bois le mot qui m'avait fui. Enfin, puisqu'il faut tout dire, et que j'ai entrepris de faire les honneurs complets de ma personne, je suis, comme Figaro, paresseux avec délices et songeur avec amour. Que de fois, durant de longues heures rapidement vécues, assis dans un large fauteuil, les pieds tendus au feu qui pétille, regardant mon cigare allumé se couronner de cendre blanche, j'ai promené ma pensée errante dans les mondes imaginaires et les espaces infinis ! Comme ces fées qui guidaient dans l'air les papillons nacrés de leur char, j'ai conduit dans le pays des songes mes rêveries au vol léger, et, plus hardi que les sages qui bâtissaient leurs temples sur les hauteurs sereines, je me suis construit des palais dans les nuages du ciel.

Voilà qui est dit ! J'ai été sur tout ceci d'une déplorable concision, car en me relisant je m'aperçois que je n'ai pas fourni le tiers de ma course habituelle et qu'il me faut butiner de droite et de gauche le complément de ma lettre commencée. Je pouvais m'arrêter à moitié chemin et déposer mon nom au bas de la première page, mais j'ai dessein aujourd'hui d'aller au bout des douze colonnes d'Hercule. De quoi parler ?

Il n'y a plus ni procès ni batailles : les juges sont en vacances et les lauriers sont rentrés. Si j'étais de près ou de loin dans le secret des dieux, je vous dirais s'ils feront de Biarritz leur Olympe des jours d'automne ; mais je ne suis honoré ni des confidences de Ganymède, ni des familiarités de son aigle. Biarritz est célèbre à présent, et ses rayons font pâlir la gloire éclipsée de Trouville et l'astre naissant de Deauville. Les têtes qui portent couronne se montrent aux fenêtres de ses maisons neuves, et sur le sable de sa plage a passé M. de Bismark jouant au Cavour et rêvant de Plombières.

On prétend qu'un mal terrible en sa fureur exerce ses ravages dans la secte des agents de change. Ces messieurs, subitement atteints de la nostalgie des millions qu'ils ont gagnés, en arrivent de perte en perte à la nudité de saint Jean et à la pauvreté de Job. Cela est triste comme la porte d'une prison. Être agent de change est un bon métier, comme la Bourse est un joli palais. On nage en pleine liquidation et on frétille entre les primes et les reports comme une carpe en eau trouble. Un agent de change est roi dans le royaume des riches. On lui sourit, on l'admire, on l'envie, on lui prête. Les femmes le regardent avec intérêt, et les nymphes de la chorégraphie ne peuvent lever la jambe à la hauteur de sa fortune. Et cependant il en est qui filent comme des étoiles et s'éteignent comme des feux de paille ; quand on jongle avec un million dans chaque main, il faut prendre garde de laisser tomber ses boules.

Tout ce monde-là fait des affaires, et, comme dit

M. Dumas fils, les affaires sont l'argent des autres. Que je devienne ministre des finances de l'empereur Maximilien s'il m'arrive de hasarder un sou au jeu des Mobiliers, plus variables que la femme, ou de confier mes économies à l'Espagne, perfide comme l'onde ! J'aime mieux des prés verts, des terres fertiles, un bois de grandeur raisonnable, une vigne au penchant d'un coteau, et, au centre de ce petit univers, une maison blanche entourée de fleurs, abritée des vents et ombragée de grands arbres qui se regardent au courant d'une eau vive. Les Rothschild en ont davantage. Mais avec ce que je désire on peut passer pour riche et se trouver heureux. Rien ne vous manque, ô hommes des champs, si, fuyant la politique et ses soucis, la ville et ses maçons, l'*Etendard* et ses primes, les sots et leur babil, vous dénichez une cuisinière d'élite, contente d'un gage modéré et possédant le secret d'un rôti cuit à point

Je n'ai écrit que quelques lignes et je me sens plus fatigué que M. Ponson du Terrail à la fin d'un roman de longue haleine. Je m'accorde quelques instants d'un repos bien gagné, et, comme Xavier de Maistre, j'entreprends un voyage autour de ma chambre : je vais du lit à la cheminée et de la porte à la fenêtre, jetant un regard distrait sur les objets familiers qui sont les témoins silencieux d'une vie qu'ils accompagnent, qu'ils aident, et qui répondent aux besoins du corps comme aux désirs de l'esprit. Sur ma table gisent pêle-mêle des cartouches, des cigares et des livres. A un clou de la boiserie pend mon fusil désarmé. Sur une peau de sanglier mon chien s'endort en rêvant de la chasse d'hier. Dans un cadre dédoré rit un Amour peu vêtu qui me menace de sa flèche qu'il aiguise, et des croisées entr'ouvertes m'arrivent les bruits variés de la plaine et des bois, le chant dispersé dans l'espace du semeur de la moisson future, la clochette des troupeaux qui tondent l'herbe courte des prés fauchés, les abois lointains d'une meute découplée, et le murmure de la rivière qui se brise à la cascade du moulin.

J'ai pris le volume des comédies de Musset et j'ai lu, ou plutôt j'ai relu. Ces pièces sont à mes yeux de purs joyaux littéraires et les perles fines d'un collier sans prix. La fantaisie y règne en souveraine et l'esprit y souffle où il veut, la passion y circule comme la séve aux branches d'un chêne, et la pensée, pour paraître plus légère et plus brillante, semble emprunter les couleurs de la poésie et les ailes du caprice. Ces œuvres d'élite ne s'accommodent que difficilement du jour factice de la rampe et du tumulte de la scène. Pareilles aux plantes délicates qui demandent une terre choisie, pour y vivre et pour y fleurir, elles ne se révèlent qu'aux raffinés, et veulent être savourées dans la solitude et le silence. Au contact de la foule, elles s'alourdissent et se déflorent, et ressemblent à ces femmes qui, perdues dans les fêtes populaires où leur grâce est mal à l'aise et leur esprit sans écho, ne dévoilent qu'à quelques élus une beauté qui s'effarouche d'un peuple de spectateurs et d'un monde de témoins.

J'ai éprouvé ce sentiment à l'audition de presque toutes les comédies de Musset. La poésie s'évanouit et l'œuvre s'efface. A la lecture au coin du feu, le charme reparaît et l'émotion se retrouve. Avant de quitter Paris, j'ai assisté à une représentation de *Fantasio*. Hélas! une main maladroite quoique fraternelle, promenant de scène en scène ses ciseaux affilés, avait rogné les exubérances du dialogue et mutilé les phrases, qui, comme des oiseaux aux ailes blessés, se traînaient et ne volaient plus. On avait fait passer un déluge dans un vin pur, et on nous servait un Musset affadi d'eau de rose et édulcoré à l'usage de la censure. M. Paul de Musset arrange les œuvres de son frère comme l'émondeur de La Fontaine taillait les arbres de son jardin. Les branches fructueuses et vivaces pleuvent sous la faucille, et l'arbre, façonné au goût du jour, n'a plus cette sauvagerie d'allures, cette puissance de vie et cette couronne de feuillage qui séduisaient le voyageur en versant l'ombre à son front.

Tout le monde, ou presque tout le monde, a lu le *Fantasio* de Musset. Le roi de Bavière et le prince de Mantoue sont en guerre. L'un a une fille, l'autre est garçon, voilà la paix faite et un mariage bâclé. Le prince est un oison d'Italie, l'infante est une Allemande de toute beauté. C'est dur d'épouser un sot quand on est jolie, princesse et Bavaroise.

Les choses iraient ainsi cependant si le bouffon du roi ne s'était avisé de passer de vie à trépas. « Qui lui succède? s'écrie Fantasio, bourgeois de Munich, en voyant passer l'enterrement. Est-ce le ministre de la justice? — Ce sera vous, si le métier vous plaît, » lui répondent des porteurs. Fantasio accepte, et le voilà bouffon du roi et favori de la princesse. Sous ce déguisement d'un jour, il conte fleurette à la jeune fille, pêche à la ligne la perruque du prince, touche de bons appointements et fait manquer un sot mariage. Ainsi finit la comédie.

La lettre n'est rien, mais l'esprit vivifie. Ah! si j'en trouve un jour l'occasion, et si jamais j'en ai le temps, j'écrirai sur Musset tout un volume de commentaires. De tous les poëtes de son siècle, il fut, à mon avis, le plus vivant, le plus humain et le plus grand. C'est lui qui a le mieux rendu les chants de la souffrance et les plaintes de l'amour; c'est à lui que vont les cœurs blessés, pour chercher dans ses vers la plus sublime expression et le cri le plus poignant des douleurs qu'ils ont senties; tous ceux qui portent le deuil amer d'une femme infidèle et d'un amour perdu relisent ces nuits où le poëte entendait dans l'ombre retentir la voix douce et passer les ailes d'or des Muses consolatrices.

Il fut le jouet et l'interprète de toutes les passions humaines, et c'est par là qu'il attire et qu'il vit. Inquiet et sceptique, incrédule et cynique, fanfaron de vices et vicieux, passionné de tête plus que de cœur, singulier mélange d'Alcibiade et de Diogène, et passant des voluptés grossières aux recherches idéales, il levait vers les hauteurs du ciel ses mains tachées de la boue d'ici-bas. Follement dépensier de lui-même et prodigue de son génie, il chercha peut-être l'oubli, peut-être aussi la vérité, non pas dans l'eau claire des citernes, mais dans un vin coupé d'absinthe, si bien qu'un jour il laissa tomber sur les bras d'un fauteuil d'académicien son front pâli par l'ivresse et refroidi par la mort. Et pourtant, tel qu'il fut le monde l'aime encore. On se souvient qu'il a souffert et qu'il est le poëte de la jeunesse et le chantre de l'amour. Tout s'est effacé dans le rayonnement de sa gloire, et sur sa tombe, fréquentée des amants et des jeunes, au feuillage éploré du saule se mêlent les branches du laurier toujours vert.

Chaque jour amène ses morts, et la république des lettres voit disparaître peu à peu les sénateurs illustres et les plébéiens obscurs. Hier Méry, aujourd'hui Gozlan; tous deux ont un nom plus connu que leurs œuvres, mais tous deux méritent de surnager quelque temps sur les flots rapides qui nous emportent à l'oubli. Écrivains féconds et toujours en travail, ils ont tenu leur petite place au soleil de la renommée; et s'ils n'ont pas laissé de grosses pièces marquées d'une effigie durable, ils ont jeté, sans compter, par les fenêtres toujours ouvertes, la monnaie de leur esprit charmant. On ne sait pas ce que demande de talent le dur métier d'amuser le public, et ce qu'il faut de vigueur pour se renouveler tous les jours sans vieillir d'un seul. Et s'il faut tout dire, par ce temps de négociants qui s'engraissent et de boursiers qui pillulent, ce m'est un deuil véritable que de voir partir avant le temps ceux qui, ayant blanchi sous le harnais des lettres avares, ont consacré leur vie au labeur d'écrire, et n'ont voulu d'autre gagne-pain qu'une plume infatigable maniée par des mains diligentes.

Et la politique! qu'en dire, depuis que les oracles ont parlé et qu'on a entendu la voix des sibylles assises sur les trépieds des ministères? La Prusse peut recueillir les fruits de ses victoires et étreindre dans ses larges bras l'Allemagne soumise et unie sans que la France daigne y mettre obstacle ou en prendre souci. Nous convions le vainqueur et les vaincus aux fêtes pacifiques de l'Exposition prochaine, et si nous nous commandons des aiguilles et des fusils, c'est pour nous soumettre aux exigences de la mode et nous tenir au niveau du progrès. Quelques esprits chagrins, inquiets pour l'avenir de l'agrandissement d'une puissance voisine, ont fait remarquer que tandis que la population de la France est stationnaire, le Prussien croît comme l'herbe des champs et multiplie comme les poissons du miracle. Mais qu'importe?

> Plus il sera nombreux, mieux il sera battu.

Le chiffre de ses ennemis n'a jamais préoccupé ni le voltigeur, ni le zouave. Nos guerriers lisent peu, écrivent mal et ne savent pas compter.

Il est malheureusement vrai que la population de notre belle patrie n'obéit plus à la douce loi du progrès. A l'époque de chaque recensement on constate que rien n'est changé chez nous, il n'y a pas de Français de plus. Quelle est la cause de ce désastreux effet? La faute, disent les uns, en est à la conscription, qui, prélevant annuellement un tribut de cent mille jeunes gens choisis parmi les mieux portants et les mieux faits, leur interdit, sept années durant, l'annexion d'une compagne et les joies de la famille. Erreur! Nos soldats négligent volontiers la plus belle vertu de Scipion. La morale en peut gémir sans que le pays se dépeuple, et il en est des enfants qu'on a comme de mille choses qu'on fait. Beaucoup, pour n'être pas légitimes, n'en sont pas moins naturelles.

La véritable raison, la voici : Elle gît dans le morcellement des propriétés et la division des fortunes. Il n'est pas de bien sans mélange et de médaille sans revers. Nous ne nous fions pas assez à la bonté de Dieu, qui donne la pâture aux petits des oiseaux, et nous nous soucions peu d'avoir à notre table, où ils dévorent, une nichée de rejetons qui nous appellent leur père. Il faut nourrir, élever, doter ce petit monde né de nous, et le plaisir de la création ne vaut plus les charges qu'il entraîne. Aussi, tout mari qui n'est pas un Crésus met un frein à sa prodigalité et proportionne le chiffre de ses enfants à celui de son avoir. On se donne volontiers le luxe d'un garçon; si l'on s'en permet deux, c'est pour former la paire, et si l'on s'oublie jusqu'à trois, c'est pour réjouir les dieux, qui chérissent le nombre impair.

Je quitte ces graves sujets pour filer mon dénoûment.

Nous l'avons, en dormant, messieurs, échappé belle !

Un tremblement de terre, en secouant Paris, a failli démolir plus de maisons en un jour que M. Haussmann en dix ans. Virgile demandait aux Muses de lui dire pourquoi la mer monte et pourquoi la terre tremble. Aujourd'hui, nos Muses sont à l'Institut et bavardent éperdument sous sa coupole dédorée. J'attend, pour me rassurer ou pour frémir, les commérages de Babinet, et je regarde l'heureuse étoile sous laquelle naquit Le Verrier. Avant de rentrer à Paris, je tiens à savoir que je puis faire sauter impunément la boue du macadam, sans crainte d'offenser par mégarde le cratère d'un volcan irrité.

FIN.

TABLE

	Pages.
I. Lettre à Son Excellence M. Duruy.	1
II. Des ressemblances qu'il peut y avoir entre l'histoire romaine et l'histoire de France.	12
III. M. le duc de Morny.	22
IV. La Chambre et ses orateurs. MM. E. Ollivier, J. Favre, E. Picard, Berryer, Thiers, et plusieurs autres.	35
V. De ce qu'il y a de mieux dans l'homme — le chien.	48
VI. Mlle Rosa Bonheur et sa croix.	61
VII. Discours d'une femme sur le luxe des femmes.	67
VIII. Les Tribulations d'un maire de village.	79
IX. Les vacances, les avocats, les plaidoyers de M. Lachaud, les vers de M. Gautier, les pièces de M. de Girardin.	87
X. Le général Lamoricière.	98
XI. Lord Palmerston, le duc de Caderousse, le jour des Morts.	104
XII. M. Dupin.	116
XIII. Le Congrès de Liége et la jeunesse.	128
XIV. Du mariage et de quelques autres choses.	140
XV. Les orateurs sacrés, le P. de Ravignan, le P. Lacordaire, le P. Hyacinthe.	152
XVI. Léopold Ier, roi des Belges.	159

	Pages.
XVII. Le général Prim, les insurrections et les valeurs espagnoles..............	166
XVIII. Le livre de M. de Rainneville, la femme dans l'antiquité...............	173
XIX. Le marquis de Boissy, la bouquetière Isabelle, les bals ministériels.........	185
XX. Le carême, le P. Félix, Thérésa, M. Camille Doucet, M. Legouvé, le duc de Blacas et les exilés.....................	192
XXI. Le prince Couza, le roi Guillaume et M. de Bismark, M. Glais-Bizoin et *le Vrai courage*, M. Henri de Rochefort et *les Français de la décadence*............	199
XXII. M. Prévost-Paradol et M. Guizot.......	212
XXIII. M. Augier et *la Contagion. Catherine de Bourbon*, par Mme d'Armaillé.......	220
XXIV. MM. Martin et Cuvilier-Fleury. *Don Juan*.	232
XXV. M. Véron et ses mémoires..........	238
XXVI. MM. Louis Veuillot et M. Ernest Renan...	246
XXVII. Les Courses................	260
XXVIII. La campagne et les protestants.......	268
XXIX. La *Vie de César* et la propriété littéraire...	275
XXX. Quelques réflexions antérieures à Sadowa..	287
XXXI. La campagne de 1812 et le câble transatlantique...................	295
XXXII. Bade et M. Arsène Houssaye.........	300
XXXIII. Avis au lecteur. Alfred de Musset. Pourquoi la France se dépeuple...........	307

Paris, imprimerie Jouaust, rue Saint-Honoré, 338.

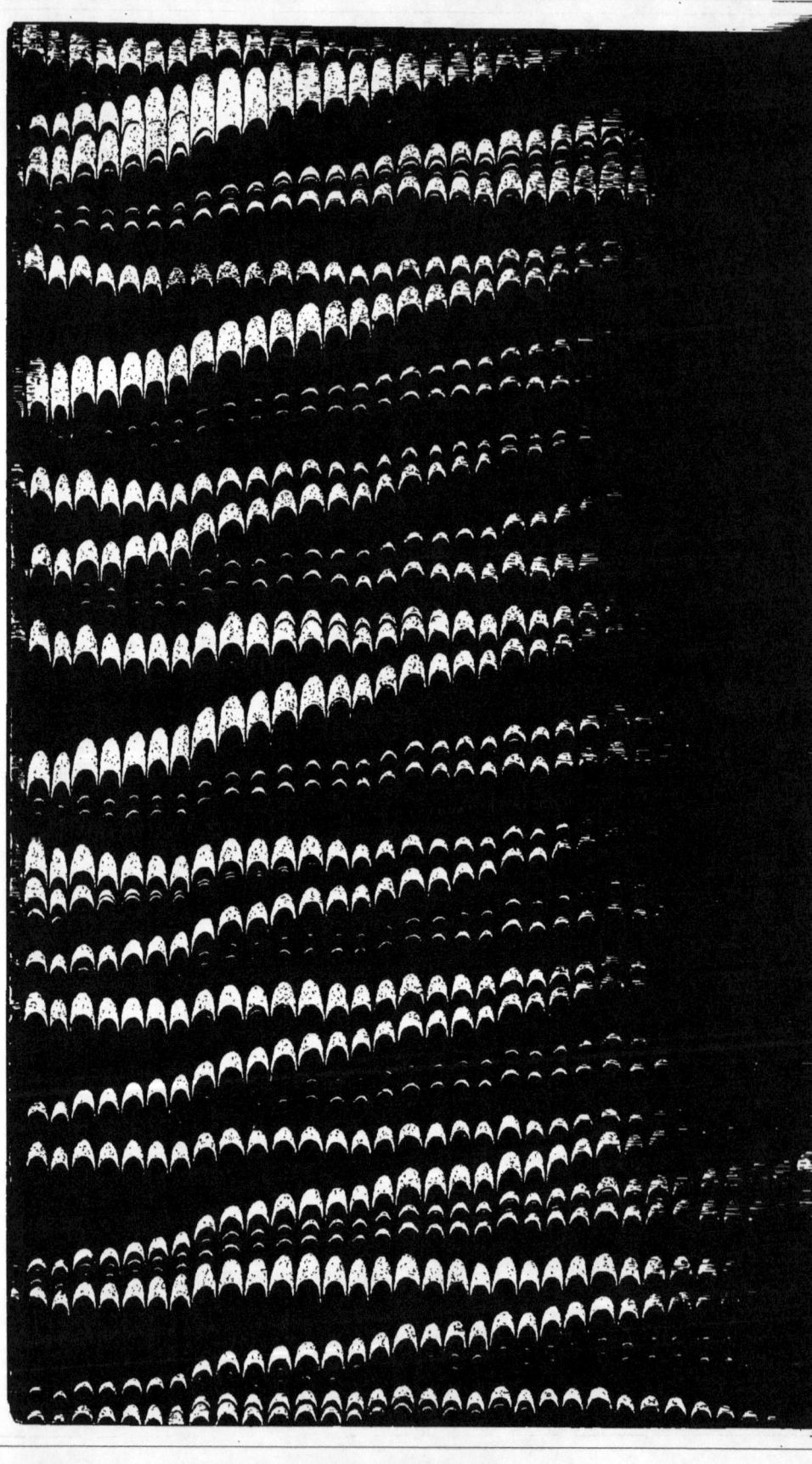

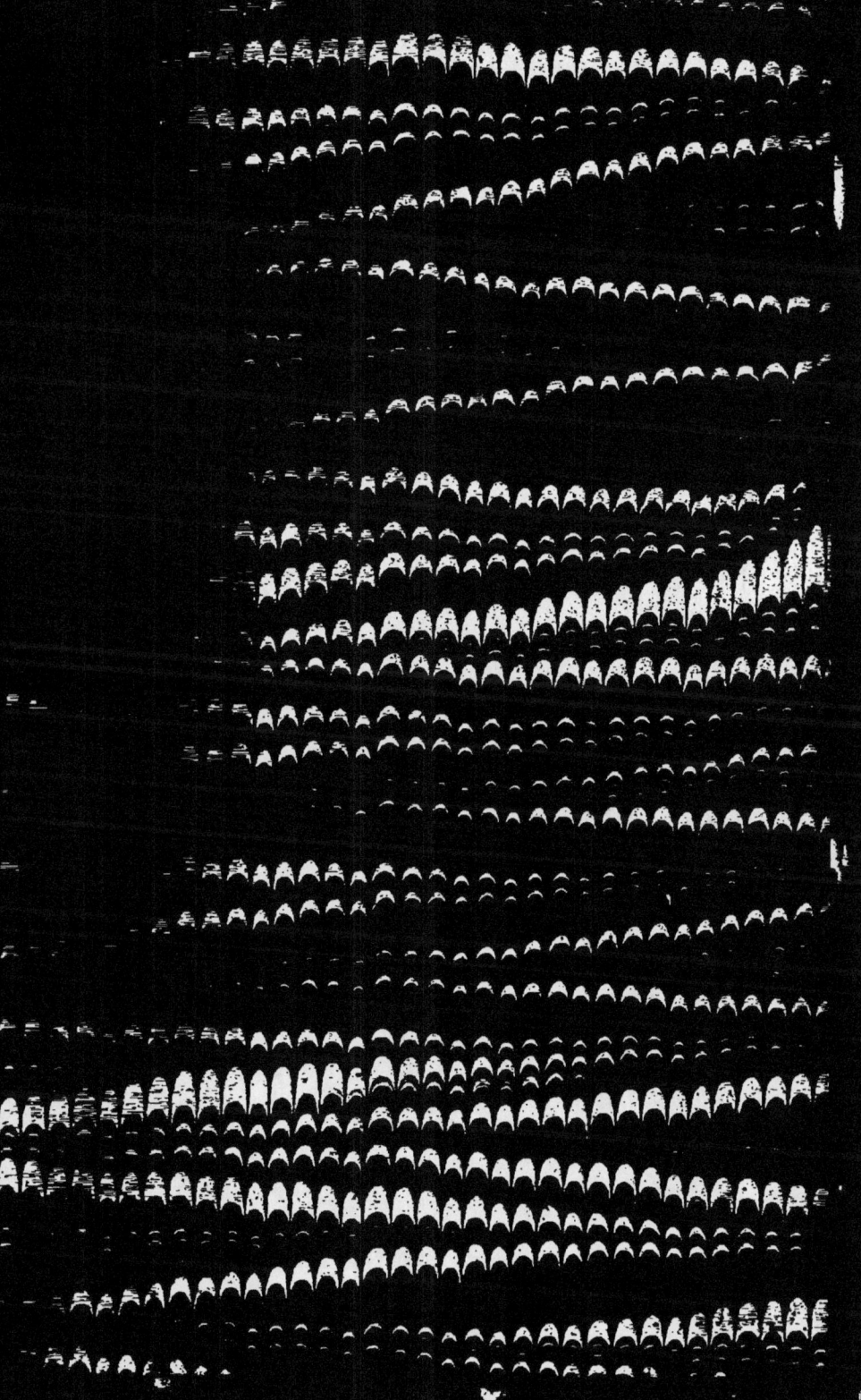

www.ingramcontent.com/pod-product-compliance
Lightning Source LLC
Chambersburg PA
CBHW070612160426
43194CB00009B/1254